Schwacher Staat im Netz

Martin Schallbruch

Schwacher Staat im Netz

Wie die Digitalisierung den Staat in Frage stellt

Martin Schallbruch
Digital Society Institute
ESMT Berlin
Berlin, Deutschland

ISBN 978-3-658-19946-3   ISBN 978-3-658-19947-0 (eBook)
https://doi.org/10.1007/978-3-658-19947-0

Die Deutsche Nationalbibliothek verzeichnet diese Publikation in der Deutschen Nationalbibliografie; detaillierte bibliografische Daten sind im Internet über http://dnb.d-nb.de abrufbar.

© Springer Fachmedien Wiesbaden GmbH, ein Teil von Springer Nature 2018
Das Werk einschließlich aller seiner Teile ist urheberrechtlich geschützt. Jede Verwertung, die nicht ausdrücklich vom Urheberrechtsgesetz zugelassen ist, bedarf der vorherigen Zustimmung des Verlags. Das gilt insbesondere für Vervielfältigungen, Bearbeitungen, Übersetzungen, Mikroverfilmungen und die Einspeicherung und Verarbeitung in elektronischen Systemen.
Die Wiedergabe von Gebrauchsnamen, Handelsnamen, Warenbezeichnungen usw. in diesem Werk berechtigt auch ohne besondere Kennzeichnung nicht zu der Annahme, dass solche Namen im Sinne der Warenzeichen- und Markenschutz-Gesetzgebung als frei zu betrachten wären und daher von jedermann benutzt werden dürften.
Der Verlag, die Autoren und die Herausgeber gehen davon aus, dass die Angaben und Informationen in diesem Werk zum Zeitpunkt der Veröffentlichung vollständig und korrekt sind. Weder der Verlag noch die Autoren oder die Herausgeber übernehmen, ausdrücklich oder implizit, Gewähr für den Inhalt des Werkes, etwaige Fehler oder Äußerungen. Der Verlag bleibt im Hinblick auf geografische Zuordnungen und Gebietsbezeichnungen in veröffentlichten Karten und Institutionsadressen neutral.

Verantwortlich im Verlag: Jan Treibel

Gedruckt auf säurefreiem und chlorfrei gebleichtem Papier

Springer ist ein Imprint der eingetragenen Gesellschaft Springer Fachmedien Wiesbaden GmbH und ist ein Teil von Springer Nature
Die Anschrift der Gesellschaft ist: Abraham-Lincoln-Str. 46, 65189 Wiesbaden, Germany

INHALT

1	EINLEITUNG	1
2	ANNÄHERUNGEN AN NETZPOLITIK	5
2.1	Kampf um das Urheberrecht	5
2.2	Netzsperren und Zensursula	9
2.3	Bundestrojaner und Stasi 2.0	14
2.4	Beulen, Blessuren und Lernkurven	21
3	VERSCHWOMMENE VERANTWORTUNG	25
3.1	Unübersichtlicher digitaler Hausrat	25
3.2	Unerklärbare automatisierte Entscheidungen	39
3.3	Undurchschaubarer Datenschutz	50
3.4	Unsichtbare Cyberkrieger	67
4	KONKURRENZ FÜR DEN STAAT	79
4.1	Kryptodebatte und Schwachstellen	79
4.2	Eigenleben digitaler Plattformen	96
4.3	Digitale Infrastrukturen in privater Hand	110

5 HILFLOSE BÜROKRATEN IM DIGITALEN RAUM 127
5.1 Datenflut trifft auf Datensilos 127
5.2 Trostlose digitale Verwaltung 142
5.3 Unüberschaubare IT des Staates 156
5.4 Unauflösbare Abhängigkeiten 169
5.5 Ausuferndes Technikrecht 177

6 STAAT IM NETZ – DÜRFTIGE DURCHSCHLAGSKRAFT 187
6.1 Kontrollverlust im digitalen Alltag 187
6.2 Galoppierende Verantwortungsdiffusion 190
6.3 Digitale Vollzugsdefizite 195
6.4 Neuartige Bremswirkung des Rechts 200
6.5 Fehlender digitaler Versorgungsauftrag 204
6.6 Kraftlose Digitalisierung des Status quo 210
6.7 Digitalpolitik – es steht viel auf dem Spiel 215

7 DIGITALE HANDLUNGSFÄHIGKEIT ERRINGEN 219
7.1 Neue Ziele für den Staat 219
7.2 Recht: Grundsätze statt Klein-Klein 225
7.3 Vollzug: Digitale Räume besetzen 228
7.4 Daseinsvorsorge: digitale Gemeinschaftsgüter definieren 232
7.5 Staatsorganisation: digitale Gesamtarchitektur ermöglichen 237
7.6 Neue Digitalpolitik für Deutschland 244

8 NACHWORT 247

ANMERKUNGEN 251

SACHWORTVERZEICHNIS 269

1 EINLEITUNG

Im Lokschuppen des Deutschen Technikmuseums in Berlin hatten wir das Rednerpult mit dem Bundesadler aufgebaut, direkt vor einer alten roten Lokomotive der Deutschen Reichsbahn. Hinter dem Pult stand Bundesinnenminister Thomas de Maizière und hielt eine Rede: »Perspektiven deutscher Netzpolitik« war sein Thema[1]. Gemeinsam mit dem Minister und meinen Mitarbeitern hatte ich wochenlang an der Rede gearbeitet. Damals, im Juni 2010, markierte die Rede eine Art Schlusspunkt der ersten Phase deutscher Internetpolitik. Die ersten Debatten um Internetsperren, Urheberrecht und Bundestrojaner lagen hinter uns. Die neu gegründete Piratenpartei hatte das Thema besetzt und begann ihre kurze Erfolgsperiode. Mit der Rede an diesem symbolträchtigen Ort wollte der Innenminister dem Thema eine Struktur geben, Grundsätze entwickeln, Linien aufzeigen, die helfen sollten, Netzpolitik konsistent zu gestalten.

Acht Jahre später ist aus Netzpolitik die Digitalpolitik geworden. Sie ist kaum weniger unübersichtlich als damals. Noch immer tut sich Politik schwer, mit digitalen Technologien und Geschäftsmodellen, neuen Lebensformen im Netz oder auch Kriminalitätsphänomenen im Cyberspace angemessen umzugehen. Politische Diskussionen über Künstliche Intelligenz oder selbstfahrende Autos, über Cyberkriege oder den bevorstehenden Untergang des Datenschutzes werden von Teilen der politisch interessierten Öffentlichkeit als Schicksalsfragen geführt, von anderen geflissentlich ignoriert. Bei jedem netzpolitischen Problem wird das Verhältnis von Staat und digitaler Welt aufs Neue diskutiert: Big Data im Gesundheitswesen, Verbot von Verschlüsselung, Bekämpfung von Hate-Speech bei Facebook, autonom fahrende Autos. Die von de Maizière angestoßene Debatte hat es nicht vermocht, die Orientierungslinien und Leitplanken für eine demokratische Digitalpolitik zu entwickeln, die wir uns im Jahr 2010 erhofft hatten.

Über zehn Jahre deutscher Netzpolitik haben zu Tage treten lassen, dass es einen zentralen Grund für die Schwierigkeiten der Politik mit dem Netz gibt. Die Digitalisierung fordert den Staat nicht einfach nur heraus. Sie überfordert ihn. Sie stellt in Frage, wie wir 70 Jahre lang unser Gemeinwesen gesteuert, organisiert und verteidigt haben. Unser demokratischer Staat mit seinen klassischen Institutionen und Verfahren tut sich schwer, seine bisherige Rolle auch im digitalen Raum zu spielen. Die Wirksamkeit von Gesetzen steht im Internet in Frage, Cyberangriffe können alles und jeden treffen, globale Plattformen sind nur mühsam zu bändigen, digitale Verwaltung kommt seit Jahren kaum voran.

Mit diesem Buch spitze ich meine Erfahrungen aus mehr als zehn Jahren deutscher Netzpolitik zu – auf die Erörterung einer zentralen Frage: Warum ist der Staat schwach geworden im Netz? Und was können wir tun, um unsere demokratisch gewählten Institutionen in die Lage zu versetzen, auch morgen noch Demokratie und Freiheit zu verteidigen – auch im digitalen Raum?

Einleitung

Um die Schwäche des Staates zu verstehen und die Gründe zu erkennen, müssen wir uns auf eine Reise zu den verschiedenen Orten der digitalen Welt begeben und auf die neuen Machtkonstellationen schauen: Wer trägt die Verantwortung für das, was im Digitalen geschieht? Wer setzt die Regeln? Wer schützt uns? Welche Rolle spielt der Staat? Und welche sollte er spielen?

In diesem Buch fasse ich meine persönliche Sicht auf diese Fragen zusammen. Sie ist geprägt von der Ausbildung und der Berufstätigkeit an der Schnittstelle von Informatik und Recht – und von einer langjährigen Arbeit im Bundesinnenministerium. Dort war ich verantwortlich für Informationstechnik, Digitalisierung und Cybersicherheit, für Gesetze und IT-Projekte, war tagtäglich konfrontiert mit den Fragestellungen dieses Buches. Die Herausforderungen an den Staat durch die Digitalisierung und seine Antworten habe ich selbst erlebt und selbst mitgestaltet, bisweilen zu zaghaft, bisweilen zu forsch. Heute blicke ich von außen auf die staatlichen Institutionen und ihre Mühe mit der Digitalisierung. Doch auch heute, als Wissenschaftler an der führenden Business School der deutschen Wirtschaft, ist mir eines mehr als klar: ein schwächelnder Staat in der Digitalisierung ist ein Risiko für uns alle. Wirtschaft und Gesellschaft brauchen leistungsfähige und verlässliche Institutionen, die uns den Raum zur persönlichen und wirtschaftlichen Entfaltung garantieren – auch im Digitalen.

2 ANNÄHERUNGEN AN NETZPOLITIK

Kampf um das Urheberrecht ◆ Netzsperren
und Zensursula ◆ Bundestrojaner und Stasi 2.0 ◆
Beulen, Blessuren und Lernkurven

2.1 KAMPF UM DAS URHEBERRECHT

Mit finanzieller Unterstützung seines Onkels gründete der 19-jährige Musikstudent Shawn Fanning im Mai 1999 ein eigenes Unternehmen. Napster Inc. mit Sitz in Boston bot eine Software an, die das Tauschen von Musik im Internet revolutionierte. Wer die Software installierte, gab die Musikstücke auf der eigenen Festplatte frei für einen Tausch und konnte im Gegenzug auf die Musikstücke aller Napster-Nutzer zugreifen. In kürzester Zeit war über Napster nahezu alle beliebte Musik verfügbar. Megabyte um Megabyte an Musik wurden in kürzester Zeit kostenfrei kopiert. In wenigen Monaten erreichte Napster über 20 Millionen aktive Nutzer und wurde zum bis dato am schnellsten wachsenden Angebot im Internet.

Sehr zum Ärger der Musikindustrie, die gerichtlich gegen die Tauschbörse vorging. Eine erste einstweilige Anordnung gegen Napster wurde Mitte 2000 von einem Berufungsgericht wieder aufgehoben. Die Zahl der Nutzer wuchs weiter auf 37 Millionen. Der damalige Bertelsmann-Chef Thomas Middelhof ließ sich von dem Tauschbörsen-Boom anstecken und vereinbarte im Spätherbst 2000 eine Kooperation von

Bertelsmann mit Napster[1]. Viel Geld floss aus Gütersloh an Shawn Fanning und sein Team. Doch das Ende kam schnell: Im März 2001 wurde Napster gerichtlich gezwungen, alle urheberrechtlich geschützten Stücke zu filtern. Das war das Ende der Tauschbörse. Im Mai 2002 meldete sie Konkurs an.

Der Napster-Fall war die erste große Schlacht um das Urheberrecht in der digitalen Welt. Schon die Möglichkeit zum digitalen Kopieren von CDs hatte die Musikindustrie als Bedrohung ihres Geschäftsmodells angesehen, erst Recht aber die Verbreitung über das Internet. Mit der immer größeren Bandbreite im Netz konnten immer mehr Daten in kurzer Zeit digital verbreitet werden – auch Musik, Filme und Bücher. Der Download eines MP3-Musikstücks dauerte mit einem analogen Modem noch bis zu 30 Minuten, mit ISDN dann nur noch etwa 7 Minuten. Mit heutigen DSL-Geschwindigkeiten sind es nur noch Sekunden. Ganze Alben können schnell geladen und weitergegeben werden.

Anfang der 2000er rüstete sich die Musikindustrie zur großen Schlacht gegen den Musikvertrieb über das Internet. Die Branche war höchst alarmiert von den Jahr für Jahr sinkenden CD-Verkäufen. Zur Verteidigung des Geschäfts wurden gleich mehrere Fronten aufgemacht: CDs wurden mit Kopierschutz versehen, um eine Digitalisierung zu verhindern. Diese Verfahren codieren die Musik so, dass der CD-Player sie auslesen kann, nicht aber eine Software auf dem Computer. Tauschbörsen-Betreiber und -Nutzer wurden massiv rechtlich verfolgt, die Gesetzgeber gedrängt, gegen Tauschbörsen vorzugehen. Der europäische Gesetzgeber und auch die deutsche Politik beugten sich dem Druck. Schon im September 2003 trat der sogenannte »erste Korb« der Novellierung des Urheberrechtes in Kraft. Das sogenannte Recht auf Privatkopie wurde eingeschränkt, die Nutzung von Tauschbörsen im Internet de facto verboten. Privatkopien waren zuvor erlaubt gewesen, also die selbst gebrannte CD zur Nutzung im Autoradio oder zur Weitergabe an Freunde. Dazu zählte auch die Digitalisierung einer CD, um sie zum Beispiel auf dem MP3-Player hören zu können. Mit dem Gesetz wurden Privatkopien für solche Fälle verboten, in denen der Hersteller seine CD mit einem Kopierschutz versehen hatte. Die meisten Kopierschutzverfahren werden nach einiger Zeit von Hackern »geknackt« und können dann mit entsprechender Spezialsoftware umgangen werden. Ihre Benutzung wurde verboten, ebenso die Herstellung oder Verbreitung solcher Umgehungsprogramme. Neben der Privatkopie ging es auch den Tauschbörsen an den Kragen: Mit einem gesetzlichen Verbot, Kopien von »offensichtlich rechtwidrigen Vorlagen« anzufertigen, wurden die Nutzer von Tauschbörsen adressiert. Wer Musikstücke aus einer Tauschbörse herunterlädt, kann von der Musikindustrie vor den Kadi gezerrt werden.

Der erste Korb des Urheberrechts war noch weitgehend ohne große öffentliche Debatten durch den Bundestag gegangen. Das änderte sich, als die damalige Justizministerin Brigitte Zypries im September 2004 den »zweiten Korb« vorlegte. Zwar fielen die weiteren Verschärfungen zu Gunsten der Musikindustrie vergleichsweise harmlos aus und Ministerin Zypries hatte sogar eine Bagatellklausel für Tauschbörsennutzer und für Privatkopien im Freundeskreis vorgesehen. Doch etwas hatte sich verändert: das digitale Leben war im Alltag vieler Menschen angekommen. Eingriffe des Staates in die eigene digitale Welt wurden mit größerer Vehemenz diskutiert als zuvor: Warum darf ich mit den Daten auf meiner Festplatte nicht machen, was ich will? Warum mischt sich der Staat ein? Das sind meine Dateien, meine digitalen Güter, meine Privatsache!

Der Streit um den zweiten Korb entzündete sich an den sogenannten Urheberrechtsabgaben: Hersteller von Computern und Druckern, CD- und DVD-Brennern und einigen weiteren Geräten sollten eine Abgabe zahlen, um den Urhebern aus diesen Mitteln eine Entschädigung für Kopien zukommen zu lassen. Gegen die Urheberrechtspauschale liefen nicht nur Verbraucherschützer Sturm, auch die IT-Industrie stieg in die Lobbyschlacht um das Urheberrecht ein. Auf der Gegenseite standen die Verlage, Musikverlage, Filmverleiher und andere sogenannte »Rechteinhaber«[2]. Am Ende dauerte es über drei Jahre, bis der zweite Korb Gesetz werden konnte – mit Urheberrechtspauschalen, aber ohne Bagatellgrenzen für Tauschbörsennutzer und Privatkopierer. Die Musikindustrie hatte sich – weiter fallende CD-Umsätze vor Augen – noch einmal durchgesetzt.

Der Streit um das Urheberrecht hatte eine Nebenwirkung: eine wachsende Zahl von Menschen in Deutschland begann, die staatliche Einflussnahme auf das Internet skeptisch und kritisch zu sehen. Die selbst gekaufte CD konnte man nicht mehr auf den MP3-Player kopieren. Der Staat schickte sich an, dieses Verhalten der Unternehmen durch Gesetze zu schützen. Für viele Menschen war dies ein Beleg dafür, dass die Politik ihre Wünsche und Bedürfnisse in der aufziehenden digitalen Welt nicht verstand. Politik und Verwaltung wurde die Kompetenz abgesprochen, mit IT und Internet angemessen umzugehen. Die Sicht der anderen Seite war nicht weniger fundamental: Wie sollen wir mit dem Verkauf von Musik zukünftig noch Geld verdienen, wenn jeder alle Musik kostenfrei über das Internet kopieren kann? »Das Internet darf kein rechtsfreier Raum sein!« oder »Was offline verboten ist, muss auch online verboten sein« waren die zugehörigen Slogans.

Der Streit um das Urheberrecht war ein erstes plastisches

Beispiel für die Schwierigkeiten des Staates im Umgang mit dem Netz: Die Digitalisierung aller Lebensbereiche, zum Beispiel des Kaufens und Hörens von Musik, ist mehr als ein Einsatz von Technik. Jeder einzelne Lebensbereich wird durch die Digitalisierung neu gestaltet – durch Anbieter und Kunden, durch Weiterentwicklung von Bedürfnissen und Weiterentwicklung von Märkten. Der Versuch, mit Hilfe staatlicher Gesetze althergebrachte Geschäftsmodelle auch im digitalen Raum zu bewahren, geht meistens schief.

Die Musikindustrie kann mittlerweile wieder einigermaßen ruhig schlafen, weil ihr Geschäft den Schritt in das Internet geschafft hat: 2003, inmitten der deutschen Schlacht um das Urheberrecht, eröffnete Steve Jobs seinen iTunes-Store. In den ersten zehn Jahren seines Bestehens verkaufte diese Plattform 35 Milliarden Songs. Doch auch dieses Angebot ist wohl ein Übergangsmodell: mit dem Erfolg von Streamingdiensten wie Spotify, Deezer, Amazon Music und Apple Music bewegt sich der Musikmarkt auf ein ganz anderes Geschäftsmodell zu. Die gelingende digitale Transformation des Marktes zeigt sich auch bei den Umsätzen: Der Umsatzrückgang der Musikindustrie wurde 2013 gestoppt, seitdem steigen die Umsätze wieder deutlich an – vor allem über das Internet[3].

2.2 NETZSPERREN UND ZENSURSULA

Ende 2008 erreichte mich eine Bitte meines Ministers, auf die ich zunächst skeptisch reagierte, weil sie ein Novum darstellte: einen aktiven staatlichen Eingriff in das Internet. Die Bitte war, dass ich mit meiner technischen Expertise die damalige Familienministerin Ursula von der Leyen in ihrem Kampf gegen die Verbreitung von Kinderpornografie im Internet unterstützen sollte. Ihr Ziel war es, die Internet-Provider dazu zu bringen, die Verbindung zu Servern im Netz zu kappen, über die Fotos von missbrauchten Kindern verbreitet wurden. Die Debatte um solche Netzsperren hatte der damalige BKA-Präsident Jörg Ziercke im Sommer 2008 angestoßen. Jahrzehntelang war die Verbreitung von Kinderpornografie verborgen auf dem Postweg erfolgt. Nun hatte sie den Weg in das Internet gefunden. Auf Servern im Ausland, vor allem in den USA, lagerten viele tausend Bilder und konnten von überall in der Welt erworben werden. Das Abschalten der Server durch Zusammenarbeit mit ausländischen Polizeien hatte sich als zu langwierig erwiesen: wenn der Server endlich vom Netz genommen war, hatten die Täter die Dateien auf einem anderen Server bereitgestellt.

Meine Skepsis gegen Netzsperren wurde geringer, als das BKA einige Beispiele für das vorführte, um die es ging. Ich war nicht der einzige: Wer einmal gesehen hat, wie Bilder des Missbrauchs kleiner Kinder im Internet angeboten werden, ist fest entschlossen, alles zu tun, was möglich ist, um diesen Markt auszutrocknen und den Missbrauch zu stoppen. Viele Fragen aber blieben: Wie sorgt man dafür, dass nur Kinderpornografie ausgesperrt wird und nicht andere Angebote im Internet? Werden die Kinderpornografie-Anbieter permanent den Server wechseln, sich vielleicht auch auf seriösen Online-Plattformen verbergen? Wer entscheidet über die zu sperrenden Server? Ist eine Sperre überhaupt ausreichend wirksam oder kann sie jeder halbwegs versierte Internet-Nutzer umgehen? Rechtfertigt das Blockieren des vergleichsweise kleinen Marktes für Kinderpornografie, dass alle Internetanbieter alle Internetverbindungen aller Kunden filtern?

In den Gesprächen der Regierung mit den Internet-Providern ging es vor allem um die technische Wirksamkeit, die Kosten des Einbaus solcher Sperren und die Frage, wer für fehlerhafte Sperrungen haftet. In der öffentlichen Debatte stand etwas Anderes im Mittelpunkt: Zensur! Der Staat baut mit den Netzsperren gegen Kinderpornografie eine universelle Zensur-Infrastruktur auf, die nach Gusto jederzeit auch für das Sperren anderer Internetinhalte genutzt werden kann. Blitzschnell erhielt Ursula von der Leyen von Gegnern der Netzsperren den Spitznamen »Zensursula«. 140 Organisationen und Verbände schlossen sich zu einem Bündnis gegen Netzsperren zusammen. Eine Online-Petition erreichte innerhalb von Wochen 130 000 Unterschriften. Die damalige Große Koalition im Bund ließ sich von den Protesten nicht beeindrucken. Im ersten Schritt wurde im Frühjahr 2009 mit den fünf größten Providern ein Vertrag geschlossen, solche Sperrungen in Zusammenarbeit mit dem BKA vorzunehmen. Die Provider drängten jedoch darauf, dass eine Sperrung eine gesetzliche Grundlage bräuchte. Der Vertrag wurde daher nur bis Ende 2010 befristet.

Im Juni 2009 verabschiedete der Deutsche Bundestag mit den Stimmen von CDU/CSU und SPD das sogenannte »Zugangserschwerungsgesetz«. Darin wurden die Provider verpflichtet, alle Internet-Adressen und Websites, die in einer vom BKA übermittelten Sperrliste enthalten sind, binnen sechs Stunden zu sperren. Beim Versuch des Zugriffs zu einer solchen Seite im Internet sollte statt des kinderpornografischen Inhalts ein Stopp-Schild angezeigt werden. Das Zugangserschwerungsgesetz ging in die Geschichte ein. Denn es wurde de facto niemals angewendet. Mit der Bundestagswahl im Herbst 2009 bildete sich eine schwarz-gelbe Koalition. Die FDP als entschiedene Gegnerin von Netzsperren forderte eine Aufhebung des Gesetzes.

So erreichte mich ein Jahr nach der ersten Bitte in Sachen Netzsperren nun erneut eine Bitte meines Ministers: wie könne man den politischen Willen der neuen Koalition umsetzen und erreichen, dass das beschlossene Gesetz nicht angewandt werde? Und so warf ich einen anderen Blick auf das gleiche Gesetz, das die Regierung gerade noch gegen erhebliche politische Widerstände durchgesetzt hatte: wo war die Lücke, die man nutzen konnte, es nicht anzuwenden? Sie war schnell gefunden. Denn auf die Sperrlisten sollte das BKA nur die Angebote nehmen, bei denen eine Löschung nicht möglich war. Wie lange man sich erfolglos um die Löschung bemüht haben musste, sagte das Gesetz nicht. So trat das Gesetz zwar im Frühjahr 2010 formal noch in Kraft. Das BKA erstellte auf Weisung des Innenministeriums jedoch keine Sperrlisten. Mit breiter Mehrheit hob der Deutsche Bundestag das Gesetz im Mai 2011 wieder auf. Zensursula war gescheitert.[4]

Bei dem gescheiterten Versuch der Einführung von Netzsperren hat die Politik viel Lehrgeld bezahlt. Das Internet hat Strukturprinzipien, die es fast unmöglich machen, einzelne Inhalte zu sperren. Riesige Datenbestände können in Sekundenschnelle auf neue Server übertragen werden. Zugriffe auf Server können auf Umwegen geführt werden, um den Weg zu verschleiern. Illegale Angebote können sich inmitten legaler Angebote verstecken. Zudem stellen viele Anbieter im Internet, kommerziell oder ehrenamtlich, Hilfsmittel bereit, um Sperren zu umgehen. Das hilft Demokratiebewegungen in Diktaturen, sich zu organisieren. Das hilft ebenso Kriminellen, ihre Identität zu verschleiern.

Eine Art »deutsche Sicht« auf das globale Netz zu produzieren, indem mit Hilfe staatlicher Sperrlisten Teile des Internet für deutsche Nutzer unsichtbar gemacht werden, hat sich als technisch schwer umsetzbar und politisch unklug herausgestellt. Einige Länder wie Norwegen und Schweden setzen solche Netzsperren zwar bis heute ein – jedoch mit mäßigem Erfolg. Das Angebot an Kinderpornografie geht dadurch nicht zurück. Gleichzeitig entstehen neue Risiken. Mehrfach sind die von den dortigen Polizeien erstellten Sperrlisten schon im Internet aufgetaucht und helfen den Konsumenten von Kinderpornografie beim Auffinden von Angeboten.

Trotzdem sind Netzsperren auch heute wieder Teil des deutschen Rechts. Im Sommer 2017 hat der Deutsche Bundestag gleich zwei »Netzsperren-light« verabschiedet: Mit der endlich erfolgten Abschaffung der Haftung für Betreiber offener WLANs ist verbunden, dass WLAN-Betreiber unter Umständen eine Sperre einrichten müssen. Wird aus einem WLAN auf urheberrechtlich geschütztes Material zugegriffen und gelingt es dem Urheber nicht, die Inhalte aus dem Netz zu entfernen, dann kann er unter Umständen den WLAN-Betreiber zur Einrichtung einer Sperre zwingen[5]. Die andere Sperrmöglichkeit betrifft die Verhinderung von Cyberangriffen. Im Telekommunikationsrecht wurde im Juni 2017 verankert, dass Internet-Provider die Kommunikation mit bestimmten Servern sperren, von denen eine Gefahr ausgeht. Das können Server sein, die Cyberangriffe steuern, z. B. ein sogenanntes Botnetz anleiten. Das können auch Server sein, bei denen gestohlene Daten deponiert werden[6].

Bei beiden Sperrmöglichkeiten im Internet hält sich der Staat aber zurück und lässt andere die Sperrentscheidung treffen. Zensursula und ihre Mitstreiter hatten sich die Finger verbrannt.

2.3 BUNDESTROJANER UND STASI 2.0

Am 9. Oktober 2011 erschien eine ungewöhnliche Ausgabe der Frankfurter Allgemeinen Sonntagszeitung (FAS). Programmcode und hexadezimale Zahlen dominierten die Titelseite des Blattes. Unter der Überschrift *Der Staatstrojaner wurde geknackt* berichtete die Zeitung über einen Coup des Chaos Computer Club (CCC). Den Hackern war es gelungen, den Programmcode einer Software zu bekommen, die von Bayerischen Sicherheitsbehörden eingesetzt wurde, um heimlich die Festplatten Verdächtiger zu durchsuchen. Die Veröffentlichung der FAS und die Analyse der Software durch den CCC war Futter für diejenigen, die eine heimliche Durchsuchung von Festplatten durch den Staat mit Vehemenz ablehnten.

Der Streit hatte fünf Jahre zuvor begonnen. Im Juli 2006 legte der damalige FDP-Innenminister von Nordrhein-Westfalen, Ingo Wolf, einen Gesetzentwurf vor, der die Rechte des Verfassungsschutzes zur Terrorismusbekämpfung betraf. Die seit 9/11 geltenden Sonderrechte sollten verlängert werden. Gleichzeitig war eine Modernisierung der Befugnisse geplant. Die Verfassungsschützer hatten erkannt, dass viele Zielpersonen des Nachrichtendienstes ihre Aktivitäten vor allem elektronisch abwickelten. Daher strebte der Verfassungsschutz an, im Rahmen der heimlichen Beobachtung potentieller Verfassungsfeinde auch ihre elektronische Welt anzuzapfen. Der Gesetzentwurf enthielt erstmals in Deutschland eine ganz neue Befugnis für einen Nachrichtendienst: der »heimliche Zugriff auf informationstechnische Systeme auch mit Einsatz technischer Mittel«, später bekannt geworden als »Online-Durchsuchung«.

In Nordrhein-Westfalen wurde diese Vorschrift Ende 2006 Gesetz, sogleich aber vor Gericht angefochten: Der frühere Bundesinnenminister Gerhard Baum (FDP) verklagte seinen nordrhein-westfälischen Parteifreund Wolf vor dem Bundesverfassungsgericht. Baum hielt das Gesetz für verfassungswidrig. Nur auf Verdacht könne die gesamte private Lebenswelt, Korrespondenz, Fotos, aufgerufene Websites und vieles mehr ausgelesen werden. Dies sei nicht mehr verhältnismäßig. Was bei Verabschiedung des nordrhein-westfälischen Gesetzes öffentlich nicht bekannt war: schon seit 2005 hatte das Bundeskriminalamt vom damaligen Innenminister Otto Schily die Erlaubnis zur Durchführung von Online-Durchsuchungen der Festplatten Verdächtiger erhalten. Anfang 2007, zeitgleich mit den Verfassungsbeschwerden von Baum und anderen, stoppte der Bundesgerichtshof diese Praxis: die geltenden Gesetze des Bundes ließen eine solche Online-Durchsuchung nicht zu. Wenn der Bund Online-Durchsuchungen machen wolle, dann müsse dafür ein neues Gesetz her[7].

Das war der Auftakt für eine leidenschaftliche bundespolitische Debatte um die Online-Durchsuchung. Von ihren Gegnern wurde die Maßnahme »Bundestrojaner« genannt, in Anlehnung an das Trojanische Pferd, das Holzpferd, mit dem es Soldaten in der griechischen Mythologie gelungen war, heimlich nach Troja einzudringen. Computerprogramme, die heimlich auf einem Computer ausgeführt werden, verhalten sich ähnlich. Die Benutzerinnen und Benutzer des Computers merken nicht, dass ein solcher Computertrojaner heimlich die Daten von der Festplatte ausliest.

Auf der Seite der Befürworter diese Maßnahme stand der damalige Bundesinnenminister Schäuble, Gegner kamen aus den Parteien der Grünen, Linken und FDP – und der gerade gegründeten Piratenpartei. Auch der Chaos Computer Club und viele Informatiker lehnten die Online-Durchsuchung vehement ab, vor allem auch unter Verweis auf das technische Risiko und die Bedrohung für die Sicherheit der IT, die mit einem staatlichen Trojaner verbunden sind.

Will der Staat die Festplatte eines Verdächtigen durchsuchen, dann muss unbemerkt eine Software, der Trojaner, auf der Festplatte installiert werden. Diese Software muss die Festplatte durchsuchen, die ausgespähten Daten auslesen und an den staatlichen Auftraggeber senden. Allein der technische Ablauf wirft eine Fülle von Fragen auf. Die Installation der Software aus der Ferne ist nur möglich, wenn eine Schwachstelle in dem Betriebssystem und/oder der Sicherheitssoftware des Computers ausgenutzt wird. Eine Schwachstelle ist ein Programmierfehler, der es erlaubt, heimliche Operationen auszuführen. Solche Schwachstellen sollten eigentlich unverzüglich geschlossen werden. Kriminelle könnten sie ausnutzen. Wenn der Staat eine Schwachstelle kennt, müsste er dann nicht eher den Hersteller der Software warnen, um Millionen von Kunden zu schützen, statt die Schwachstelle selbst auszunutzen? Diese Frage wird uns noch beschäftigen.

Gelingt das Platzieren des Trojaners auf dem Computer des Verdächtigen, stellt sich die nächste Frage: wird die Software dort nur das anrichten, was sie (im Auftrag des Staates) tun soll, nämlich die Festplatte nach terroristischen Anschlagsplänen oder anderem durchsuchen? Jeder Computer ist ein bisschen anders. Aus der Ferne kann der Schöpfer des Trojaners nicht genau erkennen, in welche Umgebung er sein Programm platziert. Vielleicht sind auf dem Computer Dateibereiche, die anderen Personen gehören, gegen die sich die Maßnahme nicht richtet? Vielleicht hat der Computer eine wichtige Funktion zur Steuerung von Geräten, die durch den

Trojaner vielleicht gestört werden? Kann der Computer vielleicht ausfallen? Was ist, wenn er dringend benötigt wird, vielleicht auch für lebenswichtige Zwecke? All das ist aus der Ferne nur schwer abzuschätzen.

Schließlich stellt sich noch ein drittes technisches Problem: wie werden die Daten ausgeleitet? Wie könnte eine Kommunikation an Firewalls vorbei organisiert werden, um die bei der Durchsuchung aufgefundenen Informationen an Polizei oder Verfassungsschutz zu schicken? Wie verhindert man das Mitlesen durch Dritte? Wie verhindert man, dass kriminelle Hacker die von der Polizei geschaffene Hintertür ihrerseits nutzen, um Daten auszuschleusen?

Mit dem Bundesamt für Sicherheit in der Informationstechnik auf der einen und den Verantwortlichen für das BKA auf der anderen Seite habe ich diese Fragen damals intensiv diskutiert. Wir alle hatten eine Vorstellung davon, was passieren soll und passieren kann, wenn der Staat üblicherweise mit polizeilichen Mitteln im Einsatz ist, auf Streife, bei der Wohnungsdurchsuchung oder einer Festnahme. Aber was sind die Umstände, was sind die Risiken, wo sind die Grenzen, wenn die Polizei heimlich auf der Festplatte aktiv ist? Das ist eine technische und eine rechtliche Herausforderung. Und das ist bis heute eine politische Herausforderung. Die heimliche Aktivität des Staates in unserer immer komplexeren digitalen Welt, in den Computern und Smartphones, Tablets und Haushaltsgeräten, wirft sofort die Assoziation von Orwells »1984« auf. Wie kann die Überwachung gesteuert, beherrscht und eingegrenzt werden? Wo führt das hin? Ist der Staat mit Staatstrojanern demnächst auch im digitalen Heizungsventil oder im Fitnessarmband oder im Herzschrittmacher eines Verdächtigen?

Auch rückblickend ist es nicht erstaunlich, dass die Debatte große Wellen geschlagen hat. An vielen Laternenpfählen in Deutschland hingen Aufkleber mit dem Konterfei von Bundesinnenminister Schäuble und der Unterschrift »STASI 2.0«. 2007 kam das iPhone auf den Markt. Viele »Early Adopter«, der Technik besonders aufgeschlossene Menschen, verlagerten mehr und mehr ihrer Alltagsgeschäfte in die digitale Welt. Das Unbehagen über die heimlichen Aktivitäten des Staates reichte schnell weit in das bürgerliche Lager hinein. Die Zustimmung in der Bevölkerung für die Online-Durchsuchung sank: waren 2007 noch 65 % für die Online-Durchsuchung[8], sprachen sich vier Jahre später 52 % der Bürger dagegen aus[9]. Das Unbehagen erreichte schließlich auch das Bundesverfassungsgericht. Der Berichterstatter für die Klage gegen das nordrhein-westfälische Verfassungsschutzgesetz war Wolfgang Hofmann-Riem. Der Fall ließ ihn nicht schlafen. Er arbeitete sich tief in die Materie ein.

Im Februar 2008 erging das auf seiner Arbeit beruhende Urteil des Bundesverfassungsgerichts. Die Befugnis zur Online-Durchsuchung im nordrhein-westfälischen Verfassungsschutzgesetz wurde für verfassungswidrig erklärt und aufgehoben. Zwar sei eine Online-Durchsuchung nicht völlig unmöglich, sie müsse wegen ihres sehr einschneidenden Charakters aber an viel strengere Voraussetzungen geknüpft und mit stärkeren Auflagen verbunden werden. Das Gericht nutzte den Fall, sich sehr intensiv mit der Frage staatlichen digitalen Handelns zu beschäftigen. In den Mittelpunkt der Überlegungen stellte das Gericht – erstmals – die Frage, welche Bedeutung digitale Systeme heutzutage für die Bürgerinnen und Bürger haben und die Wahrnehmung ihrer Grundrechte. Die Achtung der Menschenwürde und der Schutz des Persönlichkeitsrechts müssten, so das Gericht, im Zeitalter der Digitalisierung auch das menschliche Handeln mithilfe von IT-Systemen umfassen. Aus diesem Gedanken heraus entwickelte das Bundesverfassungsgericht ein neues Grundrecht, das *Recht auf Gewährleistung der Vertraulichkeit und Integrität informationstechnischer Systeme*. Der Titel ist leider ein bisschen sperrig geraten, aber der Inhalt hat es in sich: Aus Art. 1 und Art. 2 des Grundgesetzes entwickelte das Gericht ein Grundrecht, das den einzelnen davor schützt, dass seine IT-Systeme ausgespäht und manipuliert werden. Die Literatur hat das Grundrecht später »IT-Sicherheitsgrundrecht« genannt, ich selbst würde es eher »Digitale Handlungsfreiheit« nennen. Im Kern geht es darum, dass viele unserer Handlungen mittlerweile nicht direkt und unmittelbar erfolgen, sondern durch digitale Systeme vermittelt werden. Indem der Staat auf diese Systeme heimlich zugreift, sie gegebenenfalls manipuliert, kann er mein ganzes Leben beeinträchtigen, meinen Alltag stören, mein Bild bei anderen verfälschen, möglicherweise sogar körperliche Schäden anrichten. Denken Sie nur an selbstfahrende Autos. Das ist weit mehr als der heimliche Zugriff auf Daten (der bereits durch das 1983 erfundene Recht auf informationelle Selbstbestimmung geschützt war).

Hoffmann-Riems neues Grundrecht ist weise und zukunftsweisend. Leider ist es der Politik bislang nicht gelungen, daraus eine umfassende rechtliche Regelung zum Schutz der persönlichen IT-Systeme zu entwickeln. Doch das Grundrecht hat ausgestrahlt in viele Gesetzesvorhaben und dafür gesorgt, dass Fragen der IT-Sicherheit größere Bedeutung bekommen haben, vom intelligenten Stromzähler bis zum Gesundheitswesen.

Einen Stopp der Online-Durchsuchung bewirkte die Entscheidung allerdings nicht. In Nordrhein-Westfalen, anderen Bundesländern und dem Bund wurden Gesetze erlassen, die

Online-Durchsuchungen erlauben, allerdings unter höheren Voraussetzungen als bisher. Zudem sind die Anforderungen an die Durchführung, die Risikoabschätzung, die Dokumentation und die Sorgfalt aller Beteiligten deutlich höher. Seit 2009 hat das BKA die Befugnis zur Online-Durchsuchung, allerdings nur im Zusammenhang mit dem internationalen Terrorismus. Das entsprechende Gesetz wurde 2016 vom Bundesverfassungsgericht mit kleineren Korrekturen akzeptiert. Die technischen Schwierigkeiten der Durchführung solcher heimlichen Operationen auf der Festplatte von Verdächtigen aber bleiben. Die hohen Anforderungen des Gerichts machen die Software noch aufwändiger. Trotz erheblicher personeller Aufstockung kann das BKA die Software nicht vollständig selbst entwickeln. Externe Firmen und deren Spionagesoftware werden eingebunden. Das wirft neue Fragen auf: wer kann die korrekte Funktionsweise überprüfen? Die Analyse des bayerischen Staatstrojaners durch den Chaos Computer Club ergab technische Funktionen der am Markt eingekauften Spionagesoftware, die nicht mit den Vorgaben des Verfassungsgerichts vereinbar sind. Wer kann zukünftig garantieren, dass das nicht der Fall ist? Wer erkennt, ob ein externer Auftragnehmer Hintertüren in das Programm eingebaut hat? Hacker, die Schwachstellen auffinden und Software entwickeln, mit der man heimlich in IT-Systeme eindringen kann, gehören zu den bestbezahlten Fachleuten der Welt. Der Staat kann ihre Gehälter kaum bezahlen.

All diese Fragen sind bis heute ungeklärt. Gleichzeitig hat der Bundestag die Befugnis zur Online-Durchsuchung im Sommer 2017 deutlich erweitert, nicht zuletzt wegen der weiteren Digitalisierung der Kriminalität. Heimliche Zugriffe auf die Festplatte sind nun bei einer ganzen Reihe weiterer schwerer Straftaten erlaubt. Tatsächlich aber hat das BKA bislang nur eine Handvoll Online-Durchsuchungen durchgeführt. Genaue Zahlen werden nicht bekanntgegeben. Derweil entwickelt sich die digitale Welt ständig weiter. Heute einsatzfähige »Staatstrojaner« sind morgen nicht mehr tauglich. Heute überwindbare Schutzmaßnahmen der Kriminellen werden morgen aufgerüstet sein. Es bleibt ein dauerhaftes Problem, ob, wie und in welchem Umfang der Staat heimlich in der digitalen Welt seiner Bürger agiert – rechtsstaatlich korrekt und ohne Kollateralschäden. Die Diskussion um »Stasi 2.0« kann jederzeit wiederaufleben.

2.4 BEULEN, BLESSUREN UND LERNKURVEN

Klarmachen zum ändern – mit diesem Motto trat die im September 2006 gegründete Piratenpartei an, den Etablierten das Internet beizubringen. Die Debatte um das Urheberrecht war der Auslöser für das Entstehen der Partei. Die anderen netzpolitischen Themen beförderten ihr Wachstum auf über 34 000 Mitglieder. 2011 und 2012 konnte sie mit Ergebnissen um die 8 % in die Landesparlamente von Berlin, Saarland, Schleswig-Holstein und Nordrhein-Westfalen sowie in viele Kommunalparlamente einziehen. Damit war der Zenit allerdings schon erreicht: Bei der Bundestagswahl 2013 kamen die Piraten nur noch auf 2,2 % und verabschiedeten sich seitdem wieder aus allen Landtagen.[10]

Die kurze Erfolgsgeschichte der Piratenpartei war ein netzpolitischer Weckruf für die anderen Parteien. Denn der schnelle Erfolg der Ein-Themen-Partei hing stark damit zusammen, dass die Menschen den etablierten Parteien nicht zutrauten, die mit dem Internet zusammenhängenden Fragen zu verstehen. Zu sehr hatte sich die Politik in den Debatten um Urheberrecht, Netzsperren und Online-Durchsuchung als unsensibel und über weite Strecken auch ungeschickt präsentiert. In einer repräsentativen Umfrage von FORSA für BITKOM gaben 2010 immerhin 17 % der Befragten an, keine der etablierten Parteien verstünde etwas vom Internet.[11] Aufgerüttelt durch die Piratenpartei reagierte die Politik – wenn auch vorsichtig: Nach der Bundestagswahl 2013 wurden zunächst einmal ein Ausschuss für Digitale Agenda gegründet. Die Digitalpolitik erhielt damit einen festen Ort im Parlament.

Die Vertrauenskrise in die netzpolitische Kompetenz ist die eine Lehre, die man aus den drei Beispielen ziehen kann. Doch es gibt viel weitergehende Problemlagen, die in Netzsperren, Urheberrecht und Staatstrojaner aufscheinen: Der Staat bewegt sich mit seinen Gesetzen und Behörden in einem neuen Raum, in dem andere Gesetzmäßigkeiten gelten. Mal zu drastisch wie bei den Netzsperren, mal zu ungeschickt wie bei der Online-Durchsuchung, mal zu früh wie beim Urheberrecht, mal auch zu spät wie mit Sicherheit beim Datenschutz, zu dem wir später noch kommen.

Die erste Annäherung der Politik an eine Gestaltung des Internets war eher holzschnittartig. Das kann man gut an dem vielzitierten Begriff des »rechtsfreien Raums« festmachen. Das Internet sei kein rechtsfreier Raum, hieß es. Es dürfe kein rechtsfreier Raum werden. Was in der analogen Welt gelte, das müsse auch im Netz durchgesetzt werden. Diese Aussagen lassen sich fast immer in der politischen Begründung früher staatlicher Interventionen im Netz finden. Mit dem Ziel einer möglichst 1:1-Übertragung wurden Analogien entwickelt und entsprechende gesetzliche Maßnahmen entworfen und beschlossen: Wohnungen darf ich durchsuchen, also auch Festplatten. Einem Spediteur kann ich die Nicht-Beförderung bestimmter Güter vorschreiben, also auch einem Internet-Unternehmen. Eine CD nachzupressen ist illegal, also muss es auch die digitale Kopie sein.

Fast immer scheitern diese einfachen Analogien an der Andersartigkeit des digitalen Lebens. Die Digitalisierung kennt keine 1:1-Entsprechungen. Unser »analoges« Leben (was immer das sein soll) wird nicht durch »digitales« Leben ersetzt, sondern durch Digitalisierung zu etwas Neuem gemacht. Und dieses Neue folgt eigenen Regeln. Ein Staat, der das neue Leben mitgestalten (und regeln) will, muss die neuen Wirkungszusammenhänge zunächst einmal verstehen. Einige dieser Spielregeln haben wir schon kennengelernt: Was irgendwo im Netz ist, bekommt man selten entfernt oder gesperrt. Wenn der Staat im digitalen Raum handelt, dann produziert er ganz neuartige Gefahren. Wer herkömmliche Geschäftsmodelle schützen will, wird das auf globalen digitalen Märkten nicht schaffen. Alles ganz schön schwer zu schlucken für Politik und Beamte, die es gewohnt waren, umsetzen zu können, was man durchsetzen will.

Aus den ersten Gehversuchen in der Netzpolitik haben Politik und Verwaltung gelernt. Auch ich persönlich habe bei den drei Beispielen viele Lernerfahrungen gemacht. Das war auch nötig, denn was als nächstes kommt, ist viel wichtiger: Alles wird digitalisiert, es brennt an allen Ecken – und der Staat muss seine Rolle im digitalen Raum umfassend – neu – bestimmen.

3 VERSCHWOMMENE VERANTWORTUNG

Unübersichtlicher digitaler Hausrat ◆ Unerklärbare automatisierte Entscheidungen ◆ Undurchschaubarer Datenschutz ◆ Unsichtbare Cyberkrieger

3.1 UNÜBERSICHTLICHER DIGITALER HAUSRAT

Zum Einstieg eine Frage: Haben Sie schon einmal durchgezählt, wieviel digitale Geräte in Ihrem Haushalt mit dem WLAN verbunden sind? Sind Sie sicher, dass Sie keinen E-Book-Reader, kein Heizungsthermostat und keine digital steuerbare Glühbirne vergessen haben? Mehr als 20 digitale Geräte im lokalen Netz sind bei einer Durchschnittsfamilie keine Seltenheit. Vier Smartphones und Computer, vielleicht noch ein Tablet, Musikplayer in mehreren Räumen, Drucker, Smart-TV, Netzwerkfestplatte, ein paar E-Book-Reader – da kommt schnell einiges zusammen, das mit dem Router und darüber hinaus mit dem Internet verbunden ist.

Eine zweite Frage: wissen Sie, wo Ihre Daten gespeichert sind? Also Ihre Texte, Fotos, Musik, Videos? Wo sind die Originale, wo ein Backup? Wieviel externe Festplatten liegen bei Ihnen im Haushalt herum? Welche Cloud-Dienste nutzen sie? Oder noch wichtiger: welche nutzen Sie nicht mehr, haben dort aber noch Daten liegen? Viele Cloud-Dienste kommen ins Haus, ohne dass Sie es bewusst eingerichtet haben, als Teil des E-Mail-Postfachs, eines DSL-Anschlusses oder des Nutzerkontos eines Versandhändlers.

© Springer Fachmedien Wiesbaden GmbH, ein Teil von Springer Nature 2018
M. Schallbruch, *Schwacher Staat im Netz*,
https://doi.org/10.1007/978-3-658-19947-0_3

26 Verschwommene Verantwortung

Eine letzte Frage: haben Sie eine Übersicht, welche Nutzerkonten Sie im Internet eingerichtet haben? Also wie viele Login-Kennungen bei Händlern, Zeitschriften, Vereinen, Spieleanbietern, Verkehrsunternehmen oder Reiseplattformen? Schon 2012 hatten Internet-Nutzer bereits durchschnittlich 26 verschiedene Accounts, also Login-Kennungen im Internet.[1] 2015 waren es schon 90, im Jahr 2020 sollen es dann über 200 Accounts sein.[2] Haben Sie eine Übersicht? Vielleicht sogar all die verschiedenen Passwörter?

An dieser Stelle höre ich auf mit den inquisitorischen Fragen und erkundige mich nicht, wann Sie zuletzt ein Firmware-Update für eines Ihrer Geräte durchgeführt oder die Kennwörter Ihrer 90 Accounts geändert haben. Schließlich möchte ich nicht, dass Sie mir die Gegenfrage stellen. Tatsache ist, dass jeder Internet-Nutzer mittlerweile eine Vielzahl von Geräten, Internet-Diensten und Nutzerkonten »sein Eigen« nennt, ohne noch den Überblick zu haben. Gleichzeitig sind wir aber für all diese Hardware, Software und Daten verantwortlich. Die Verantwortung erstreckt sich darauf, dass niemand von außen eindringen kann, dass keine Daten verloren gehen, dass die eigenen Geräte nicht plötzlich zum Werkzeug von Angreifern werden. Mit dieser digitalen Welt im eigenen Haushalt hat unser Hausrat ein Schwesterchen bekommen: den digitalen Hausrat. Was das Internet für unsere globale Gemeinschaft geworden ist, das ist der digitale Hausrat für unser privates Leben: eine unübersehbare Vielzahl digitaler Güter, in Form von Geräten im eigenen Haus, von Software auf diesen Geräten, von Kommunikation innerhalb des Hauses und – natürlich – von Internetdiensten, die uns im weitesten Sinne zuzurechnen sind und die mit unseren Geräten und Programmen nahezu ständig kommunizieren.

Beginnen wir mit den Geräten. Das wichtigste aller digitalen Geräte ist der Router. Er verbindet unseren Haushalt mit der weiten Welt des Internets. Router werden häufig vom DSL-, Kabel- oder Mobilfunkanbieter bereitgestellt, als Teil des Vertrages oder als Add-On. Router sind unscheinbar und blinken irgendwo in der Kammer vor sich hin. Im Innern jedoch sind sie hochkomplex. Router sorgen dafür, dass wir im Haushalt mehrere Geräte miteinander (und mit dem Internet) verbinden können. Hierzu bauen sie ein Heimnetz auf, im Fachjargon »lokales Netz« genannt. Das Heimnetz verknüpft alle vernetzbaren Geräte, entweder über direkte Kabelverbindungen oder über WLAN. Der Router sorgt dafür, dass die verschiedenen Geräte typischerweise sowohl miteinander als auch mit dem Internet kommunizieren können. Damit wird innerhalb des Heimnetzes zum Beispiel das Drucken im Arbeitszimmer ermöglicht oder auch der Zugriff auf die Musiksammlung vom Sofa aus. Manche Router kümmern sich auch um die Telefonie und verbinden schnurlose Telefone miteinander und mit dem Telefonanbieter. Router stellen zudem die Verbindung zum Internet her und sortieren den Internetverkehr in gut und böse. Das ist auch notwendig, denn ständig versuchen Computer aus dem Internet, das Heimnetz auszukundschaften. Sie suchen nach Möglichkeiten, in das Netz einzudringen. Aufgabe des Routers ist es, nur den gewollten Verkehr aus dem Internet durchzulassen. Das sind zum Beispiel eingehende E-Mails oder auch die Webseiten, die aus dem Heimnetz aufgerufen wurden. Gewollter Verkehr von außen kann aber auch der Zugriff auf die Heizungssteuerung von unterwegs sein, weil man früher nach Hause kommt und es gerne warm hätte. Diese Aufgabe des Routers ist hochanspruchsvoll, weil »guter« und »böser« Verkehr nicht so leicht zu unterscheiden ist. Zu vielfältig sind heute die Kommunikationsbeziehungen zwischen digitalen Geräten und zwischen Heimnetzen und Internet.

Diese Erfahrung machten 900 000 Kunden der Deutschen Telekom, als am 29. November 2016 plötzlich ihre Router ausfielen. Verbindungen in das Internet waren nicht mehr möglich. Ein 29-jähriger Brite hatte eine Software entwickelt, die bestimmte Arten von Routern aus dem Internet heraus manipulieren sollte. Sie nahm Verbindung zu dem Gerät auf und versuchte, eine bekannte Sicherheitslücke in der Software des Routers auszunutzen, um das Gerät zu manipulieren. Ziel des Angreifers war es, den Router so zu verändern, dass er – für den Nutzer unmerklich – Befehle ausführt. Damit wollte der Täter quasi eine Armee von Routern rekrutieren, die auf Kommando Cyberangriffe ausführen können. Wäre der Versuch geglückt, hätten 900 000 ahnungslose Telekom-Kunden in Deutschland eine verborgene digitale Waffe in ihrem Haushalt beherbergt, die bei Cyberangriffen mitmischt. Doch der Versuch schlug fehl, weil sich die betroffenen Router nicht kapern ließen. Stattdessen stellten sie ihren Betrieb ein. Auch das hätte nicht sein dürfen.

Der Urheber der Attacke konnte von deutscher und britischer Polizei ermittelt werden. Er wurde im März 2017 in London festgenommen und wartet im Kölner Gefängnis auf sein Strafverfahren. Bei den betroffenen Kunden und der Deutschen Telekom verursachte der Angriff erheblichen Ärger und Aufwand. Die im Router eingebaute Software, die sogenannte Firmware, musste aktualisiert werden, um den Betrieb wieder zu ermöglichen und Angriffe dieser Art für die Zukunft auszuschließen.[3] Die Betonung liegt auf »dieser Art«. Denn die Komplexität der Router-Software ist so hoch geworden, dass Angreifer auch zukünftig Schwachstellen finden werden. Mit jedem weiteren Schritt der Digitalisierung der Haushalte werden Router mächtiger. Über ihren »Kernjob« des Vermittelns von Datenpaketen hinaus stellen sie Musiksammlungen im Haushalt bereit, bieten eine Datensicherung für die angeschlossenen Computer an, filtern nicht-jugendfreie Internetseiten aus, erlauben die Steuerung von Heizung, Licht oder Alarmanlage. Natürlich sind sie auch Anrufbeantworter, Wecker und Faxgerät. Im normalen Einsatz kommuniziert ein Router praktisch ständig, im lokalen Netz wie auch mit dem Internet.

Schon bei diesem ersten (und wichtigsten) Gerät im Haushalt zeigt sich ein Wesensmerkmal des digitalen Hausrats: er ist ständig in Veränderung. Jedes neue Gerät verändert die Kommunikationsbeziehungen im Haus und mit dem Internet. Jeder neu genutzte Cloud-Speicher oder Musik-Streamingdienst ändert das Kommunikationsprofil. Aber auch: Jedes Bekanntwerden einer neuen Schwachstelle dieses Router-Modells lässt neue Angriffe zu. Solche Schwachstellen in der Software werden täglich gefunden und verbreitet – in seriösen Datenbanken von Sicherheitsforschern oder auch in verborgenen Foren des Internet-Untergrunds. Damit Schwachstellen nicht für kriminelles Tun missbraucht werden, müssen viele zusammenwirken: Der Hersteller des Routers muss seine Software verbessern. Der Internet-Anbieter muss sie den Kunden zur Verfügung stellen. Sie selbst als Endkunde müssen schließlich diese neue Software, die Firmware des Routers, einspielen, das bedeutet: Herunterladen, auf den Router kopieren, installieren. Manche Router erledigen diese regelmäßige Aktualisierung mittlerweile selbständig und ohne Ihr Zutun, die Mehrzahl der Router tut dies nicht. Am Ende haben Sie die Verantwortung, dass Ihr Router keinen Schaden anrichtet, für Sie selbst und für andere.

Schwachstellen, ständige Veränderung und hoher Betreuungsbedarf kennzeichnen auch die anderen Geräte Ihres digitalen Hausrats. Was für Router gilt, gilt für jedes andere mit dem Internet verbundene Gerät im Haushalt: Die Geräte haben eine eingebaute Firmware, eine grundlegende Steuerungssoftware für das Gerät. Die Firmware enthält Schwachstellen, die nach und nach bekannt werden. Die Geräte sind mit dem Internet verbunden. Angreifer versuchen von außen, die Schwachstellen auszunutzen. Im »Erfolgsfall« wird Ihr Gerät gekapert. Drastisch vor Augen geführt wurde uns dies im Oktober 2016. Stundenlang fielen die Websites von Airbnb, Amazon, New York Times und anderen aus. Zeitungslektüre, Einkäufe und Reisebuchungen waren nicht mehr möglich. Ursache war das Zusammenbrechen der Server der Firma DynDNS, eines spezialisierten Dienstleisters, den viele große Internet-Anbieter für ihren Betrieb einsetzen. Die Server von DynDNS hatten unter der Last millionenfacher Anfragen aus dem Internet kapitulieren müssen. Diese Schein-Anfragen wurden von hunderttausenden Geräten im Internet im Sekundentakt generiert, um den Betrieb von DynDNS zu stören – erfolgreich. Die Untersuchung des Vorfalls förderte Erstaunliches zu Tage: Bei den angreifenden Geräten handelte es sich um vernetzte Überwachungskameras, internetbasierte Babyphones und andere Haushaltsgeräte, die mit dem Internet verbunden waren. Die bis heute unbekannten Urheber des Angriffs hatten Schwachstellen in der Firmware dieser vernetzten Geräte ausfindig gemacht. Über die Schwachstellen in der Software gelang es ihnen, die Geräte zu manipulieren und unter ein einheitliches Kommando zu stellen. Fortan war es den Angreifern möglich, alle Geräte gleichzeitig und unbemerkt Aktivitäten im Internet ausführen zu lassen. Das sogenannte »Mirai-Botnetz« war geboren. Zum ersten Mal waren nicht PC und Notebook gekapert und rekrutiert worden, sondern Haushaltsgeräte. Das

»Internet of Things«, also die Vernetzung von allem mit jedem, zeigte erstmals seine dunkle Seite. Dabei steht die Vernetzung von Haushaltsgeräten und Alltagsgegenständen erst am Anfang. Fast jeder Hersteller denkt darüber nach, wie er sein Gerät »smart« machen kann, also stärker kommunizierend und mitdenkend. Eine Steuerung über das Smartphone gehört dazu oder auch die Kommunikation mit Datenbanken im Internet, um die Leistungsfähigkeit mit Hilfe von Erfahrungswerten anderer Geräte zu erhöhen. Schaut man sich die Produktkataloge der Hersteller an, dann bekommt man eine Ahnung, was demnächst alles im Heimnetz kommuniziert: Philips-Glühbirnen wechseln auf Kommando die Farbe. Der Thermomix tauscht Rezepte aus. »Miele@home« zeigt unterwegs an, ob die Waschmaschinentür geschlossen ist. Die Gardinensteuerung »Slide« schließt die Sonnenblenden per App. Der Dyson-Luftreiniger warnt wegen schlechter Luftqualität, der Weber »iGrill« zeigt an, dass das Grillgut im Garten nun die optimale Temperatur hat. Angesichts der schlechten Luftqualität ist es ohnehin besser, in den Garten zu gehen und nach dem Grill zu schauen. Aber stolpern Sie nicht über den Saugroboter, der Ihrem Smartphone gerade eine Störung gemeldet hat ...

Der Einsatz vernetzter Geräte in den deutschen Haushalten wächst rasant. Allein die Entwicklungen rund um die Gesundheit gibt dem Markt einen ziemlichen Schub: Fitnesstracker, digitale Blutdruckmesser oder Körperfettwagen mit WLAN halten Einzug in den Haushalt und vernetzen sich selbstverständlich miteinander und mit der weiten Welt. Alle diese Geräte haben Firmware mit Schwachstellen. Alle diese Geräte sind potentiell angreifbar.

Manche der Geräte tragen Sie ständig mit sich herum, auch

außerhalb des Haushalts. Natürlich ist das Smartphone ein permanenter Begleiter, ein Tor zum Internet und gleichzeitig aber auch mit einem Bein im eigenen Heimnetz. Apps zur Steuerung von Lampen, Heizung, Waschmaschine oder zum Zugriff auf die Fotos auf der eigenen Netzwerkfestplatte haben die Berechtigung, von außen in ihrem Haushalt zu wirken, zu kommunizieren, zu verändern. Wurde das Smartphone gehackt, dann ist auch das Heimnetz nicht mehr geschützt. So vielfältig und verstreut die Geräte des digitalen Hausrats sind, so sehr bilden Sie doch eine Einheit: Die Sicherheit des einen hängt oft vom anderen ab. Der Router ist auch hierfür die zentrale Schaltstelle.

Ihr digitaler Hausrat reicht also mittlerweile über die eigenen vier Wände hinaus – und über die eigenen Geräte: Haben Sie Ihre digitalisierte Musik noch auf der Netzwerkfestplatte gespeichert? Oder auf einem Cloud-Speicher? Oder nutzen Sie einen Streaming-Dienst und haben nur einen Teil der Musik heruntergeladen? Oder wissen Sie es gar nicht mehr? Wie ist es mit den Fotos – lokal gespeichert oder im Online-Fotoalbum? Wann werden welche Fotos an welchen Speicherort hochgeladen, wann synchronisiert, wo gesichert? Bei Fotos und Musiktiteln zeigt sich die neue Beweglichkeit digitaler Daten. Der Preisverfall bei Festplatten war schneller als das Datenwachstum. Heute ist es kein preisliches Problem mehr, alle seine persönlichen Daten auf mehreren Datenträgern parallel zu speichern. In Kombination mit der erhöhten Bandbreite der Internetverbindung ist auch das Speichern in dem Cloudspeicher eines Internet-Anbieters eine kostengünstige und komfortable Alternative. Zunehmend hat sich eine Mischform entwickelt wie bei den Musiktiteln: ein Teil der Daten ist lokal präsent, weit größere Datenbestände sind in der Cloud verfügbar. Fast alle Cloud-Speicher – von den großen internationalen Anbietern wie Google, Apple, Dropbox oder Microsoft bis zu deutschen Anbietern wie der Telekom – bieten an, lokale Daten auf PC mit der Cloud zu synchronisieren. Ist die entsprechende Software einmal installiert, ist jede einzelne Datei ab sofort in aktueller Form doppelt vorhanden und wird bei jeder Änderung an allen Orten aktualisiert. Das ist praktisch als Schutz gegen Datenverlust. Gleichzeitig erhöht es die Komplexität des digitalen Hausrats enorm. Spätestens wenn die Synchronisierung einmal nicht funktioniert oder der Anbieter nicht erreichbar ist, bekommen die Anwender das zu spüren. Oder wenn der Anbieter gehackt wird. Doch der Trend zur Speicherung in der Cloud ist unaufhaltsam. Dafür sorgen auch die Hersteller der intelligenten Haushaltsgeräte. Viele von ihnen bieten eigene Cloud-Dienste an. Dort können die Geräte ihre Daten ablegen. So speichert Ihre mit dem Internet verbundene Wetterstation die Beobachtungen nicht nur im Gerät, sondern auch in der Cloud des Herstellers. Das kann praktisch sein, weil Sie von unterwegs sehen können, ob die Pflanzen auf Ihrer Terrasse schon frieren. Das ist praktisch für den Hersteller, der all diese Messdaten zusammenführen kann und damit ein Bild über die Wetterdaten gewinnt. Hersteller von Kfz-Navigationsgeräten nutzen dieses Prinzip, um mit den Daten der Kunden ihre Navigation in Echtzeit zu verbessern. Staubsauger-Roboter nutzen die Daten über die Wohnung und ihrer Einrichtungsgegenstände, um ihre Routen einschließlich des Aufladens besser zu planen. Im Sommer 2017 kündigte der kanadische Hersteller iRobot an, dass diese Daten über die Einrichtung von Wohnungen zukünftig auch mit anderen Unternehmen geteilt werden sollen.[4]

Der enorme Mehrwert der Speicherung im Netz zeigt: Das Zusammenspiel zwischen vernetzten Geräten und Cloud-

Diensten wird zukünftig der Normalfall sein. Wenn Sie ein vernetztes Gerät kaufen und sich entscheiden, keine Daten in der Cloud abzulegen, werden Sie mit dem Verlust interessanter Mehrwerte bestraft. Wenn Sie nicht wollen, dass die Wetterdaten von Ihrem Balkon in die Cloud kommen, dann können Sie auch nicht auf der Website des Wetterdienstes nachschauen, wie warm es an Ihrem Urlaubsort oder dem Ort der nächsten Dienstreise ist. Besonders groß ist der Mehrwert der Daten in der Cloud, wenn es um ihre Auswertung geht. Mit Hilfe leistungsstarker Server des Anbieters und dem Zugriff auf gigantische Datenbestände hunderttausender Nutzer können Geräte Funktionen anbieten, die weiter über die Fähigkeiten hinausgehen, die man ihnen einbauen könnte. Ein Beispiel hierfür sind die sprachgestützten persönlichen Assistenten. Alexa von Amazon, Siri von Apple, Cortana von Microsoft oder der Google Assistant. All diese Systeme sind in Geräte eingebaut wie die Netzwerklautsprecher von Amazon oder die iPhones und iPads von Apple, beziehen ihre Leistungsstärke aber aus der Cloud. Mit Methoden künstlicher Intelligenz, dem sogenannten »maschinellen Lernen«, können sie natürliche Spracheingaben mit ein bisschen Übung gut verstehen, einfache Kommandos ausführen (»Spiele das Album Muttersprache«, »Füge Butter zu Einkaufsliste hinzu«) oder Fragen beantworten (»Wird es morgen regnen?«, »Wieviel Einwohner hat Mexico City?«). Typischerweise lauschen die Geräte die ganze Zeit, bis ein Schlüsselwort gesagt wird (zum Beispiel »Alexa« oder »Hey Siri«), übertragen die anschließende Spracheingabe zu den Servern des Anbieters und liefern das Ergebnis dann vor Ort wieder aus. Selbst für kundige Benutzer ist nicht mehr erkennbar, welche Leistung das Gerät vor Ort erbringt und welche Arbeit auf den Servern des Anbieters erfolgt. Nach dem vieldiskutierten Erscheinen von Amazons sprachgesteuerter Assistentin »Alexa« hat es einige Zeit gedauert, bis es Sicherheitsforschern gelungen ist herauszufinden, wann welche Daten wo gespeichert und verarbeitet werden. Ergebnis: Alle Kommunikation mit Alexa verbleibt in der Amazon-Cloud und muss vom Benutzer ausdrücklich und manuell durch Einloggen in das eigene Amazon-Konto gelöscht werden, wenn das gewünscht wird. Dadurch verschlechtert sich allerdings die Spracherkennung von Alexa, ein Komfortverlust: Wer will schon seiner Assistentin immer wieder aufs Neue beibringen, dass die Toten Hosen eine Band sind und dass Tabs für die Spülmaschine eingekauft werden sollen und nicht für die dritten Zähne?

Bleiben wir bei der Speicherung von Daten im Netz. 90 Accounts haben Internet-Benutzer mittlerweile im Schnitt angesammelt. Einige davon sind wichtig und werden oft und dauerhaft genutzt, etwa der E-Mail-Account oder das Online-Bankkonto, vielleicht auch der Standard-Cloudspeicher. Andere sind nur ein einziges Mal genutzt worden, weil der Anbieter des dringend benötigten Ersatzteils für die Spülmaschine eine Internet-Bestellung nur ermöglicht, wenn ein Nutzerkonto eingerichtet wird. Wann brauchen Sie das nächste Ersatzteil für die Spülmaschine? Werden Sie dann noch die Kennung wissen? Und gar das Passwort? Wird es den Anbieter dann noch geben? Oder wurde er zwischenzeitlich gehackt und Ihr Passwort entwendet? Mehr als ein Drittel aller Internetnutzer geben an, dass sie für verschiedene Dienste das gleiche Passwort verwenden.[5] Wird bei einem der Anbieter erfolgreich die Passwort-Datenbank gestohlen und waren die Passwörter nicht ausreichend verschlüsselt, können die Hacker nun auch auf andere Accounts zugreifen. 2016 passierte das den Nutzern der Kundendatenbank der Berliner Zeitung und des Kölner Stadtanzeigers. Hacker waren in die Server des Verlags eingedrungen und hatten die Kundendaten samt Passwort entwendet. Die Passwörter waren offenbar im Klartext gespeichert. Abonnement-Kunden der beiden Zeitungen mussten bei allen Online-Diensten das Passwort ändern, bei denen sie dieses Wort ebenfalls verwendet hatten.[6] Eine solche Änderung kann eine Sisyphos-Arbeit sein, da der Prozess bei jedem Anbieter leicht unterschiedlich abläuft und komplexe Sicherheitsabfragen erfordert. Hoffentlich können Sie sich noch an den Namen der Lieblingskatze Ihrer Schwägerin erinnern, wenn Sie bei dem Spülmaschinen-Ersatzteil-Anbieter acht Jahre nach der Bestellung das Passwort ändern wollen ...

Viele Internet-Nutzerinnen und -Nutzer gehen dazu über, für jeden genutzten Dienst ein anderes Passwort zu verwenden. Das ist klug, erfordert für eine praktische Machbarkeit aber den Einsatz eines sogenannten Passwort-Managers. Als App auf Smartphone oder Tablet oder auch als Programm auf PC oder Mac verwaltet ein solcher Manager die Passwörter und PIN der verschiedenen Dienste und erlaubt die Vergabe sehr individueller und schwer zu erratender Passwörter. Die Passwort-Manager selbst sind in der Regel auch als Cloud-Dienst ausgelegt, damit man auch unterwegs die Kennwörter parat hat und Änderungen auf allen Geräten zur Verfügung stehen. Maßgeblich für die Sicherheit der Passwort-Manager ist natürlich die Stärke der Verschlüsselung.

Rekapitulieren wir die Bestandteile des digitalen Hausrats, die wir bis jetzt zusammengestellt haben: eine Fülle von vernetzten Geräten; verschiedene Cloud-Angebote, oftmals verknüpft mit eigenen Geräten; zahlreiche Nutzerkonten im Internet, auch diese wiederum verbunden mit Cloud-Anbietern und eigenen Geräten; schließlich vielleicht noch der Passwort-

Manager, der die kleine digitale Welt zusammenhält und die Zugänge zu all den Geräten, Cloudspeichern und Nutzerkonten ermöglicht.

Wer ist nun für all das verantwortlich? Man könnte das juristisch fein säuberlich auftrennen: die Verantwortung des Router-, Grill- oder Fitnessarmband-Herstellers für seine Firmware, die Verantwortung des Internetproviders für die Warnung seiner Kunden vor längst bekannte Hacker-Attacken, die Verantwortung des Cloud-Anbieters für eine Sicherung der Datenübertragung, die Verantwortung des Internet-Dienstleisters für die Wahl schwer zu erratender Passwörter und ihre Verschlüsselung usw. Spätestens beim Zusammenspiel der Verantwortlichkeiten wird es schwierig. Müsste eine Heizungssteuerung vorsorglich ihren Dienst einstellen, weil sie merkt, dass in ihrem Heimnetz ein gehackter Backofen aktiv ist? Oder vielleicht die Nutzerin oder den Nutzer informieren? Müsste ein Internet-Provider den Nutzer warnen, wenn »seine« Geräte Verbindung mit gefährlichen Servern im Internet aufnehmen – ein untrügliches Zeichen, das Sie gehackt wurden? Letzteres ist mittlerweile Gesetz, aber auch nur dann, wenn der Internet-Provider das erkennen konnte. Ersteres ist noch Zukunftsmusik. Am Ende aller juristischen Analyse der Verantwortlichkeiten für den digitalen Hausrat steht eine nüchterne und erschreckende Feststellung: Zunächst einmal sind Sie verantwortlich – für all die Geräte, Dienste und Konten, die Ihrem digitalen Hausrat zuzurechnen sind. Denn kommt es zu Schäden, bei Ihnen selbst oder bei anderen, liegt der Ursprung in Ihrem digitalen Hausrat und es ist an Ihnen darzulegen, welche Kombination von Hardware, Software und Internetdiensten tatsächlich ursächlich war.

Kein Mensch kann diese Verantwortung vollständig tragen. Natürlich gibt es Nerds und Hacker, die ihre digitale Welt vollständig durchdringen und den Release-Stand der Firmware ihrer Geräte auswendig wissen oder alle Kennwörter aller genutzten Dienste. Doch Know-How- und Zeitaufwand hierfür überfordern 99 % der Nutzerinnen und Nutzer. Im Ergebnis besteht der digitale Hausrat mehr und mehr aus einer Ansammlung halbwegs funktionierender, schlecht gewarteter, gleichzeitig aber sicherheitskritischer elektronischer Geräte, Programme und Internetdienste. Damit verbunden ist mehr als eine kurzfristige Unannehmlichkeit für die Betroffenen. In dem Maße, in dem die Abhängigkeit von digitalen Geräten und Programmen gestiegen ist, steigt auch die Verletzlichkeit von uns allen durch digitale Angriffe. Diese Erfahrung machte schon 2012 der US-Journalist Mat Honan. Innerhalb einer Stunde wurde sein komplettes digitales Leben durch unbekannte Angreifer vollständig zerstört. Durch eine Kombination von Sicherheitslücken bei Apple- und Amazon-Diensten und -Geräten gelang es den Angreifern, zunächst seine Amazon- und Apple-, später auch die Google- und Twitter-Kennwörter zu ermitteln und die verschiedenen Konten, Cloud-Dienste und Geräte »zu übernehmen«, also die Kontrolle auszuüben. Am Ende der Operation stand die sogenannte Fernlöschung des MacBooks, des iPhones und des iPads von Mat Honan. Mit Hilfe der gewonnenen Kennwörter und Kenntnisse über Mat Honans digitale Welt konnten die Angreifer aus der Ferne alle Daten dieser drei Geräte löschen. Eigentlich ist diese Funktion für den Fall des Diebstahls der Geräte eingebaut, nun wendete sie sich gegen den Eigentümer.[7]

Solche Extremfälle geben eine Ahnung, was zukünftig möglich sein wird. Nach der Studie eines Marktforschungsinstituts sprechen 2017 schon über 30 Millionen Amerikanern mit sprachgesteuerten persönlichen Assistenten.[8] Der Umfang des digitalen Hausrats wächst weiter, einschließlich zahlreicher neuer Möglichkeiten für uns alle – und für die Angreifer. Hörgeräte lassen sich per Smartphone steuern – oder von Hackern aus dem Internet abschalten. Digitale Insulinpumpen wurden bereits gehackt. Vielleicht kaufen Sie sich demnächst eine neuartige Kamera-Drohne mit »Follow-Me-Funktion«. Sie folgt Ihnen wie ein treuer Hund, macht Fotos oder Videos aus der Luft – für Ihr Fotoalbum. Wer weiß, ob sie die Bilder nebenbei einem Hacker sendet, der damit Geld verdient. Oder an einen ausländischen Nachrichtendienst.[9] Oder ob sie nebenbei an einem Cyberangriff auf einen Rüstungskonzern mitwirkt?

Sie brauchen Hilfe.

3.2 UNERKLÄRBARE AUTOMATISIERTE ENTSCHEIDUNGEN

Schon im September 1990 hatte die EU-Kommission ein ungutes Gefühl. Es könne nicht sein, dass der einzelne Mensch ›Objekt‹ von Entscheidungen werde, die einzig und allein von Maschinen getroffen werden. Hiergegen müsse er ein Recht bekommen, entschied die Kommission, und verankerte dieses Recht in ihrem Entwurf einer europäischen Datenschutzrichtlinie. Dieser Vorschlag wurde 1995 zum Gesetz. In dem Nachfolgegesetz, der ab Mai 2018 geltenden neuen EU-Datenschutzverordnung heißt es in Artikel 22 Absatz 1 markig: »*Die betroffene Person hat das Recht, nicht einer ausschließlich auf einer automatisierten Verarbeitung (..) beruhenden Entscheidung unterworfen zu werden, die ihr gegenüber rechtliche Wirkung entfaltet oder sie in ähnlicher Weise erheblich beeinträchtigt.*« Die folgenden Absätze definieren allerdings eine Reihe von Ausnahmen, in denen solche automatisierten Einzelentscheidungen erlaubt sind.

Die wichtigste Ausnahme ist die »Einwilligung des Betroffenen«. Wenn das Unternehmen oder die Behörde eine Einwilligung von Ihnen eingeholt hat, also eine Unterschrift oder eine Zustimmung per Mausklick, dann sollen auch rein automatische Entscheidungen möglich sein.

Als die EU-Kommission 1990 ihren weitsichtigen Vorschlag vorlegte, waren automatisierte Einzelentscheidungen noch die Ausnahme. Inzwischen sind sie fast zur Regel geworden. Immer mehr Unternehmen und Behörden verwenden Software, die den Mitarbeitern die Arbeit abnimmt, wenn es um Entscheidungen geht. Wollen wir einen Antragsteller in der privaten Krankenversicherung versichern? Mit welchem Risikoaufschlag? Wollen wir an eine bestimmte Postanschrift auf Rechnung liefern oder lieber per Vorkasse? Wollen wir einen Bewerber zum Vorstellungsgespräch einladen? Ist eine angefragte Kreditkartenzahlung möglicherweise ein Betrug? Oder auch: hat ein Straftäter eine günstige Bewährungsprognose und kann aus der Haft entlassen werden? Sollte einem ausländischen Besucher die Einreise genehmigt werden? In all diesen Fällen verwenden Unternehmen und Behörden Software, die bei der Prognose hilft, welche Entscheidung die bessere ist. Solche Software wird im Fachjargon »algorithmische Entscheidungsfindung«[10] genannt. Der Einsatz solcher Verfahren ist nicht zwingend mit der vollautomatisierten Entscheidung gekoppelt. Oftmals hilft die Software nur der Mitarbeiterin oder dem Mitarbeiter, die Entscheidung vorzubereiten. Algorithmische Entscheidungsfindung ist aber der Kern des Problems, wenn es darum geht, dass Computer über Menschen entscheiden.

Wie funktionieren solche Verfahren? Die einfachste algorithmische Entscheidungsfindung beruht auf statistischen Verfahren, die Wahrscheinlichkeiten ermitteln. Kam es in Ihrer Straße zu häufigen Zahlungsausfällen? Dann wird der Online-Händler vielleicht Vorkasse von Ihnen verlangen, weil rein statistisch Ihre Zahlung nicht so sicher ist wie die Zahlung aus anderen Straßen, selbst wenn Sie gestern im Lotto gewonnen haben. Solche statistischen Verfahren zur Ermittlung von Prognosewerten nennt man *Scoring*. In einen Scoring-Wert fließen in der Regel verschiedene Erfahrungswerte aus der Vergangenheit ein. Das Ergebnis soll die Grundlage für eine zukünftige Prognose verbessern. Bekanntestes Scoring-Verfahren in Deutschland ist das Schufa-Scoring. Die 1927 gegründete »Schutzgemeinschaft für allgemeine Kreditsicherung« sammelt kreditrelevante Daten über alle Bundesbürger und berechnet aufgrund dieser Daten einen Scoring-Wert, kurz *Scorewert,* der angibt, wie wahrscheinlich es ist, dass eine Person ihren Verpflichtungen nachkommt. Kunden der Schufa sind Händler, Banken, Mobilfunkanbieter, Vermieter und andere Unternehmen, die länger laufende Verpflichtungen eingehen und sich zuvor ein Bild von ihrem Gegenüber machen wollen.

Der Schufa-Scorewert führt regelmäßig dazu, dass Kreditvergaben verweigert werden, mithin zu automatisierten Einzelentscheidungen zu Lasten einer Person. Wie genau der Scorewert zu Stande kommt, ist unbekannt. Die Schufa schützt ihr Berechnungsverfahren, um Missbrauch zu verhindern. Niemand soll durch Kenntnis des Verfahrens die Möglichkeit haben, mit geschicktem Verhalten seinen eigenen Scorewert »zu tunen«. Auf jeden Fall fließen alle Konto- und Depoteröffnungen, Kreditkartenanträge, Kreditverträge, Versicherungen, Mietverträge und natürlich Zahlungsausfälle in den Wert ein. Die zu Grunde liegenden statistischen Verfahren solcher Scoring-Modelle machen sich zu Nutze, dass dem Anbieter eine Vielzahl von Daten unterschiedlicher Menschen bekannt ist.

Damit sind – rein statistisch – komplizierte Prognosen möglich, zum Beispiel: »Wer zwei Girokonten hat, einen Immobilienkredit und innerhalb des letzten Jahres eine von drei Kreditkarten gekündigt hat, erhöht (oder vermindert) damit die Wahrscheinlichkeit, seinen zukünftigen Zahlungsverpflichtungen aus dem Kfz-Leasingvertrag nachkommen.«. Solche oder ähnliche statistischen Zusammenhänge lassen sich aus 66 Millionen Datensätzen der Schufa leicht ermitteln – aber nur schwer nachvollziehbar begründen. Warum ist die Prognose negativ oder positiv? Niemand weiß es genau. Selbst beim Offenlegen des Verfahrens kann nur die statistische Relevanz solcher Aussagen belegt werden, nicht deren Ursache.

Das Beispiel zeigt ein zentrales Problem der algorithmischen Entscheidungsfindung. Welche Faktoren genau für eine Entscheidung verantwortlich sind, ist nachträglich kaum erklärbar. Das neue Datenschutzrecht fordert, dass das Unternehmen wissenschaftlich anerkannte mathematisch-statistische Verfahren anwendet. Auch dürfen nur Geldforderungen einer bestimmten Qualität in die (negative) Bewertung von Zahlungsausfällen einbezogen werden. Zudem ist die Schufa wie auch andere Kreditauskunfteien im Regelfall daran gehindert, Prognosen allein auf Basis von Wohnanschriften durchzuführen, um nicht bestimmte Regionen zu diskriminieren. Zudem hat der europäische Gesetzgeber die Unternehmen und Behörden verpflichtet, sehr viel genauer darüber zu informieren, welche Daten für automatisierte Einzelentscheidungen verwendet werden und welche Tragweite die Entscheidung für den Betroffenen hat. Doch *warum* die Entscheidung ergeht, kann man aus all diesen Informationen nicht erkennen. Am Ende steht ein Zahlenwert, der unterhalb oder oberhalb einer Schwelle liegt und damit über das Wohl oder Wehe eines Kredites oder einer Vermietung entscheidet.

Während beim Schufa-Kreditscoring zumindest die genutzte Gesamtheit der Daten in einem gewissen Bezug zu der Entscheidung – also der Frage der Kreditwürdigkeit – steht, ist das beim sogenannten *Social Scoring* nicht mehr der Fall. Hier werden Daten aus sozialen Netzwerken genutzt, um statistische Aussagen über das zukünftige Verhalten einer Person zu ermitteln. Besonders bekannt wurde Social Scoring Ende 2016 im Zusammenhang mit der US-Präsidentschaftswahl und dem Stanford-Psychologen Michal Kosinski. Kosinski ist Wissenschaftler an der Stanford University und Experte für Psychometrik. In diesem Nebengebiet der Psychologie wird versucht, Persönlichkeitsaussagen aufgrund der Kombination von Daten zu machen. Kosinskis Forschung konzentrierte sich seit 2008 – zunächst noch an der Universität Cambridge – auf die Frage, welche Persönlichkeitsaussagen aus Facebook-Daten gewonnen werden können. Damit sind »Postings« gemeint oder geteilte Informationen oder auch das »Liken« der Inhalte anderer. Kosinski entwickelte ein einfaches Experiment. Es basiert auf der seit den 1980er Jahren verwendeten Standard-Methode zur Charakterisierung von Persönlichkeiten, dem »OCEAN-Test«. OCEAN steht für Openness (Offenheit), Coscientiousness (Gewissenhaftigkeit), Extraversion (Geselligkeit), Agreeableness (Verträglichkeit) und Neuroticism (Neurotizismus). Mit einer Reihe von Fragen zum eigenen (oder fremden) Verhalten, zu Vorlieben und Abneigungen wird für jede dieser Eigenschaften ein Zahlenwert ermittelt. Damit lässt sich die Persönlichkeit eines Menschen in einer fünfdimensionalen Struktur bestimmen. Fünf Zahlenwerte beschreiben psychologisch recht genau, welche Persönlichkeitsstruktur ein Mensch aufweist.

Kosinski ließ nun hunderttausende Freiwillige den Fragebogen online ausfüllen und ihre persönlichen OCEAN-Werte ermitteln. Anschließend bat er die Probanden, ihm den Zugriff auf ihre Facebook-Accounts zu geben. Auch das taten einige zehntausend Freiwillige. Anschließend verglich Kosinski die OCEAN-Werte mit den Facebook-Likes, -Shares oder -Postings. In der Statistik spricht man davon, dass er die Korrelation zwischen den beiden Merkmalsgruppen bildete. Das Ergebnis war im Grunde nicht überraschend. Mit Hilfe seiner Auswertung konnte Kosinski deutliche Zusammenhänge zwischen Facebook-Daten und Persönlichkeitswerten ermitteln. Damit hatte Kosinski die Grundlage gelegt für Social Scoring anhand von Facebook-Daten. In seinen Forschungsberichten weist der Stanford-Psychologe nach, wie präzise die Aussagefähigkeit der Facebook-Daten ist. Schon 2012 konnte er zeigen, dass man mit 68 Facebook-Likes mit hoher Wahrscheinlichkeit (95 %) sagen kann, ob jemand weiß oder schwarz ist, ob jemand homosexuell ist (88 %), Republikaner oder Demokrat (85 %). Sogar die Frage, ob sich die Eltern eine Person getrennt haben, bevor sie oder er 21 wurde, lässt sich mit hoher Wahrscheinlichkeit nur anhand der Facebook-Likes berechnen.[11] Reine Statistik.

Die Forschungen von Michal Kosinski schlugen Ende 2016 hohe Wellen, weil ihnen unterstellt wurde, die US-amerikanischen Präsidentschaftswahlen beeinflusst zu haben. Die republikanischen Wahlkämpfer um Donald Trump hatten das britische Unternehmen Cambridge Analytica beauftragt, ihnen beim sogenannten Micro-Targeting zu helfen. Darunter versteht man die möglichst individuelle Charakterisierung potentieller Wähler, um Wahlwerbung ganz zielgerichtet einsetzen zu können. Wer Elternteil eines Schulkindes ist, dessen Schule an einer vielbefahrenen Straße liegt, wird sich eher von einer Wahlwerbung beeinflussen lassen, die Tempo 30 vor Schulen fordert, als von einer Werbung, die gegen Tempo-30-

Zonen wettert. Oder bezogen auf die Persönlichkeit: wer ein eher emotionaler und extrovertierter Mensch ist, muss im Wahlkampf anders angesprochen werden als die Nachbarin, die vielleicht eher besonnen, sachorientierter und introvertiert ist. Cambridge Analytica bietet an, basierend auf einer Fülle von Daten unterschiedlichster Herkunft, die Persönlichkeit jedes einzelnen wahlberechtigten Amerikaners zu ermitteln. Angeblich haben sie hierfür – widerrechtlich – die Methode von Michal Kosinski verwendet. Jedenfalls stellte das Unternehmen seine Daten für den Wahlkampf von Donald Trump zur Verfügung. Es ist umstritten, welche Auswirkungen diese Daten und ein mögliches Social Scoring auf den US-Wahlkampf hatten. Unbestritten aber ist, dass das Zusammenführen einer Vielzahl von Internet-Nutzungsdaten sehr tiefgehende Analysen einer Persönlichkeit erlauben kann. Schon Kosinski wies nach, dass mehr als 300 Likes bei Facebook ausreichen, um die Persönlichkeit eines Menschen – gemessen in OCEAN-Werten – genauer zu bestimmen, als es selbst der eigene Ehepartner kann.

Solche automatisierten Einschätzungen zur Persönlichkeit haben großes Potential, vielfältig eingesetzt zu werden. Ein Beispiel ist die Bewerberauswahl im Unternehmen. Schon heute ist es in den USA gang und gäbe, eingehende Bewerbungen mit automatisierten Verfahren zu sortieren und interessante oder völlig uninteressante Bewerbungen zu filtern. Erste Startups bieten Arbeitgebern (und Vermietern) an, Social-Media-Konten zu nutzen, um die Daten zu analysieren und einen Scorewert zurückzuliefern. Dazu muss der Bewerber die Daten des Nutzerkontos einschließlich des Passworts herausgeben. Natürlich ist die Herausgabe der Social-Media-Kontoinformationen freiwillig, doch wer die Arbeit oder Wohnung haben will, ist vielleicht weniger standhaft. Ein anderes Anwendungsfeld ist die Einreisekontrolle. Schon jetzt führt das für Grenzkontrollen und Einreise in die USA zuständige Department of Homeland Security Pilotprojekte durch, mit deren Hilfe die Wirksamkeit der automatischen Überprüfung von Social-Media-Daten von Einreisenden erforscht werden soll – bislang nur anhand der öffentlich zugänglichen Daten. In Einzelfällen wurden Einreisende aber bereits nach ihren Facebook- oder Twitter-Passwörtern gefragt. US-Heimatschutzminister Kelly räsonierte im Februar 2017 öffentlich darüber, dies könne zukünftig verpflichtend werden. Damit stünden die Türen offen für eine Persönlichkeitsbeurteilung à la Kosinski vor der Einreise in die USA.

Was in den Social-Media-Accounts oder anderen Online-Diensten an Daten über unser aller Leben gesammelt, zusammengeführt und ausgewertet wird, kann man selbst kaum einschätzen. Wir scheitern schon daran, uns zu erinnern, welche Spuren wir online überhaupt hinterlassen. Machen Sie einmal das Experiment: Bei Google Activity (»Meine Aktivitäten«) können Sie einstellen, welche Daten über Sie als Nutzerin oder Nutzer von Google-Diensten gespeichert wird. Schalten Sie mal für ein halbes Jahr die Speicherung der Suchverläufe ein. Und dann kehren Sie nach einem halben Jahr zu Google Activity zurück und schauen sich den 6 Monate alten Suchverlauf an. Können Sie noch in jedem Einzelfall erklären, warum Sie sich für diese Krankheit oder jenes Produkt, für diesen Prominenten oder jenes Reiseziel interessiert haben? Noch schwieriger als das Erinnern an eigene Online-Aktivitäten ist das Einschätzen der Mächtigkeit der Korrelation mit den Daten anderer. Supermärkte analysieren beispielsweise sehr genau, welche Produkte ein Käufer kombiniert und nutzen diese Daten für die Platzierung der Waren und für die Preisgestaltung. Die New York Times berichtete schon 2012 über ein Unternehmen, das in der Lage ist, aufgrund von Kassenzetteln in Supermärkten mit hoher Wahrscheinlichkeit vorauszusagen, ob eine Frau schwanger ist.[12] Die Methode ist nicht viel anders als das Vorgehen der Schufa. Zuerst wurde das Einkaufsverhalten bekannt schwangerer Frauen genau analysiert: zu welchem Zeitpunkt der Schwangerschaft werden welche Produkte gekauft? Wie war das vorher? Welche Veränderung ist zu beobachten? Anschließend wurde ein Modell gebildet, das auf statistisch relevanten Veränderungen basiert. Beispiele sind eine größere Nachfrage nach Body-Lotion oder nach Nahrungsergänzungsmitteln wie Magnesium oder Zink. Oder auch der Umstieg von parfümierter auf duft-freie Seife. Basierend auf diesen statistischen Auffälligkeiten wird ein Scorewert gebildet, der 25 spezifische Produkte umfasst und die Wahrscheinlichkeit angibt, dass eine Schwangerschaft vorliegt. Für jede neue Kundin kann ein »Schwangerschafts-Scorewert« berechnet werden. Ist er hoch, flattert entsprechende Werbung ins Haus.

Die Mächtigkeit der Korrelation von einzelnen Datensätzen mit »Big Data« von vielen Menschen ist kaum zu erfassen. Der Berechnung von Score-Werten oder Persönlichkeitsprofilen auf Basis von OCEAN liegen aber immerhin Modelle zu Grunde, die noch einigermaßen mit mathematischen Korrelationen erklärt werden können. Wer betroffen ist von einer algorithmischen Entscheidungsfindung, hat die Möglichkeit, die Erläuterung des Modells zu verlangen, um sich zumindest ungefähr ein Bild machen zu können. Schwieriger wird die Erklärbarkeit maschineller Auswertungen und algorithmischer Entscheidungen, wenn künstliche Intelligenz ins Spiel kommt, genauer: maschinelles Lernen mit künstlichen neuronalen Netzen. Schon das Füttern eines Computersystems mit Facebook-Likes von Menschen auf der einen und zugehörigen Persönlichkeitswerten auf der anderen Seite kann man als maschinelles Lernen bezeichnen. Das von den Wissenschaftlern entwickelte Modell – welche Likes korrelieren mit welchen Persönlichkeitseigenschaften – wird durch immer neue Paare aus Likes und Persönlichkeitsprofilen schrittweise verfeinert und verbessert.

Künstliche neuronale Netze gehen einen Schritt weiter. Sie sollen im Computer den Lernprozess simulieren, den das Gehirn eines Menschen vollzieht. Künstliche neuronale Netze ermöglichen dadurch eine besondere Form des maschinellen Lernens, das sogenannte »Deep Learning«. Damit werden Computersysteme in die Lage versetzt, auch ohne ein vorgegebenes Modell nur anhand vieler Beispiele Muster zu erkennen und auf ihrer Basis neue Probleme zu lösen. Die einfachste Anwendung ist die Bilderkennung. Ein künstliches neuronales Netz, also eine spezielle Computersoftware, wird zum Beispiel mit vielen Fotos von Katzen gefüttert werden, idealerweise auch mit Fotos, die Katzenbildern irgendwie ähnlich sind, aber keine Katzen zeigen. Zu jedem Foto ergänzt ein Mensch »Katze« oder »keine Katze«. Das neuronale Netz lernt dann schrittweise, eine Katze auf einem Foto zu erkennen. Dahinter stehen komplizierte mathematische Funktionen, die die Arbeit des Netzes beschreiben. Während der Lernphase eines Problems passt sich das Netz mit jedem Feedback (»falsch erkannt!«) ein klein wenig an, bis die Knoten des Netzes und ihr Zusammenwirken nach einiger Zeit eine hohe Zuverlässigkeit bei der Bilderkennung gewonnen haben. Neuronale Netze für die Bilderkennung spielen eine große Rolle für die Entwicklung autonomer Fahrzeuge. Ähnliche erfolgreiche Anwendungsfelder für diese Methode sind die Schrifterkennung, die

Klassifikation von Dokumenten, die Analyse von Videos, die Materialanalyse in der Chemie oder mittlerweile auch die Unterstützung bei der medizinischen Diagnostik. Natürlich wird auch die Spracherkennung der digitalen Sprachassistenten Alexa und Co. durch künstliche neuronale Netze unterstützt.

Spätestens bei lernenden Systemen auf Basis künstlicher neuronaler Netze hört auch die theoretische Erklärbarkeit einer algorithmischen Entscheidungsfindung auf. Warum der Computer zu dem Ergebnis kam, auf einem Bild sei eine Katze zu sehen oder eine Fülle medizinischer Beobachtungen weise auf eine bestimmte Erkrankung hin, ist im Einzelnen nicht mehr nachvollziehbar. Man kann die Resultate einer Problemlösung durch neuronale Netze typischerweise noch ein wenig eingrenzen, also auf bestimmte Merkmale verweisen, die besonders relevant für das Ergebnis sind. Aber *erklären* kann man das Ergebnis nicht. Das *Warum* eines Ergebnisses, einer Entscheidung kann nicht nachvollziehbar begründet werden, schon gar nicht für einen von der Entscheidung betroffenen Menschen. All die Informationspflichten der neuen Datenschutz-Verordnung der EU helfen hierbei nichts. Algorithmische Entscheidungsfindung, das Beurteilen von Menschen durch Computer, ist eine große Blackbox. Welche Angaben, Annahmen und Modelle in welchem Maße die Verantwortung für das Zustandekommen einer Entscheidung haben, bleibt im Dunkeln. Das dämmert auch der Politik. Der Umgang mit der Verantwortbarkeit algorithmischer Entscheidungsfindung hat die politische Diskussion erreicht, spätestens mit der Frage nach dem richtigen Handeln autonom fahrender Autos. Zeit für eine Grundsatzdiskussion.

Für Grundsatzreden zur Netzpolitik scheinen Museen besonders attraktive Orte zu sein. Sieben Jahre nach seinem Amtskollegen de Maizière stellte sich Bundesjustizminister Heiko Maas am 3. Juli 2017 in das Museum für Kommunikation in Berlin und hielt eine Grundsatzrede zur Netzpolitik. Sie trug den nicht ganz so einprägsamen Titel »Zusammenleben in der digitalen Gesellschaft – Teilhabe ermöglichen, Sicherheit gewährleisten, Freiheit bewahren«. Im Angesicht einer zerlegten Postkutsche – das Museum ist das frühere Reichspostmuseum – nahm Maas die Algorithmen aufs Korn: Wenn aus dem Rhythmus von Tastaturanschlägen oder den Motiven auf Instagram-Postings die Kauflaune des Urhebers ermittelt werde, gebe das Anlass zur Besorgnis. Als Lösung forderte Maas eine Transparenzverpflichtung für Algorithmen sowie Aufsicht und Kontrolle ihrer Verwendung. Unter Verweis auf das Rechtsstaatsgebot, alle Entscheidungen zu begründen, müsse auch bei Algorithmen eine Begründung verlangt werden.[13] Vielleicht setzt Maas sich durch. Dann erhalten Sie demnächst von Ihrer privaten Krankenversicherung eine Beitragserhöhung – mit gesetzeskonformer Begründung: *Wir haben bei einer Regelüberprüfung festgestellt, dass die Krankheitskosten von Versicherten mit sehr langsamen Tastaturanschlägen und überdurchschnittlich vielen Strandfotos bei Instagram, die bei Facebook »Greenpeace« und den »Verein der 2CV-Freunde« ge-likt haben, um 7 % über dem Durchschnitt liegen. Mit dieser Begründung erlauben wir uns, ...*

Alles klar?

3.3 UNDURCHSCHAUBARER DATENSCHUTZ

Führen auch Sie Ihr Bankkonto bereits auf dem Smartphone? Sicherlich haben Sie eine dieser praktischen Apps im Einsatz, mit denen Sie an einer Stelle den Zugriff auf Ihre verschiedenen Konten und Depots haben. Dort hinterlegen Sie Ihre Bankverbindungen und erlauben den Zugriff auf das Online-Banking. Die App nimmt Ihnen alles Weitere ab, fragt Giro-, Spar- und Kreditkartenkonten, Wertpapierdepots und den Kontostand verschiedener Bonuskarten ab. Das Resultat wird übersichtlich und tagesaktuell angezeigt. Nutzen Sie die App schon länger, dann haben Sie wunderbare Suchmöglichkeiten: Was habe ich meinem Patenkind letztes Jahr zum Geburtstag überwiesen? Wie war noch gleich die Kontonummer von dem Vermieter der Ferienwohnung? Hat der Untermieter immer regelmäßig gezahlt? Auf welchem Konto ist die Steuerrückzahlung eingegangen? Alles ist mit einem Click abfragbar. Nutzen Sie einen Dienst mit Cloud-basierter Synchronisation, können Sie die Daten vom Smartphone, Tablet und vom Mac oder PC abfragen. Selbstverständlich sind mit diesen Apps auch Bankgeschäfte möglich.

Die Nutzung dieser Wunderwerke scheint risikolos möglich, denn – so die Selbstdarstellung der Anbieter – »Deutscher Datenschutz ist gewährleistet«. Nur: was heißt das eigentlich? Wer verarbeitet meine Daten bei der Nutzung der App, wer speichert sie, wer übermittelt sie, in welchem Umfang, nach welchen Regeln? Und wer kontrolliert, dass der Anbieter die Regeln einhält? Diese Fragen kann Ihnen niemand beantworten. Deutscher Datenschutz, der strengste der Welt, ist gleichzeitig der unübersichtlichste.

Doch fangen wir vorne an und versuchen uns an der rechtlichen Beurteilung einer solchen Banking-App. Nehmen wir als Beispiel die App »finanzblick« des Marktführers Buhl, auch bekannt für seine WISO-Steuersoftware. Andere Anbieter arbeiten ähnlich. Der Hersteller bietet dem Nutzer der App ein Dokument mit Datenschutzbestimmungen an. Durch die Installation der App und Registrierung bei Buhl erkennen Sie diese Datenschutzbestimmungen an, d.h. in der Sprache des Datenschutzrechts: Sie willigen in die Verarbeitung der Daten unter den genannten Bedingungen ein. Buhl beruft sich bei seiner Datenverarbeitung auf die Übereinstimmung mit den Bestimmungen des Bundesdatenschutzgesetzes. Auf den Servern des Unternehmens in Deutschland werden (verschlüsselt) Ihre Zugangsdaten zu den verschiedenen Konten und die Buchungsdaten aus der Abfrage der Konten gespeichert. Das ist nach deutschem Datenschutzrecht zulässig, weil es gerade der Inhalt des mit Buhl geschlossenen Vertrages ist und Sie damit eingewilligt haben. Alternativ können Sie entscheiden, Ihre Daten nicht auf Buhl-Servern, sondern nur auf Ihren Endgeräten zu speichern. Dann stehen Ihnen einige Funktionen, etwa ein Dokumentenarchiv nicht zur Verfügung.

Soweit sind die Regelungen nicht überraschend. Dann fängt es an, kompliziert zu werden: neben Ihren Kontodaten fallen auf den Servern von Buhl auch Daten über den Zeitpunkt der Kontoabfrage, die Internetadresse des anfragenden Geräts, den anfragenden Browser und das benutzte Betriebssystem an. Der Hersteller speichert diese Daten offenbar auch (da ist die Datenschutzbestimmung etwas undeutlich), verknüpft sie aber nicht mit Ihren Kontodaten. Hier verlassen wir das Bundesdatenschutzgesetz und wandern weiter in das Telemediengesetz. Denn Buhl verarbeitet nicht nur Daten, das Unternehmen erbringt einen sogenannten Telemediendienst, also einen Internetdienst. Hierfür gibt es spezielle Rechtsvorschriften, die regeln, wann, wie und in welchem Umfang die dafür benötigten oder bei der Nutzung eines Dienstes anfallenden Daten gespeichert werden dürfen. Also das Datum des Abrufs von Kontodaten, die Adresse der beteiligten Internetrechner etc. Grundsätzlich dürfen solche Daten nur gespeichert werden, soweit dies nötig ist, den Dienst zu erbringen und abzurechnen. Abzurechnen ist bei »finanzblick« nichts, also dürfen diese Daten nur bis zum Ende der Benutzung des Dienstes gespeichert werden. Nach jeder Kontoabfrage müsste Buhl diese Daten löschen. Ausnahmen gibt es im Gesetz auch, etwa zur Abwehr von Cyberangriffen oder für Werbezwecke, dann aber ohne Ihren Namen.

Zwischenfazit: Legt man die kleinen Unklarheiten in den Datenschutzbestimmungen zu Gunsten des Unternehmens aus, so verhält sich der Anbieter bis hierhin im Rahmen des Erwartbaren. Komplexer wird die in den Bestimmungen enthaltene Klausel über »Autokategorisierung und Kategorienfeedback«. Offenkundig werden die Kontobewegungen nicht nur (verschlüsselt) auf den Servern des Anbieters gespeichert, sondern durchaus inhaltlich analysiert. Für jede Buchung wird versucht, sie einer Kategorie zuzuordnen, also Mietzahlung, Lebensmittel oder Gehaltseingang. Die Korrektheit einer solchen Zuordnung ist mit einer hohen Unsicherheit verbunden. Wer eine Zahlung an »Müller« vornimmt, war nicht unbedingt in der Drogerie einkaufen, sondern hat vielleicht eine Ferienwohnung gemietet. Um die Wahrscheinlichkeit der Korrektheit der Zuordnung zu erhöhen, verwendet Buhl für »finanzblick« die aus dem vorigen Kapitel bekannt Methode: die Buchungsdaten aller Kunden werden analysiert, um dann für jede Buchung einen Scorewert ermitteln zu können, welcher Kategorie sie möglicherweise zuzuordnen ist. Mit der Billigung der Datenschutzbestimmung haben Sie zugestimmt, dass dafür alle Ihre Datensätze genutzt werden – aber immerhin nicht weitergegeben. Als Kunde haben sie die Möglichkeit, in den Einstellungen der App diese Art der Nutzung Ihrer Daten wieder auszuschließen.

Der Komfortverbesserung dient auch eine weitere datenschutzrechtlich relevante Funktion der »finanzblick«-App: Sie können sogenannte Push-Benachrichtigungen aktivieren. Damit können Sie einrichten, dass Sie auf Ihrem Smartphone eine Nachricht erhalten, wenn eine bestimmte Zahlung eintrifft oder ein Kontostand ins Minus rutscht. Buhl nutzt dafür die vorgegebenen Mechanismen der Smartphones, den sogenannten Apple Push Notification Service (APNS) auf iPhone und iPad bzw. den Google Cloud Messaging Service (GCM) auf Android-Geräten. »finanzblick« übergibt den Text der Nachricht an die Server von Apple oder Google, die ihrerseits die Daten an das Smartphone weiterleiten. Oder in den Worten des Gesetzes: Ein weiterer Telemediendienst eines anderen Anbieters wird eingeschaltet und erbringt seine Dienste. Der Inhalt der Nachricht wird zwischen Buhl und Ihrem Smartphone verschlüsselt. Die Tatsache der Kommunikation, der Zeitpunkt der Nutzung und die beteiligten Internetadressen hingegen können auch bei Apple und Google gespeichert werden. Damit verlassen wir jetzt wahrscheinlich Deutschland, den Geltungsbereich des Grundgesetzes und das deutsche Datenschutzrecht. Denn die Server der großen Anbieter sind weltweit verteilt aufgestellt. Europäisches Datenschutzrecht erlaubt den Datentransfer nach außerhalb Europas aber nur, wenn in dem Zielland ein vergleichbares Datenschutzniveau besteht. Zwischen der EU und den USA ist hierfür in schwierigen Verhandlungen 2016 ein sogenannter »Privacy Shield« vereinbart worden. Unter dieser Vereinbarung können sich US-Unternehmen Datenschutz-zertifizieren lassen und sodann auch Daten aus Europa empfangen. Der Privacy Shield ist umstritten, seit Präsident Trump durch ein Dekret allen ausländischen Bürgern quasi über Nacht die Rechte aus dem US-Datenschutzrecht entzogen hat. Vorerst wird das Verfahren aber weiterhin angewendet. Google hat sich unter dem Privacy Shield zertifiziert, Apple nicht. Buhl darf also Push Notifications auf Android-Smartphones verschicken, bei Apple wäre das noch zu klären. Apple verweist auf Datenschutzrechts-konforme Mustervertragsbedingungen, die den Datentransfers zu Grunde liegen. Sie sind aber nur den Aufsichtsbehörden zugänglich, nicht Ihnen als Nutzer. Zudem ist unklar, wo die relevanten Server überhaupt stehen. Doch selbst wenn die Server in Europa sind, wären die Daten nicht vor dem Zugriff der NSA geschützt. Das US-Recht nimmt sich heraus, amerikanische Unternehmen per Gerichtsbeschluss auch dann zur Herausgabe von Daten zu verpflichten, wenn sie im Ausland gespeichert sind.

Mit den Push Notifications fängt die datenschutzrechtliche Grauzone der Nutzung der »finanzblick«-App an und hört noch lange nicht auf. Nutzen Sie den Zugriff auf Ihre »finanzblick«-Daten auch im Browser? Dann bindet Buhl weitere Dienste ein, die der Nutzungsanalyse und dem Marketing dienen – von Google Analytics über Google Adwords Conversion Tracking bis zu Google Dynamic Remarketing. Für all diese Dienste gilt wieder die Dualität von allgemeinem Datenschutzrecht und Telemediendatenschutz: Sie sind einerseits nach dem Bundesdatenschutzgesetz zu beurteilen, ab Mai 2018 nach der EU-Datenschutzverordnung. Daneben gilt aber auch das Telemediengesetz. Auch dieses deutsche Gesetz wird durch eine EU-Verordnung ersetzt werden, die ePrivacy-Verordnung, die den Datenschutz bei elektronischer Kommunikation regelt. Diese Rechtsvorschriften sind auch heranzuziehen, wenn Sie ein weiteres Feature von »finanzblick« nutzen: die Datensicherung in der Cloud. Neben seinen eigenen Cloud-Diensten, die Ihnen Geräte-übergreifend den Zugriff auf Kontodaten erlauben, bietet Buhl in »finanzblick«

auch eine Datensicherung bei Cloud-Anbietern an, auf iPhones und iPads bei dem Apple-eigenen Dienst »iCloud«. Nutzen Sie diese Möglichkeit, werden Ihre Umsätze verschlüsselt auf Apple-Servern gespeichert, auch hier mit dem bekannten Problem des Datentransfers in das Ausland und der Geltung von Privacy Shield. Zudem kaufen Sie sich mit dem Anklicken von »Sicherung bei iCloud« gleich eine ganz neue datenschutzrechtliche Welt ein: die Datenschutzbestimmungen von Apple. Heften Sie gleich die acht Seiten der Apple-Datenschutzrichtlinie zu Ihren Buhl-Datenschutzbestimmungen. Sie werden Sie noch gebrauchen.

Schaut man sich dort an, wie Apple mit den bei iCloud gespeicherten Daten umgeht und welche Daten bei der Nutzung von iCloud-Diensten gesammelt, gespeichert, ausgewertet und u. U. weitergegeben werden, bleibt man recht ratlos zurück. Wegen der weltweiten Geltung der Bestimmungen sind sie hinreichend unkonkret gefasst. Schließlich ist auch die Vielfalt der Geräte und Dienste von Apple zu groß, als das jede Fallkonstellation beschrieben werden könnte. Nutzen Sie Ihr iCloud-Konto allein oder können im Wege der Familienfreigabe andere darauf zugreifen? Schon das macht einen großen Unterschied. Viel weitergehend sind die datenschutzrechtlichen Konsequenzen abhängig davon, welche Datenschutz-Einstellungen Sie auf Ihrem Smartphone gemacht haben. Apple und Google erlauben mittlerweile eine Fülle von detaillierten Einstellungen, welche Daten das Smartphone selbst sammelt, verarbeitet und übermittelt. Werden Aufrufe von Apps, iCloud-Aktivitäten oder anderes an Apple übermittelt? Wird der Standort Ihres Smartphones regelmäßig abgefragt und gespeichert? Werden Nutzungsdaten für Werbezwecke genutzt? All diese Einstellungen sind beispielsweise bei Apple möglich. Was also im Umfeld der Nutzung Ihrer »finanzblick«-

App auf dem Smartphone passiert, hängt sehr von Ihren Präferenzen ab.

Machen wir ein erneutes Zwischenfazit: Der Anbieter der Kontoführungs-App hat eigene Datenschutzregeln, die deutschem und europäischem Datenschutzrecht entsprechen. Die Nutzung seiner App und seines Online-Dienstes ist eingebettet in die Datenschutzregelungen des Herstellers des Smartphone-Betriebssystems, also Apple, Google oder Microsoft. Damit sind wir leider noch nicht am Ende. Denn wie kommen die Daten überhaupt von der Bank zu Buhl und zu Ihnen? Hierfür nutzen Sie die Dienste eines Internetanbieters. Das kann ein Mobilfunkanbieter wie T-Mobile, Vodafone oder Telefonica sein. Das kann der Betreiber eines WLAN sein, ein Firmennetz oder auch ein öffentliches WLAN. Auch diese Unternehmen haben die Möglichkeit, auf Ihre Bank-Kommunikation zuzugreifen. Wir gehen davon aus, dass Buhl seine Daten ordentlich verschlüsselt hat. Dann wäre der Zugriff auf die Kontobewegungen nicht oder nur unter großem Aufwand möglich. Aber was ist mit den Kommunikationsverbindungen mit den Banken, mit Buhl, mit Notification Services oder anderen?

Was hier an Daten anfällt, sind keine Inhalte, sondern sogenannte Metadaten. Aus den Snowden-Dokumenten geht hervor, dass die NSA schon 2004 die Bedeutung von Metadaten der elektronischen Kommunikation erkannt hat. Die Tatsache, dass Kommunikationsverbindungen stattfinden, wann sie stattfinden, zwischen wem sie stattfinden, erlaubt bei hinreichend großer Datenmenge eine Vielzahl von Rückschlüssen: auf Lebensgewohnheiten und deren Änderung, Kommunikationspartner, räumliche Veränderungen. All diese Daten fallen bei den Telekommunikationsunternehmen an, die die Internetverbindungen herstellen. Datenschutzrechtlich betreten wir hier eine weitere, neue Materie: das Telekommunikationsrecht. Es gilt für die reine Internetverbindung des Smartphones einschließlich SMS und E-Mail, nicht aber für Messenger-Dienste wie WhatsApp oder iMessage. Die Kommunikation im Dreieck von Ihnen, Buhl und der Bank bei der Kontoabfrage ist also nach allgemeinem Datenschutzrecht, Telemedienrecht und Telekommunikationsrecht zu beurteilen. Letzteres erlaubt dem Anbieter von Internetverbindungen die Speicherung der sogenannten Verkehrsdaten in der Regel nur für die Dauer der Verbindung. Aber auch hier gibt es Ausnahmen: Um Störungen und Cyberangriffe abzuwehren, dürfen die Daten länger gespeichert werden. Für die Zwecke staatlicher Strafverfolgung und Gefahrenabwehr müssen Sie sogar länger gespeichert werden. Die Provider sind grundsätzlich verpflichtet, die Verkehrsdaten zehn Wochen zu speichern, damit Polizeien und Nachrichtendienste mit entsprechender Ermächtigung nachträglich herausfinden können, wer mit wem kommuniziert hat. Diese Verpflichtung ist derzeit aufgrund einer Entscheidung des Oberverwaltungsgerichts Münster allerdings ausgesetzt.

Haben Sie noch ein wenig Geduld? Wir sind gleich am Ende unserer datenschutzrechtlichen Betrachtung der Nutzung der Kontoführungs-App. Denn einen Bereich haben wir bislang nicht betrachtet: Ihr datenschutzrechtliches Verhältnis zu den Banken, deren Kontodaten die App einsammelt und über die die App Transaktionen durchführt. Hier handelt es sich um spezielles Datenschutzrecht für Banken, Heute richten sich diese nach dem Bundesdatenschutzgesetz, zukünftig nach der EU-Datenschutzverordnung. Ergänzend haben die Banken und Sparkassen Allgemeine Geschäftsbedingungen für Online-Banking erlassen, die auch für die datenschutzrechtliche

Beurteilung relevant sind. Beispielsweise sind Sie nach den meisten AGB nicht berechtigt, Ihre PIN in Apps wie finanzblick zu speichern. Entsteht dadurch ein Schaden, tragen Sie die Verantwortung.

Online-Bankgeschäfte werden über kurz oder lang der Standardfall der Finanztransaktion sein. Deshalb hat die EU spezielle Rechtsvorschriften für die Abwicklung solcher Geschäfte und das Zusammenspiel der Beteiligten verabschiedet, die sogenannte Europäische Richtlinie über Zahlungsdienste. Sie regelt das Zusammenspiel von Banken mit Zahlungsdienstleistern und betrifft auch Unternehmen wie Buhl, die Kontoinformationen vermitteln oder Zahlungen auslösen. Seit Januar 2018 ist in Deutschland ein Gesetz in Kraft, das die Richtlinie in deutsches Recht umsetzt, einschließlich spezieller Datenschutzvorschriften. Dort ist beispielsweise vorgesehen, dass die Banken und Zahlungsdienste Ihre Daten zukünftig auch zur Verhütung, Ermittlung und Feststellung von Betrugsfällen auswerten dürfen. Hierfür brauchten Sie bislang eine spezielle Einwilligung.

Beenden wir an dieser Stelle die datenschutzrechtliche Erörterung der »finanzblick«-App. Am Ende bleibt eine zentrale Erkenntnis: Jeder Aufruf einer einzigen App löst eine Fülle datenschutzrechtlich erfasster Vorgänge aus: Datenverarbeitungen, Datenübermittlungen, Datenspeicherungen, Datennutzungen. Betroffen sind fast immer mehrere Unternehmen, berührt sind fast immer verschiedene Gesetze. Jedes Unternehmen hat zudem eigene Datenschutzbestimmungen. Für Sie als einzelne Nutzerin oder einzelner Nutzer ist selbst bei größter Sorgfalt nicht mehr erkennbar, welche Datenschutzvorschriften im konkreten Fall wie zusammenwirken. Sie können beim besten Willen nicht mehr sagen, was erlaubt ist und was nicht.

Das Datenschutzrecht hat im Laufe der 40 Jahre seines Bestehens die Bodenhaftung verloren. Das merkt man am deutlichsten im Vergleich zu anderen Rechtsgeschäften. Nehmen Sie den Kauf eines Neuwagens. Oder auch den Kauf eines Hauses. Das sind Rechtsgeschäfte von großer Tragweite, letzteres erledigen viele Menschen nur einmal im Leben. Schwirrt einem der Kopf von der Komplexität des Datenschutzrechts, so könnte man meinen, dass auch bei solch gravierenden Rechtsgeschäften eine Fülle von Vorschriften zu beachten ist. Doch weit gefehlt: Der Kauf eines Fahrzeugs oder auch einer Immobilie stützt sich auf einige wenige Vorschriften im Bürgerlichen Gesetzbuch. Selbst wenn man Nebenvorschriften steuerlicher Art oder Regelungen über die Beauftragung von Maklern oder die Kfz-Zulassung hinzunimmt, bleibt es bei einer Handvoll Paragrafen, die für das Rechtsgeschäft einschlägig sind. Die rechtliche Grundstruktur kennt jeder und hat ein Gefühl entwickelt, was zulässig ist und was nicht. Natürlich hat sich die Rechtsprechung über die Jahre, teilweise Jahrhunderte auf Basis dieser Regeln sehr fein differenziert mit den zahllosen Problemen beschäftigt, die der Auto- oder Hauskauf aufwerfen – und sie gelöst. Aber das juristische Grundgerüst ist vergleichsweise einfach.

Genau umgekehrt ist es beim Datenschutz: Einer unübersichtlichen, kaum aufzählbaren Vielzahl datenschutzrechtlicher Regelungen stehen nur ganz wenige Gerichtsentscheidungen gegenüber, die sich mit konkreten Problemen auseinandersetzen. Das Datenschutzrecht hat sich zu einer Materie entwickelt, die auf dem Papier unser gesamtes Leben durchdringt, in der Praxis für die Menschen aber keine Rolle spielt. Selbst beim auf ein Wochenende konzentrierten Shopping von Weihnachtsgeschenken schließe ich – wenn es hoch kommt – 20 Kaufverträge an einem Tag. Und ich weiß noch so einigermaßen, was ich tue und ob sich die Verkäufer mir gegenüber korrekt verhalten. Anders beim Datenschutz: Ein Analytiker von Apple hat schon 2015 ermittelt, dass ein iPhone im Schnitt 80-mal pro Tag entsperrt wird. Jede dieser Benutzungshandlungen löst in der Regel mehrere datenschutzrechtlich relevante Vorgänge aus. Niemand kann für jeden dieser Vorgänge die Prüfung anstellen, die wir in diesem Kapitel für »finanzblick« durchgeführt haben.

Die Gründe für das explosionsartige Wachstum des Rechts liegen in zwei Ansätzen, die im heute geltenden Datenschutz zusammengekommen sind. Zum einen haben die Entwickler des deutschen Datenschutzes in den 1970er Jahren ein Modell von Informationstechnik im Blick gehabt, das von Großrechnern geprägt war. Daten wurden erfasst, (auf Lochkarten) codiert, von der Maschine verarbeitet und dann auf Papier oder auf dem Bildschirm ausgegeben. Gelegentlich wurden Daten auch übermittelt, zum Beispiel von der Meldebehörde zum Finanzamt, typischerweise in Form von Magnetbändern, später auch online. Jeder dieser Vorgänge kostete Zeit und war sehr genau beschreibbar. Die Sorge, bei diesen elektronischen Vorgängen die Persönlichkeitsrechte von Menschen zu verletzen, ließ sich rechtlich am einfachsten fassen, wenn man jeden dieser Vorgänge separat im Gesetz erfasste und jeweils festlegte, wann was erlaubt war. Also: welche Verarbeitung ist mit den Einkommensdaten der Steuerbürger erlaubt? Wann darf ein Magnetband vom Meldeamt zum Finanzamt übertragen werden? Mit welchen Daten? Was genau erhält die Polizei? Die ersten deutschen Datenschutzgesetze sind bis heute Vorbilder für das ganze europäische Datenschutzrecht. Sie übten sich in informationstechnischer Präzision: Verarbeitung, Übermittlung, Löschung, später auch Erhebung und Nutzung waren Begrifflichkeiten, mit denen man das »Gefährliche« der elektronischen Datenverarbeitung fassen, klassifizieren und einhegen wollte.

Der zweite prägende Ansatz für das deutsche Datenschutzrecht war die Entscheidung des Bundesverfassungsgerichts über die Volkszählung 1983. Das Gericht stoppt auf Betreiben der Volkszählungsgegner die Erhebung der Daten durch den Staat und erlies, en passant, ein Urteil, das bis heute die maßgebliche verfassungsrechtliche Grundlage des Datenschutzes darstellt. Denn im Grundgesetz ist der Datenschutz nicht erwähnt. In seinem Urteil entwickelte das Gericht das Recht auf informationelle Selbstbestimmung. Jeder einzelne Mensch solle, so das Gericht *grundsätzlich selbst über die Preisgabe und Verwendung seiner persönlichen Daten bestimmen.*[14] Jede Einschränkung dieser Selbstbestimmung, also die Nutzung von Daten ohne ausdrückliche Einwilligung des Betroffenen, bedürfe einer normenklaren gesetzlichen Grundlage. Mit einem Gesetz kann man also die Nutzung von Daten anordnen, allerdings muss das Gesetz den Kontext beachten, in dem die Daten verarbeitet werden. »Unter den Bedingungen der automatischen Datenverarbeitung (gebe es) kein ›belangloses‹ Datum mehr«, so das Gericht. Daher müsse der Gesetzgeber seine Regelungen über den Schutz von Daten und den Umgang mit Daten in den Kontext des jeweiligen Verarbeitungszweckes stellen.

Das Volkszählungsurteil war ein Meilenstein des Datenschutzes. Das Gericht hat damit Geschichte geschrieben, Deutschland den Grundstein gelegt für seine weltweit herausragende Rolle beim Schutz persönlicher Daten. Diese wenigen Sätze des Bundesverfassungsgerichts zu der Art und Weise, wie der Datenschutz gesetzlich geregelt werden soll, führen heute allerdings dazu, dass manch wünschenswerte Datenverarbeitung nicht erfolgt, während gleichzeitig die Wirksamkeit des Datenschutzes insgesamt in Frage gestellt ist. Denn die rechtliche Literatur und die Gesetzgeber aus Bund und Ländern haben aus dem Urteil herausgelesen, dass der Umgang mit persönlichen Daten im Grunde so lange verboten werden muss, bis er durch ausdrückliche Einwilligung erlaubt wird oder ein Gesetz präzise festlegt, was mit den Daten geschieht – in all den einzelnen Schritten ihrer Erhebung, Speicherung, Verarbeitung, Nutzung, Übermittlung, Löschung. Das datenschutzrechtliche *Verbot mit Erlaubnisvorbehalt* war entstanden. Zudem müssen die Regelungen möglichst nah am Zweck der Datenverarbeitung sein, man nennt das im Datenschutzrecht »bereichsspezifisch«.

Seit 1983 waren die deutschen Parlamente fleißig. Sie haben hunderte von Gesetzen mit tausenden einzelnen Paragrafen geschaffen. Jedes Gesetz, das auf sich hält, weist auch einen Paragrafen auf, der für den jeweiligen Bereich den Umgang mit den personenbezogenen Daten regelt. Manche Gesetze haben nur den Zweck der Regelung von Datenverarbeitung. So regelt etwa im Land Berlin das »Gesetz über die Datenverarbeitung im Bereich der Kulturverwaltung« (KultDatenG) die Speicherung von Daten bei Theaterkassen, bei denen man Karten für eine Vorstellung hinterlegt hat. In der Logik des Volkszählungsurteils von 1983 wäre die Speicherung der Daten ansonsten nicht erlaubt. Gerichtsentscheidungen, die sich in den 25 Jahren seines Bestehens auf das KultDatenG stützen, sind nicht zu finden. Das Gesetz erfüllt den formalen Zweck, der Rechtsprechung des Bundesverfassungsgericht Genüge zu tun, hat in der Praxis aber wenig Bedeutung.

Dieses Beispiel ist symptomatisch. Während das Datenschutzrecht explodiert ist, hat der Datenschutz gelitten. In allen relevanten Umfragen sagen hohe Anteile der Bevölkerung, dass sie sich um den Schutz ihrer Daten sorgen. Kaum jemand ist in der Lage, verlässlich einzuschätzen, wie gut die Daten geschützt sind, wer welche Verantwortung trägt und auf welches Recht man sich im Zweifelsfall berufen kann. Zwar wachen 16 Datenschutzbeauftragte der Länder und eine Beauftragte des Bundes über den Datenschutz, doch auch sie ertrinken mittlerweile in der Fülle der Datenverarbeitung, der Vielzahl der anzuwendenden Rechtsvorschriften und der Komplexität der Geschäftsmodelle. Der Datenschutz administriert sich zu Tode. In dem Maße, in dem die Digitalisierung jede Handlung des Alltags begleitet, jeder Schritt vom Fitnessarmband gemessen, jede Temperaturveränderung im Kühlschrank in die Cloud gemeldet und jedes Werkstück im Unternehmen permanent registriert wird, funktioniert das derzeitige Konzept der totalen Verrechtlichung nicht mehr. Hier begegnet uns das gleiche Phänomen wie bei der Unübersichtlichkeit unseres digitalen Haushalts: Zuweisung von Verantwortung, Abgrenzung von Verantwortung und Transparenz von digitalen Handlungen sind im Einzelfall nicht mehr möglich.

Der kleinteilige Ansatz des Datenschutzrechts verpufft in der Praxis weitgehend und vermag es nicht mehr, die Bürgerinnen und Bürger wirksam, nachvollziehbar und transparent vor den eigentlichen Unbilden der Datenverarbeitung zu schützen. Im Gegenteil: Der paternalistische Datenschutz-Gesetzgeber wiegt die Menschen in Sicherheit und verleitet sie geradezu, mit ihren Daten zu sorglos umzugehen.[15] Werfen wir noch einmal einen Blick auf das Beispiel der finanzblick-App. Der Kern des Datenschutz-Problems solcher Apps ist doch wohl die mögliche Auswertung der Umsätze aller Konten. Mit diesen Daten kann man – zumal über den Zeitraum von Jahren – ein perfektes Bild eines Menschen entwickeln. Michal Kosinski würde damit sicherlich eine Persönlichkeitsanalyse hinbekommen. Die Werbewirtschaft hätte größtes Interesse an diesen Daten. Kann jemand auf all diese Daten zugreifen? Keine Ahnung. Selbst mit unserer Tiefenanalyse des Datenschutzrechts konnten wir diese Frage nicht eindeutig beantworten. Aber alles ist geregelt.

Während er hier versagt, hat der Datenschutz an anderer Stelle hemmende und hindernde Wirkung für gesellschaftlich erwünschte Datenverarbeitung: die Nutzung von Big Data, zum Beispiel im Gesundheitswesen. Unter allen Fachleuten ist unumstritten, dass das Zusammenführen aller medizinischen Daten eines Menschen für die Krankenversorgung von immensem Wert wäre. Ebenso unumstritten ist es, dass eine krankheitsbezogene Zusammenführung von Daten aller Patienten erhebliche Fortschritte bei der Festlegung oder Neuentwicklung von Therapien haben könnte. Dies gilt in besonderem Maße für seltene Krankheiten. Krankheitsverläufe anderer Patienten wären für die Ärzte von unschätzbarem Wert. Während das Datenschutzrecht bei den vielen kleinen Smartphone-Benutzungen des Alltags versagt, entfaltet es bei den Big-Data-Beispielen aus dem Gesundheitswesen seine ganze Wucht. Nach unserem Datenschutzrecht sind solche Zusammenführungen zwar rechtlich nicht völlig ausgeschlossen, praktisch aber nahezu undurchführbar. Hier würde nicht eine einfache gesetzliche Regelung reichen. Nötig wäre die Änderung zahlreicher Gesetze und das Einholen von einzelnen Einwilligungen aller betroffenen Patienten – Dinge der Unmöglichkeit.

In diesem Spannungsfeld aus zu wenig und zu viel Datenschutz tritt in Europa im Mai 2018 die erste Europäische Datenschutzverordnung in Kraft. Nach über zehnjährigen Diskussionen soll die nun verabschiedete Verordnung europaweit das nationale Datenschutzrecht ersetzen und einheitliche Regeln für ganz Europa schaffen. Auch die großen US-Konzerne sind an die Verordnung gebunden. Mit hohen Geldbußen können zukünftig Verstöße gegen den Datenschutz geahndet werden. Selbst Big Player wie Google oder Apple wird die Androhung von Bußgeldern in Höhe von bis zu 4 % des Jahresumsatzes für jeden einzelnen Verstoß beeindrucken, immerhin wären das im Fall von Apple bis zu 10 Mrd. $. Die EU-Datenschutzverordnung vereinheitlicht das Recht und schafft scharfe Schwerter für eine europaweit bessere Durchsetzung des Datenschutzrechts. Soweit die guten Nachrichten. Die schlechten sind: Auch die Datenschutzverordnung der EU basiert auf der alten (deutschen) Dogmatik, dass Datenverarbeitung zunächst etwas Verbotenes ist und in jedem Einzelfall eine Einwilligung oder gesetzliche Ermächtigung vorliegen muss. Weiterhin hält der Gesetzgeber daran fest, dass der Umgang mit Daten genauestens geregelt werden muss. Auch die Abschaffung des nationalen Rechts der EU-Staaten erweist sich bei genaueren Hinsehen als relativ. Das Bundesdatenschutzgesetz fällt nicht weg, sondern schrumpft von 88 auf 44 Paragrafen. In vielen Fällen ist es ergänzend zu der EU-Datenschutzverordnung anzuwenden. Gleiches ist für die Datenschutzgesetze der Länder und das gesamte bereichsspezifische Recht abzusehen. Das Datenschutzrecht bleibt für die Betroffenen, die Bürgerinnen und Bürger, die Nutzer von Internet, Apps und Online-Banking weitgehend undurchschaubar.

Die fortgesetzte Komplexitätssteigerung und Verrechtlichung der Verarbeitung persönlicher Daten verstärkt dabei sogar noch das Gefälle zwischen den großen Internet-Plattformen und kleineren Konkurrenten im Netz. Denn die wesentliche Rechtsgrundlage für die Nutzung unserer persönlichen Daten durch Unternehmen ist die Einwilligung. Sie einzuholen ist und bleibt für Facebook, Apple, Google und Co.

einfacher als für jeden deutschen Mittelständler. Ein Pop-Up-Fenster, ein Klick – schon haben Millionen Menschen auf dem iPhone in die neuen iTunes-AGB von Apple eingewilligt. Da kommen kleine deutsche Online-Anbieter nicht mit.

Europa hat sich in eine Datenschutz-Sackgasse begeben, aus der wir so schnell nicht wieder herauskommen. Die großen amerikanischen Internetplattformen werden in ihrem Geschäft kaum behindert, die europäischen Unternehmen haben hohen Aufwand, um die komplizierten neuen Regeln einzuhalten. Die Datenschutz-Aufsichtsbehörden werden immer größer, schwerfälliger und bürokratischer. Und die Betroffenen, die Internetnutzerinnen und Internetnutzer in Europa – Sie haben weiterhin keine Ahnung, wer wann und für was ihre Daten nutzt.

Aber hoher deutscher Datenschutz ist gewährleistet.

3.4 UNSICHTBARE CYBERKRIEGER

Im Herbst 1985 begann ich mein Informatikstudium an der TU Berlin. Die Anfängervorlesung »Algorithmen I« hielt der junge Professor Peter Pepper. Die meisten Anfänger konnten bereits programmieren, doch Pepper vermittelte uns einen systematischen, qualitätsorientierten Zugang zur Softwareentwicklung. Wir sollten nicht nur irgendwie Programme schreiben. Wir sollten Programme entwickeln, die korrekt und fehlerfrei sind. Aber Pepper gab uns auch eine Zahl mit, die mir bis heute in Erinnerung geblieben ist: Selbst bei sorgfältiger Softwareentwicklung verbergen sich in 1000 Zeilen Programmcode zwei bis drei Programmierfehler. Die meisten sind nicht gravierend, sondern das schlichte Übersehen bestimmter Konstellationen, die sich beim Ablauf des Programms ergeben können.

Typische Beispiele für Programmierfehler sind Fehleinschätzungen, wie klein oder groß ein Zahlenwert bzw. wie kurz oder lang eine Zeichenkette im Verlauf des Programms wird. Letzteres ist besonders relevant. Nehmen wir an, Sie schreiben ein Programm, das Ihre Familiengeschichte verwaltet. Grunddaten wie Namen, Geburts- und Todestage, Wohnorte, Hochzeiten und Geburten können eingegeben werden. Die Daten werden miteinander verknüpft und später übersichtlich, vielleicht in Form eines Stammbaums ausgegeben. Wie jeder Programmierer treffen Sie Annahmen, wie lang die Eingaben sein können. Schließlich müssen Sie am Ende die Ausgabe so gestalten, dass alles Relevante zu lesen ist. Sie testen Ihr Programm mit Eingabe der paar Dutzenden Familienmitglieder, die Sie kennen und sind zufrieden. Zeit, den Rest der Familie einzuspannen: Weitere Daten könnte gut Ihre Tochter in den Schulferien eingeben, sie ist sehr schnell mit dem Computer. Auch das klappt gut, bis das Programm plötzlich abstürzt.

Was ist geschehen? Ihre Tochter hat herausgefunden, dass Sie unglücklicherweise mit dem früheren Bundesminister Karl-Theodor Maria Nikolaus Johann Jacob Philipp Franz Joseph Sylvester Freiherr von und zu Guttenberg verwandt sind, und den Namen korrekt eingetragen. Mit einem 102 Zeichen langen Namen hatten Sie bei der Programmierung nicht gerechnet. Die Eingabe des besonderen Namens führt dazu, dass der Teil des Programms, in dem die Daten für die Ausgabe miteinander verkettet werden, plötzlich eine zu lange Zeichenkette geliefert bekommt. Ergebnis: das Programm stürzt ab.

Die Eingabe hatte etwas verursacht, das man in der Fachsprache »Pufferüberlauf« oder »Buffer Overflow« nennt. So etwas kann je nach verwendeter Programmiersprache ernste Auswirkungen haben. Denn die zu viel vorhandenen Zeichen können andere Bereiche des Computerspeichers überschreiben, in denen wichtige Daten für die Programmausführung stehen, etwa die Information, was das Programm als nächstes tun soll. Ein Hacker könnte so etwas absichtlich ausnutzen und in die Eingabe keinen wirklichen Namen schreiben, sondern eine manipulierte Zeichenkette, die vor allem das Ziel hat, die Programmausführung umzulenken, neue Befehle vorzugeben, die Ihr Programm ausführen soll. Mit einigem Experimentieren gelingt es vielleicht, über einen Pufferüberlauf eigenen Programmcode einzuschmuggeln, der Ihren Stammbaum durcheinanderwirbelt. Oder nebenbei Ihre Festplatte löscht. Dann noch ein Smiley mit herausgestreckter Zunge dazu, fertig ist der Hack.

Was für Sie jetzt vielleicht ein bisschen albern und an den Haaren herbeigezogen klingt, ist leider eines der größten Probleme unserer digitalisierten Welt. Buffer Overflows, erstmals entdeckt 1972, sind bis heute eine der gravierendsten Arten von Schwachstellen in Computerprogrammen. Viele erfolgreiche Hacks machen sich Pufferüberläufe zunutze. Die Hacker bauen sogenannte »Exploits«, also eigene Software, die die gefundene Schwachstelle ausnutzt.

Im Juni 2010 wurde ein Computerwurm entdeckt, der später den Namen »Stuxnet« erhielt. Ein solcher Wurm verbreitet sich von Computer zu Computer, um auf bestimmten Zielsystemen sein Unwesen zu treiben. Ziel von Stuxnet waren die Anlagen zur Anreicherung von Uran im iranischen Natanz, ein wesentlicher Bestandteil des iranischen Vorhabens zum Bau einer Atombombe. Die Computersteuerung wurde erfolgreich manipuliert. Über 1000 Zentrifugen für die Urananreicherung wurden beschädigt, das Programm des Irans zur Herstellung von waffenfähigem Nuklearmaterial um Jahre zurückgeworfen. Stuxnet war, nach allem, was man weiß, eine erfolgreiche Operation der Nachrichtendienste der USA und Israels.

Auch der Stuxnet-Wurm nutzte einen Buffer Overflow. Damit verbreitete er sich in bestimmten Windows-Netzwerken von Computer zu Computer. Der Buffer-Overflow-Exploit war einer von einem guten Dutzend Exploits, die von amerikanischen und israelischen Regierungshackern zusammengestellt worden waren, um Stuxnet zu bauen, ein insgesamt hochkomplexes Angriffswerkzeug.

Die Programmierfehler sind simpel. Die darauf aufbauenden Hacker-Angriffe können höchste Komplexität erreichen. Dieser Zusammenhang ist eines der maßgeblichen Probleme der Cybersicherheit. Seit meinem ersten Semester vor mehr als 30 Jahren hat sich die Qualität der Programmierung nicht substantiell verbessert. Die Anzahl der Programmierfehler pro 1000 Zeilen Programmiercode liegt immer noch im mittleren einstelligen Bereich. Es gibt keine vernünftigen Standards für die Messung dieser sogenannten Defektrate von Software. Doch viele Untersuchungen gehen davon aus, dass selbst mit sorgfältigster Softwareentwicklung eine kleinere Defektrate als 0,5 Fehler pro 1000 Zeilen Programmcode nicht möglich ist. Das klingt schon deutlich weniger, relativiert sich aber angesichts der Größe der heutigen Software. Die kleinste iPhone-App hat schon 10 000 Programmzeilen. Das Android-Betriebssystem hat zwölf Millionen, das Windows-Betriebssystem 40 Millionen Zeilen. Das gesamte Facebook besteht aus über 60 Millionen Zeilen. Für ein modernes Auto wird geschätzt, dass sich in den vielen verschiedenen digitalen Systemen des Fahrzeugs in Summe bis zu 100 Millionen Zeilen

Programmcode verbergen.[16] Selbst bei einer Defektrate von 0,5 Fehlern pro 1000 Zeilen bedeutet das: 50 000 Programmierfehler in einem Auto. Die meisten werden nicht gravierend sein, aber eine ganze Reihe sind kritische Schwachstellen, die Angreifer ausnutzen können.

In den ungefähr 30 Jahren, seitdem das Internet seinen Siegeszug um die Welt angetreten hat, sind alle Winkel unseres Lebens digitalisiert worden und alle Geräte digital miteinander verknüpft. Heute müssen wir leider feststellen: Die Digitalisierung ist auf Sand gebaut. Fehler in Software, kritische Schwachstellen, Exploits, weltweite Cyberangriffe sind die heutige Realität unserer vernetzten Welt. Diese Wirkungskette erleben wir beinahe wöchentlich. Kleine Fehler, große Wirkung. Beispiel »Heartbleed«: 2014 wurde bemerkt, dass das gängige Verfahren zur Verschlüsselung der Kommunikation zwischen Browser und Webserver eine Schwachstelle enthielt. Durch Ausnutzen dieser Schwachstelle können Inhalte verschlüsselter Verbindungen von einem Angreifer ausgelesen werden, zum Beispiel Benutzernamen und Passwörter für Dienste wie Online-Banking. Die Schwachstelle wurde Heartbleed genannt, weil sie das Herz des Internets betraf, die Kommunikation zwischen Browser und Server. Alle großen Anbieter von Google bis Apple waren betroffen.

Ursache der Schwachstelle war ein kleiner Fehler eines deutschen Programmierers. In seiner Freizeit hatte sich der Wissenschaftler an der Weiterentwicklung von OpenSSL beteiligt. OpenSSL stellt Funktionen für die Verschlüsselung von Internetkommunikation kostenlos als freie Software zur Verfügung. Ähnlich wie bei dem freien Betriebssystem Linux pflegen ehrenamtliche Programmierer den Programmcode und bauen neue Funktionen ein. Das hatte auch der Urheber von

Heartbleed getan: Drei Jahre zuvor hatte er eine neue Funktion eingebaut, dabei aber – ähnlich wie Sie bei der Stammbaum-Programmierung – die Überprüfung der korrekten Länge einer Eingabe vergessen. Sein fertiges Programm stellte er in das System des OpenSSL-Projektes ein. Der Fehler fiel einem anderen Mitarbeiter nicht auf, der nach dem Vier-Augen-Prinzip das neue Programm gegenlesen musste. So wurde der Fehler Bestandteil der offiziellen OpenSSL-Version.

OpenSSL wiederum wird von nahezu allen großen Anbietern von Internet-Browsern und Internet-Serversoftware in ihre eigenen Produkte integriert. Für solche Standardverfahren, die bei allen Herstellern gleich sind, ist es einfacher (und kostengünstiger), freie Software-Lösungen kostenlos einzubauen, statt eigene Software zu entwickeln. So fand die Heartbleed-Lücke ihren Weg in die ganze Welt. Schwerwiegende Angriffe durch Ausnutzung der Heartbleed-Lücke sind bislang nicht bekannt geworden. Bislang. Denn obwohl natürlich OpenSSL nach der Entdeckung sofort korrigiert wurde und alle großen Hersteller für ihre Browser und Server Reparaturprogramme (Patches) angeboten haben, so ist die Sicherheitslücke weiter in der Welt. Noch Anfang 2017 gab es weltweit 200 000 Websites, die man mit Heartbleed angreifen kann, davon 14 000 in Deutschland[17]. Deren Verantwortliche hatten keine neue Software eingespielt. Niemand weiß, in wie vielen Fällen noch heute mit Hilfe von Heartbleed Daten von diesen Servern ausgelesen werden. Kleine Ursache, große Wirkung. Digitalisierung ist vor allem Vernetzung. Das Verbinden von allem mit jedem bedeutet eben auch: das Verbinden schlechter Software mit wichtigen Anwendungen.

So ähnlich ist das leider auch bei den Geräten Ihres digitalen Hausrats und deren Firmware: Irgendwo in der Welt, zumeist in Asien, hat jemand eine Software geschrieben oder auch nur geändert oder erweitert. Vielleicht war das auch ein Freizeit-Programmierer. Oder eine Aushilfskraft. Vielleicht gab es ein Vier-Augen-Prinzip und systematische Fehlersuche und Qualitätsmanagement. Vielleicht aber auch nicht. Am Ende hat das Stück Software vielleicht den Weg in Ihr vernetztes Heizungsventil gefunden. Der renommierte Ventilhersteller hat vielleicht nur ein Modul samt Firmware zugekauft. Auch er kann nicht sicher überprüfen, ob die zugekaufte Software kritische Fehler enthält.

Irgendwo anders in der Welt analysiert ein Hacker diese Firmware und experimentiert mit den gängigen Angriffsvarianten: Buffer Overflow? Standard-Passwort? Reagieren auf Kommunikation auf unüblichen Kanälen? Schließlich findet er einen Weg, die Software zu überlisten, eine Schwachstelle. Die Schwachstelle lässt sich ausnutzen – oder auch zu Geld machen. In Untergrundforen im Internet werden solche Schwachstellen gehandelt. Wenn Sie Pech haben, kauft ein Interessent die Schwachstelle in Ihrem Heizungsventil. Ein anderer Hacker baut damit ein Exploit, ein Angriffswerkzeug. Damit lässt sich das Heizungsventil nun attackieren und seine Steuerung übernehmen. Wahrscheinlich hat niemand Interesse, auf diesem Weg Ihr Schlafzimmer unberechtigt in eine Sauna zu verwandeln. Spannender ist es, Ihr Ventil zum Teil eines Botnetzes zu machen. Botnetze sind zusammengeschaltete, mit dem Internet verbundene Geräte, die alle unter der Kontrolle eines (kriminellen) Betreibers stehen. Das können PCs sein, auf denen entsprechende Schadsoftware läuft, Smartphone oder eben auch Heizungsventile. Das größte je bekannt gewordene Botnetz, »BredoLab«, soll 30 Millionen gekaperte Computer weltweit umfasst haben. Es wurde 2010 von der niederländischen Polizei zerschlagen und abgeschaltet. Das schon erwähnte »Mirai-Botnetz« bestand nur aus Haushaltsgeräten wie Überwachungskameras oder Babyphones. Das Bundesamt für Sicherheit in der Informationstechnik stellte 2017 fest, dass in Deutschland täglich 27 000 Geräte neu mit Bot-Software infiziert und Teil eines Botnetzes werden.[18]

Botnetze werden von Kriminellen für vielfältige Zwecke eingesetzt. BredoLab wurde zum massenhaften Versand von Spam genutzt. Andere Botnetze werden zum sogenannten Klickbetrug eingesetzt: Die einzelnen gekaperten Computer (Bots) klicken immer wieder bestimmte Werbebanner auf Websites an, damit der Inserent der Banner seine – üblicherweise pro Klick berechnete – Vergütung erhöhen kann. Wieder andere Botnetze werden eingesetzt, um durch massenhafte missbräuchliche Anfragen Server im Internet lahmzulegen, aus politischen Motiven oder auch zur Erpressung des Betreibers. Mittlerweile gibt es einen florierenden Markt von Miet-Botnetzen. Für wenige Dollar kann man solche Netze anmieten, um Angriffe auf Server im Internet durchzuführen. Es sind selbst Fälle von Schülern bekannt geworden, die auf diese Art tagelang die Infrastruktur ihrer Schule lahmlegten, um die Prüfungsdurchführung zu verhindern.[19]

Das schmarotzerische Mitnutzen von infizierten Geräten durch Botnetze ist nur eines der Probleme der schlechten Cybersicherheit – und wahrscheinlich nicht das bedeutendste. Zunehmend hängen immer mehr wichtige Funktionen unseres Lebens von digitaler Steuerung ab. Die Energieversorgung, das Gesundheitswesen, die Steuerung der Eisenbahnen – all das wird derzeit digitalisiert. Überall werden neue digitale Systeme eingeführt und miteinander vernetzt. Und überall gibt es zahlreiche Schwachstellen und Angreifer, die sie ausnutzen. In seinem Jahresbericht 2017 berichtet das BSI von Schwachstellen in Baustellenampeln und Wasserwerken, von Angriffen auf die Router der Deutschen Telekom und auf die Netze der Bundesregierung.[20] Selbst Herzschrittmacher sind mittlerweile digital und kommunizieren über Funk. Im August 2017 musste der amerikanische Hersteller Abbott weltweit 465 000 Patienten in die Krankenhäuser bitten. Bei ihren Herzschrittmachern war eine Schwachstelle entdeckt worden, über die ein Cyberangriff möglich wäre – mit potentiell tödlichen Folgen für den Patienten. Auch in Deutschland waren 13 000 Patienten betroffen.[21] Herzschrittmacher sind ein besonders schlimmes Beispiel für angreifbare digitale Systeme, aber bei weitem nicht das einzige: Barbie-Puppen sind angreifbar[22], Fernseher[23], Autos[24], sogar Flugzeuge[25] und Hochöfen[26]. Überall schlecht gesicherte Hardware und Software, überall Schwachstellen.

Die mangelnde Qualität der Hard- und Software und die unendliche Vielzahl von Schwachstellen sind das eine große Problem der Cybersicherheit. Ein Angreifer muss nur eine kritische Schwachstelle finden, um ein System, vielleicht sogar eine ganze Infrastruktur anzugreifen. Die Verteidiger müssen jede einzelne Schwachstelle »abdichten«, um Angriffe zu verhindern. Das andere große Problem der Cybersicherheit ist das »Attributionsproblem«. Das bedeutet, dass es praktisch fast unmöglich ist, den Urheber von Cyberangriffen zurückzuverfolgen. Angesichts der weltweiten Vernetzung gibt es für Angreifer vielfältige Möglichkeiten, ihre Identität und Herkunft zu verschleiern. Insbesondere die Nutzung gehackter Server in Drittstaaten als Zwischenstationen für Cyberangriffe gehört zum Standard der Angreifer. Auch das Legen falscher Spuren auf die Herkunft einer Attacke ist eine übliche Verschleierungsmethode. Zwar gelingt es Sicherheitsbehörden und Sicherheitsunternehmen bisweilen, durch komplexe

Analysen der Schadsoftware, der verwendeten Zwischenstationen im Internet und der Taktik des Angreifers Hinweise auf die Verantwortlichen für einen Angriff zu bekommen. Doch nehmen solche Ermittlungen typischerweise Wochen oder sogar Monate in Anspruch. Vier Jahre dauerte zum Beispiel die Aufspürung und Zerschlagung der Steuerungsstruktur des Botnetzes »Avalanche«. Behörden in 41 Staaten waren beteiligt[27]. Zu dem Zeitpunkt, zu dem ein Angriff erstmals bemerkt wird, ist es fast nie möglich, den Angreifer zu ermitteln. Damit scheidet in den meisten Fällen die Möglichkeit aus, den Angreifer sofort und unmittelbar zu stoppen. Das Opfer eines Cyberangriffs hat keine andere Möglichkeit, als die Systeme vom Netz zu nehmen, die Schadsoftware zu entfernen und die eigene IT mit besseren Sicherheitsmaßnahmen wieder an das Netz zu nehmen – bei großen Unternehmen und Behörden sind hiermit millionenschwere Aufwände verbunden, bei jedem einzelnen Nutzer typischerweise viel Aufwand, Ärger und oftmals auch finanzielle Verluste.

So lange die Qualität von Hard- und Software nicht signifikant verbessert wird, die Angreifer im Cyberspace nicht zurückverfolgt werden können und wir gleichwohl mit unverminderter Geschwindigkeit mit der Digitalisierung weitermachen, so lange müssen wir mit zunehmenden Cyberangriffen leben. Denn aus Sicht der Angreifer sind Cyberangriffe attraktiv, zukünftig noch mehr als heute. Das gilt für Kriminelle aller Art, die von Phishing-Attacken, Erpressung, Verkauf gestohlener Daten oder anderen Cyberdelikten leben. Das gilt genauso für die Nachrichtendienste, die in Cyberangriffen ein ideales Mittel sehen, ihrer Spionagetätigkeit nachzugehen – oder Cyberangriffe auch zur Manipulation verwenden. Besonders gut kann man dies derzeit in der Ukraine beobachten, wo seit 2015 immer neue digitale Systeme und Infrastrukturen manipuliert, lahmgelegt oder ausspioniert werden. Stromausfälle, gestohlene Regierungs- und Bankdaten, Ausfälle wichtiger kommerzieller Internetangebote – all das belastet die Bürgerinnen und Bürger der Ukraine seit mehr als zwei Jahren. Westliche Nachrichtendienste machen Russland für die Angriffe verantwortlich.[28] Nachweisen lässt sich das natürlich nicht so einfach, das Attributionsproblem zeigt sich auch hier.

Eine Besserung ist nicht in Sicht. Schwachstellen und Attributionsprobleme werden uns noch lange begleiten. Die Sicherheit im Cyberspace bleibt ein Vabanque-Spiel.

4 KONKURRENZ FÜR DEN STAAT

Kryptodebatte und Schwachstellen ◆ Eigenleben digitaler Plattformen ◆ Digitale Infrastrukturen in privater Hand

4.1 KRYPTODEBATTE UND SCHWACHSTELLEN

»Die Digitalisierung lässt keinen Stein auf dem anderen«.

»Ein Internetjahr dauert nur drei Monate«.

»In den nächsten zehn Jahren verzehnfacht sich das Datenvolumen der Welt«.

»2020 werden 50 Milliarden Geräte am Netz sein, etwa sieben pro Mensch«.

»Die Disruption der Geschäftsmodelle erfasst eine Branche nach der anderen«.

An all diesen marktschreierischen Aussagen über die Wucht und Geschwindigkeit der Digitalisierung ist etwas dran. Eine ganze Zeit lang habe ich meine Vorträge zu Themen der Digitalisierung mit einer Frage begonnen: Wissen Sie noch, welche App Sie während der Fußball-WM 2006 am intensivsten genutzt haben? Die DFB-App war die Antwort, »SPIEGEL-online« oder »Kicker«. Manche nannten den Routenplaner, andere WhatsApp. Tatsache ist, dass es zur Fußball-WM 2006 noch keine Apps gab, weil das iPhone durch Steve Jobs erst 2007, ein Jahr nach der WM, auf den Markt gebracht wurde.

In der Tat also, in sehr kurzer Zeit verändert die Digitalisierung vieles. Doch inmitten des Digitalisierungs-Taifuns gibt es auch Themen, die sich nicht ändern. Eines dieser Themen im Auge des Taifuns haben wir schon im vorigen Kapitel kennengelernt: die Unzulänglichkeit von Software. Ein anderer Dauerbrenner soll uns in diesem Kapitel beschäftigen: die Kryptodebatte. Als ich 1998 in das Bundesinnenministerium kam, war die Kryptodebatte bereits präsent (und ungelöst). Als ich die Regierung fast 70 Internetjahre später wieder verließ, hatte sich nicht viel geändert. Die Kryptodebatte wurde weitergeführt und ist bis heute nicht abschließend gelöst.

Bei der Kryptodebatte geht es um den Umgang des Staates mit der privaten Verschlüsselung elektronischer Kommunikation. Verschlüsselung ist heutzutage im Wortsinne der Schlüssel für die digitale Welt. Ihre PIN auf der Geldkarte ist verschlüsselt gespeichert. Ihr Autoschlüssel sendet ein verschlüsseltes Signal per Funk an das Fahrzeug, um die Türen zu öffnen. Ihr Handy verschlüsselt die Gespräche zum nächsten Funkmast, Ihr Router verschlüsselt die Kommunikation im heimischen WLAN. Manche Fernsehprogramme können Sie nur verschlüsselt empfangen, damit Sie ein Abo abschließen. Selbstverständlich sind auch die Daten im Chip Ihres Personalausweises verschlüsselt oder die Kommunikation mit Ihrer Bank beim Online-Banking. Es gibt keine einigermaßen relevante digitale Dienstleistung, die ohne Verschlüsselung auskommt. Verschlüsselungsverfahren sind so etwas wie die Mutter der Porzellankiste »digitale Welt«. Alles Vertrauen in digitale Geschäfte, digitale Produktionsabläufe, elektronische Behördenangelegenheiten, den Schutz von Firmengeheimnissen oder Regierungskommunikation hängt von der Qualität der Verschlüsselung ab. Die Absicherung von Kommunikation durch

Kryptografie war bis vor 30 Jahren noch ein vor allem staatliches und militärisches Thema. Mittlerweile betrifft sie jeden einzelnen Menschen, morgen noch mehr als heute: Dass nur Sie selbst die Heizung in Ihrer Wohnung anschalten können (und nicht ein Spaßvogel aus der Nachbarschaft), wird durch Kryptografie abgesichert. Dass die Veränderung der Einstellungen Ihres Herzschrittmachers nur von berechtigten Ärzten vorgenommen wird (und nicht von einem Profikiller), sichert ein Verschlüsselungsverfahren. Dass Ihr autonom fahrendes Auto eine Vollbremsung nur dann einleitet, wenn die Warnung vor dem Auffahrunfall wirklich von dem vorausfahrenden Wagen kommt (und nicht von einem Hacker), auch das sichert die Kryptografie.

Kryptografische Verfahren beruhen auf mathematischen Modellen, einer darauf aufbauenden Software und auf einer gewissen Rechenleistung, die zur Verschlüsselung und Entschlüsselung benötigt wird. An dieser Stelle ein paar Worte zu den verschiedenen Verschlüsselungsverfahren: Die wichtigste Unterscheidung ist diejenige zwischen symmetrischen und asymmetrischen Verfahren. Bei symmetrischen Verfahren benutzt man zum Verschlüsseln einer Nachricht und zum Entschlüsseln den gleichen Schlüssel, also ein Geheimwort, einen Code, den Absender und Empfänger der Nachricht beide kennen. Für viele Anwendungsfälle ist das sinnvoll, weil symmetrische Verschlüsselung schnell abläuft und leicht einzubauen ist. Allerdings braucht man für solche Verfahren einen gesicherten Weg, um den geheimen Schlüssel auszutauschen oder eine zentrale Instanz, die alle Schlüssel kennt und verwaltet. Das ist beispielsweise bei zur Bankkarte gehörenden PIN und den Geldautomaten üblich. Jeder Automat kennt den Schlüssel, also kann er die PIN entschlüsseln.

Für Fälle ohne zentrale Instanz und ohne gesicherten

Schlüsselaustausch haben sich sogenannte asymmetrische Verfahren durchgesetzt. Hier haben beide Seiten einer Kommunikation jeweils ein eigenes Schlüsselpaar. Einer der Schlüssel des Paares heißt »öffentlicher Schlüssel«. Er kann freigiebig verteilt werden, auch im Internet veröffentlicht. Er dient zum Verschlüsseln einer Nachricht. Der andere Schlüssel des Schlüsselpaars, der »private Schlüssel« muss geheim gehalten werden, denn er dient zur Entschlüsselung einer Nachricht. Wer *meinen* öffentlichen Schlüssel kennt, kann mir jederzeit Nachrichten senden, die nur ich – mit *meinem* privaten Schlüssel – entschlüsseln kann. Und umgekehrt: besorge ich mir den öffentlichen Schlüssel meines Partners, kann ich ihm geheime Botschaften schicken, die nur er oder sie lesen kann. Asymmetrische Verschlüsselung ist bei der E-Mail-Kommunikation üblich (z. B. PGP) oder auch der Verschlüsselung der Inhalte von Webseiten, erkennbar an dem »https« in der Adresszeile des Browsers oder dem Symbol eines geschlossenen Vorhängeschlosses.

Das wichtigste symmetrische Verfahren ist der in den 1990er Jahren entwickelte »Advanced Encryption Standard« (AES). Das wichtigste asymmetrische Verfahren stammt sogar schon aus den 1970er Jahren und heißt »RSA-Verfahren« – in Anlehnung an die Namen der Erfinder, Rivest, Shamir und Adleman. AES und RSA sind weit verbreitet und werden gelegentlich auch kombiniert, um die Vorteile beider Ansätze zu verknüpfen. Dies geschieht, indem der Schlüssel für die einfache und schnelle symmetrische Verschlüsselung zum Empfänger zunächst per asymmetrischer Verschlüsselung übertragen und der Rest der Kommunikation dann symmetrisch verschlüsselt wird.

Die AES und RSA zu Grunde liegenden mathematische Modelle gelten als sehr sicher. Die Schwierigkeit mit der Sicherheit von Verschlüsselung fängt allerdings an, wenn die Verschlüsselungsverfahren die reine Mathematik verlassen und als Software in Computern, Chips, Autos, Geldkarten, Haushaltsgeräten oder Flugzeugen implementiert werden. Denn dann ergeben sich für Angreifer Möglichkeiten, die Verschlüsselung oder Entschlüsselung zu manipulieren, um verschlüsselte Nachrichten zu lesen. Das können Fehler bei der Programmierung sein, Schwachstellen bei der eingesetzten Hardware, Unachtsamkeiten bei der Erzeugung der Schlüssel oder wissentlich eingebaute Hintertüren. Auch bei der Benutzung der Verschlüsselungsprogramme gibt es Ansatzpunkte für Hacker: Der Prozess der Ver- und Entschlüsselung könnte durch Schadsoftware beobachtet oder beeinflusst werden. Der Schlüssel kann bei der Eingabe durch den Benutzer ermittelt werden, durch Beobachtung des Bildschirms, Abgreifen der Tastatureingabe oder Mitlesen in einem offenen WLAN. Den Rest des Buches könnte ich unschwer mit diesem Thema füllen.

Insofern: Verschlüsselung ist wichtig, aber alles andere als trivial. Die Sicherheit einer Verschlüsselung ist hochgradig relativ. 2010 war ich für die Einführung des neuen Personalausweises mit Chip in Deutschland verantwortlich. Das Bundesamt für Sicherheit in der Informationstechnik hatte in unserem Auftrag für den Ausweis die besten Verschlüsselungsverfahren ausgewählt. Mit voller Überzeugung habe ich in unzähligen Diskussionsveranstaltungen vom sichersten Personalausweis der Welt gesprochen. Am Tag der Einführung, dem 1. November 2010, lies dann der Chaos Computer Club eine Bombe platzen: »Neuer Personalausweis gehackt«, »Verschlüsselung unsicher«, hieß es in den Medien. Wer hatte Recht? Beide Seiten. Die beim Personalausweis eingesetzten kryptografischen Verfahren sind auch heute noch sehr sicher. Sie sind besser (und aufwändiger) als andere Länder dies bei ihren Ausweisen umsetzen. Aber der CCC hatte ein Szenario nachgestellt, mit dem die Sicherheit des kryptografischen Verfahrens »umgangen« wird: Wenn Sie einen Virus auf Ihrem PC haben, kann dieser unter Umständen die Eingabe Ihrer Personalausweis-PIN beobachten und die PIN stehlen. Wenn Sie dann bei anderer Gelegenheit Ihren Personalausweis auf dem Kartenleser liegen haben, könnte die Schadsoftware mit der PIN eine Transaktion im Internet anstoßen, die scheinbar in Ihrem Namen erfolgt, z. B. ein Bankkonto eröffnen.

Die Verschlüsselung ist sicher, aber die Einbettung der Verschlüsselungsverfahren in die eigentliche Nutzung hat Angriffsflächen geschaffen. Beim Personalausweis lässt sich dieses Angriffsszenario vermeiden, wenn man einen Chipkartenleser mit eigener Tastatur für PIN-Eingabe verwendet. Aber damit sperrt man nur »einfache« Virenprogrammierer aus, nicht den Nachrichtendienst, der das Lesegerät manipuliert ...

Die Sicherheit von Verschlüsselung ist einem Wettlauf von »Codemakern« und »Codebreakern« ausgesetzt. Jedes Verschlüsselungsverfahren ist ständig unter Beschuss. Sowohl die Kryptoanalytiker der Nachrichtendienste, die Experten der Sicherheitsunternehmen als auch eine wachsende kriminelle Szene versuchen permanent, Lücken in den Verfahren zu entdecken, um daraus Kapital zu schlagen – verschlüsselte Nachrichten fremder Regierungen zu lesen, Sicherheit zu verkaufen oder auch komplexe Cyberangriffe darauf aufzubauen. Den Codebreakern kommt die rasante Weiterentwicklung der Rechenkapazität und -geschwindigkeit zur Hilfe. Sie erleichtert die Entschlüsselung. Die Schlüssel müssen daher immer länger sein, damit Maschinen sie nicht durch »Erraten« herausfinden können. Waren bei der Erfindung von RSA noch Schlüssellängen von 512 Bit als ausreichend angesehen worden, Ende der 90er Jahre dann eine Länge von 1024 Bit, sind wir mittlerweile bei 2048 bit angelangt und sicherlich noch nicht am Ende. Während die Codebreaker aufrüsten, bemühen sich die Codemaker, die Kryptologen in der Wissenschaft, in Unternehmen und IT-Sicherheitsbehörden, permanent, die Sicherheit der Verschlüsselung aufrecht zu erhalten, im Großen und Ganzen mit gutem Erfolg. Die Veröffentlichung der Folien von Edward Snowden über die Fähigkeiten der NSA zeigte zwar die Aufrüstung des Nachrichtendienstes bei der Entschlüsselung von Kommunikation, bewies gleichzeitig aber auch die Schwierigkeiten selbst der NSA mit starker Kryptografie. Kein Wunder, dass die NSA sich ausweislich der Snowden-Folien sehr darum bemühte, die Weiterentwicklung der Kryptoverfahren zu hemmen und zu manipulieren – nach allem was wir wissen, letztlich erfolglos.

Damit sind wir bei der Kryptodebatte. Ist der Staat erfolglos bei der Entschlüsselung von Nachrichten, können Kriminelle ungestört kommunizieren. Ist Verschlüsselung zu einfach zu knacken, räumen Kriminelle unsere digitalen Bankkonten ab. Die zentrale Frage der Kryptodebatte lautet: »Wie hält der Staat es mit Kryptografie?«. Soll Kryptografie geschwächt, eingeschränkt oder gar verboten werden, damit Nachrichtendienste und Polizei auf verschlüsselte Nachrichten zugreifen können? Oder soll Kryptografie gefördert, gestärkt und genutzt werden, um unsere digitale Welt gegen die Gefahren aus dem Cyberraum abzusichern? Lässt sich beides miteinander verbinden?

Bei einem Terroranschlag im kalifornischen San Bernardino im Dezember 2015 wurden 14 Menschen getötet und 21 weitere verletzt. Die beiden Attentäter, Syed Farook und Tashfeen

Malik, hatten die Weihnachtsfeier einer gemeinnützigen Einrichtung gestürmt und um sich geschossen. Bei einem späteren Feuergefecht mit der Polizei kamen beide ums Leben. Der Anschlag war der schwerste Terroranschlag in den USA seit dem 11. September 2001. Den Sicherheitsbehörden gelang es, das iPhone 5c des Attentäters Farook zu beschlagnahmen. Allerdings misslang die Auswertung der Daten des Geräts, von der sich das FBI Hinweise auf Hintermänner und Mittäter versprach. Die Behörde vermochte es nicht, die Sperre des iPhone zu überwinden. Von einer leidenschaftlichen öffentlichen Debatte begleitet zog das FBI gegen Apple vor Gericht. Die Forderung an das Unternehmen: eine spezielle Version ihres iOS-Betriebssystems zu entwickeln, die es erlaubte, das iPhone von Farook ohne Sperre zu starten. Apple weigerte sich. Zentrales Argument des Unternehmens war es, dass eine solche spezielle Software, einmal in der Welt, erhebliche Missbrauchsgefahren biete. Millionen iPhone-Nutzer würden dem Risiko ausgesetzt, dass ihr Gerät gehackt wird.

Die gerichtliche Auseinandersetzung zwischen FBI und Apple wurde nicht bis zum Ende geführt. Im März 2016 gelang es dem FBI, auf die Daten des iPhones zuzugreifen. Angeblich nutzte die Behörde hierfür eine Spionagesoftware eines israelischen Unternehmens, die Sicherheitslücken im iOS-Betriebssystem ausnutzte. FBI-Direktor Comey bestätigte später öffentlich, dass das FBI für den Zugriff auf die Daten des iPhones über 1 Million US-Dollar gezahlt habe.[1]

Dieser letzte große Fall zeigt das gleiche Dilemma auf, dass die US- und auch die deutsche Politik schon in den 90er Jahren beschäftigt hatte. Kann der Staat es zulassen, dass Kriminelle ihre Kommunikation »perfekt« schützen? Würden wir Panzerschränke erlauben, die niemand knacken kann? Oder lieber die Dicke der Wände beschränken, damit die Polizei noch eine Chance hat? In Deutschland hatte sich der damalige Bundesinnenminister Manfred Kanther für eine Kryptoregulierung stark gemacht, also die Einschränkung der Kryptografie aus Sicherheitsgründen. Zu einem Gesetz kam es unter seiner Ägide nicht mehr. Die rot-grüne Koalition von Gerhard Schröder griff das Thema 1998 wieder auf – mit anderem Ergebnis. In den 1999 von der Bundesregierung verabschiedeten »Eckpunkten der deutschen Kryptopolitik« sprach sich die Regierung für eine freie Kryptografie und gegen gesetzliche Verbote aus. Neben dem Schutz von Wirtschafts- und Privatgeheimnissen war auch die Exportförderung ein wichtiger Grund für die Regierung: Deutsche Unternehmen hatten sich gegen eine Reglementierung ausgesprochen, weil sie um die Marktchancen für ihre Verschlüsselungsgeräte im Ausland fürchteten, wenn bekannt würde, dass Deutschland die Abschwächung der Kryptografie oder den Einbau von Hintertüren verlangte.[2]

Der Kabinettbeschluss von 1999 und die darin festgehaltenen Eckpunkte gelten bis heute. Zwar hat seitdem fast jeder Innenminister mit einer Beschränkung von Kryptografie kokettiert und zumindest verbal regelmäßig die Nutzung von Kryptografie durch Kriminelle und die Hilflosigkeit der Sicherheitsbehörden angeprangert. Zu einer Änderung der Grundlinie von 1999 ist es aber nicht gekommen. Zu breit ist die politische Koalition von den Bürgerrechtlern bis zu den Spitzen der deutschen Wirtschaft, die sich aus ganz unterschiedlichen Gründen für die Beibehaltung der liberalen Kryptopolitik aussprechen. Doch das Thema ist nicht ad acta gelegt. Fälle wie in San Bernardino häufen sich.

Schon 30 % aller Websites verwenden die Verschlüsselung mit https.[3] Der Anteil verschlüsselter E-Mail-Kommunikation in Deutschland beträgt immerhin schon 15 %.[4] Zunehmend trifft die Polizei bei Hausdurchsuchungen auf verschlüsselte Notebooks und Datenträger. Noch gravierender aber: Die Mehrzahl der organisierten Kriminellen und Terrorverdächtigen ist nach Aussagen der Polizei auf Messenger-Dienste wie »Telegram« umgestiegen, die die Kommunikation standardmäßig zwischen den Geräten verschlüsseln – nicht knackbar für die Polizei. Selbst der weltweit führende Messenger WhatsApp verschlüsselt alle Kommunikation seit Anfang 2016 »Ende-zu-Ende«. Das bedeutet, dass auch das Unternehmen selbst nicht mehr auf die Kommunikation zugreifen kann, Anfragen der Polizei also ins Leere laufen. Die Sicherheitsbehörden nennen das »Going Dark«, also das Abtauchen von Kriminellen in die Dunkelheit der verschlüsselten Kommunikation. Im Katz-und-Maus-Spiel von Sicherheitsbehörden und Kriminellen ist eine neue Seite aufgeschlagen worden: mit zeitgemäßer und sauber implementierter Kryptografie können sich Kriminelle perfekt verstecken und im digitalen Raum ohne Furcht vor staatlicher Beobachtung ihren »Geschäften« nachgehen. Mit Hilfe von Kryptografie können ganze digitale Welten geschaffen werden, die für Sicherheitsbehörden nur schwer zugänglich sind.

Eines der Beispiele hierfür ist das sogenannte »Darknet«. Hierbei handelt es sich um eine vernetzte Struktur von Computern, die aus dem Internet erreichbar ist. Die Computer verwenden spezielle Software, um Verbindungen untereinander zu ermöglichen, die verschlüsselt sind und – das ist die Besonderheit – nicht rückverfolgt werden können. Wer mit einem für das Darknet nötigen speziellen Browser (z. B. »Tor«) unterwegs ist, kann später nicht identifiziert werden. Das geschieht, indem die Kommunikation über sehr viele verschiedene Server geleitet wird, jeweils spezifisch verschlüsselt. Selbst wenn

Kryptodebatte und Schwachstellen 89

die Polizei beispielsweise den Server eines Kinderpornografie-Anbieters beschlagnahmt, kann eine Rückverfolgung der »Kunden« anhand der Protokolldaten des Servers in der Regel nicht gelingen. Die Kommunikation wird immer über eine Vielzahl von Darknet-Computern geführt, der Verbindungsweg verschleiert – mit Hilfe der Kryptografie. Das verschlüsselte Darknet ist ein Platz, an dem staatliche Regeln nicht durchgesetzt werden können. Das hat auch Vorteile: Weltweit nutzen die Demokratiebewegungen in totalitären Staaten das Darknet, um ihren Widerstand zu organisieren. Verschlüsselte und nicht nachverfolgbare Kommunikation ist für Widerstandskämpfer ein nötiger Schutz gegen Gefängnis, Folter und Tod. Das Darknet ist also beides: Ort der Demokratie und Ort der Kriminalität. Nach einer Studie des Londoner International Institute of Strategic Studies (IISS) hatten 57 % der im Jahr 2016 untersuchten 5200 Webserver im Darknet kriminelle Inhalte. Das reicht von Börsen für Filme und Musik über die Bereitstellung von Kinderpornografie bis zum Verkauf von Drogen und Waffen und zur »Buchung« von Auftragskillern.[5]

Am 22. Juli 2016 fielen Schüsse in einem Einkaufszentrum in München. Der 18-jährige Amokläufer David Sonboly erschoss zuerst neun Menschen und anschließend sich selbst. Die Waffe hatte er zuvor im Darknet gekauft. In diesem schrecklichen Fall gelang der Polizei innerhalb weniger Wochen die Ermittlung des Verkäufers – trotz Darknet, Verschlüsselung und Verwischung von Spuren. Über einen fingierten Waffenkauf kam die Polizei dem Täter auf die Spur, ganz ohne Knacken der Verschlüsselung. Im hessischen Marburg wurden der illegale Waffenhändler und eine Komplizin festgenommen.[6]

Das Beispiel zeigt es: im Darknet spitzt sich die Diskussion um den staatlichen Umgang mit Kryptografie zu. 57 % der Server sind kriminell, aber 43 % eben auch nicht. Die Verschlüsselung schützt die Täter vor der Polizei, aber eben nicht perfekt. Klassische Polizeimethoden sind weiterhin anwendbar und können zum Erfolg führen. Ich nenne das die doppelte Dualität der Kryptodebatte: Ja, die Kryptografie macht Kriminellen das Leben leichter. Aber sie schützt auch Leben. Ja, die Polizei wird durch Kryptografie in ihrer Arbeit behindert. Aber sie steht nicht hilflos da. Die Diskussion um den Umgang mit der Kryptografie wird geprägt davon, wie man jeweils diese beiden Dualitäten abwägt.

Eine weitere Dimension kommt hinzu: wäre der Staat überhaupt in der Lage, Kryptografie einzuschränken? Wohl kaum. Ein nur nationales Verbot ist leicht zu umgehen, indem Werkzeuge aus dem Ausland oder Server im Ausland genutzt werden. Eine internationale Verabredung ist nicht denkbar. Mit Überwachungsstaaten wird man keine gemeinsame Sache machen wollen. Und die einander wechselseitig beobachtenden Nachrichtendienste wollen ihre Werkzeuge nicht aus der Hand geben. Zudem gilt das starke Argument von Tim Cook gegenüber dem FBI: wenn einmal die Kryptografie geschwächt ist oder Hintertüren eingebaut sind, dann nutzt das wiederum den Kriminellen, die Bürger und Unternehmen angreifen wollen.

Es gibt also keine Alternative zu der liberalen Linie, wie sie die deutsche Kryptopolitik und die meisten anderen demokratischen Staaten verfolgen. Zu dem Schluss kommen mittlerweile alle Experten, die sich intensiver mit der Abwägung befassen.[7] Sicherheitsbehörden und Innenpolitik verfolgen mittlerweile eine andere Linie gegen das »Going Dark«: die Umgehung von Verschlüsselung. Hier gibt es gleich mehrere Ansätze: Man kann nach Fehlern und Schwachstellen in den von Kriminellen eingesetzten Systemen suchen und darüber vielleicht auf die verschlüsselten Daten zugreifen. Man kann auf den Computern Verdächtiger Spionagesoftware installieren, die mitliest, siehe Online-Durchsuchung/Bundestrojaner. Man kann Anbieter wie WhatsApp dazu zwingen, bei Verdächtigen für eine Abschaltung der Verschlüsselung zu sorgen oder für die Öffnung einer Hintertür. Letzteres ist allerdings wieder sehr nah an der generellen Abschwächung von Verschlüsselung und dem Argument von Tim Cook im San Bernardino-Fall.

Im Juni 2016 musste ich im NSA-Untersuchungsausschuss des Bundestages als Zeuge aussagen. Über mehrere Stunden wurde ich befragt, was die Bundesregierung in den letzten 15 Jahren getan hat, um die elektronische Kommunikation vor einem Mitlesen zu schützen – und warum das in manchen Fällen nicht erfolgreich war, siehe der Zugriff auf das Handy von Angela Merkel. Der Abgeordnete Ströbele fragte, was ich persönlich empfehlen würde, um zukünftig besser dazustehen. Meine Antwort: »Verschlüsseln, verschlüsseln, verschlüsseln«. Am gleichen Tag stellte der Bundesinnenminister seine Pläne vor, eine zentrale Behörde zu gründen, die sich um die Entschlüsselung kümmern soll: ZITiS, die zentrale Stelle für Informationstechnik im Sicherheitsbereich. Ihre Aufgabe ist es, letztlich für alle Sicherheitsbehörden den technischen Umgang mit der verschlüsselten Kommunikation zu bewältigen. In den Tagen danach wurde ich oft gefragt, wie das zusammenpasse: Verschlüsseln versus Entschlüsselungsbehörde. Meine Antwort: wir brauchen beides.

Verschlüsselung ist in Deutschland nicht eingeschränkt. Kein Gesetz verbietet irgendein Verfahren. Die stärksten Verschlüsselungsverfahren dürfen unbeschränkt eingesetzt werden. Aber Kriminelle machen Fehler – auch beim Einsatz der starken Verschlüsselung. Diese Fehler soll ZITiS ausnutzen, damit die Polizei jede Chance optimal nutzt. Mittlerweile ist ZITIS in München eingerichtet worden und arbeitet an den technischen Mitteln. Rechtliche Mittel für die Umgehung der Verschlüsselung hat der Deutsche Bundestag im Sommer 2017 geschaffen, auf den letzten Drücker, als eines der letzten Gesetze der ablaufenden Wahlperiode. In das laufende Gesetzgebungsverfahren »Entwurf eines Gesetzes zur effektiveren und praxistauglicheren Ausgestaltung des Strafverfahrens« wurden im Parlament kurz vor Verabschiedung neue Vorschriften für Online-Durchsuchung und Quellen-TKÜ eingeschoben. Online-Durchsuchung ist bereits bekannt. Quellen-TKÜ zielt auf die Umgehung der Verschlüsselung. Mit einer sogenannten »Telekommunikationsüberwachung« (TKÜ) können die Sicherheitsbehörden die Telefon-, E-Mail- und Internetkommunikation eines Verdächtigen mitlesen. Davon haben sie nicht viel, wenn die Kommunikation verschlüsselt ist, beispielsweise bei WhatsApp. Quellen-TKÜ setzt vor der Verschlüsselung an. Genehmigt der Richter eine solche Maßnahme, dann darf die Polizei eine Mitlese-Software auf dem Computer oder Smartphone eines Verdächtigen installieren und die Eingabe von Nachrichten in WhatsApp schon mitschneiden, bevor WhatsApp sie verschlüsselt.

Technisch ist das eigentlich das gleiche wie die Online-Durchsuchung: Trojaner-Software auf das Gerät bringen, Daten auslesen und an die Sicherheitsbehörden senden. Quellen-TKÜ darf nicht die ganze Festplatte oder das ganze Smartphone auslesen, nur die Kommunikation. Und bei der Online-Durchsuchung ist es umgekehrt: dort ist nur der Zugriff auf gespeicherte Materialien erlaubt, nicht das Mitschneiden laufender Kommunikation. Dass das getrennt behandelt wird, hat rechtshistorische Gründe, keine praktischen und technischen. Mit dem kurz vor Schluss eingeschobenen Gesetz wird nun die Anwendungsmöglichkeit beider Instrumente erheblich erweitert. Quellen-TKÜ darf bei Verdacht auf eine Vielzahl von Straftaten eingesetzt werden – neben schwersten Straftaten auch bei Verdacht auf Subventionsbetrug oder Urkundenfälschung. Etwas eingeschränkter ist die Online-Durchsuchung, die nur im Kontext von Mord und Totschlag, aber immerhin auch bei Bestechung, Geldwäsche oder Hehlerei zum Einsatz kommen darf. Jeweils im Einzelfall bedarf das aber einer richterlichen Genehmigung.

Zukünftig wird die Polizei also häufiger von diesen Instrumenten Gebrauch machen und zur Umgehung von Verschlüsselung mit Trojaner-Software arbeiten, die auf Computern und Smartphones im Verborgenen wirken. Mit der Ausweitung dieser Ermittlungsmethoden geht die Kryptodebatte allerdings in die nächste Runde: den Umgang mit Schwachstellen. Irgendwie müssen die Sicherheitsbehörden ihren Trojaner auf das zu überwachende Gerät bringen. Im Zweifel muss ZITiS dafür technische Methoden entwickeln. Für das Einbringen der Software und das Ausleiten der Daten muss ZITiS Schwachstellen in dem jeweiligen Gerät finden. Nur wenn in der Hardware oder Software des PC, Mac, Smartphone oder Tablet eine Schwachstelle enthalten ist, kann man eine Überwachungssoftware einspielen. Da geht es ZITiS nicht anders als den Hackern aus dem vorigen Kapitel: Schwachstellen sind das A und O. Nicht umsonst hat sich für das Einbringen solcher Software international der Name »Lawful Hacking« eingebürgert, also Hacken im staatlichen Auftrag und unter dem Schirm des Gesetzes.

Woher bekommt der Staat die Schwachstellen, die er braucht, um seine Trojaner-Software zu entwickeln? Und wie geht er mit den Schwachstellen um? Was tun, wenn eine Schwachstelle in Microsoft Windows gefunden wird, die sich wunderbar für eine Überwachungssoftware eignet, von Kriminellen aber genutzt werden könnte, um die Energieversorgung anzugreifen? Darf der Staat das Wissen um die Verletzlichkeit von IT-Systemen zurückhalten, mit möglicherweise dramatischen Auswirkungen – nur, weil er das Wissen selbst ausnutzen möchte? Der weltweite Cyberangriff »WannaCry« im Sommer 2017 basierte auf einer Schwachstelle, die der NSA lange bekannt und von ihr für eigene Operationen genutzt wurde – sie war dem amerikanischen Geheimdienst entwendet worden. Wenn selbst der NSA ihre Schwachstellen entfleuchen können: Wird ZITiS das besser machen? In den USA ist diese Diskussion schon ein ganzes Stück weiter vorangeschritten. Schon 2010 definierte die damaligen US-Regierung den sogenannten »Vulnerabilities Equities Process«, eine Verfahrensregelung zum Ausgleich der verschiedenen widersprechenden Interessen innerhalb der Regierung beim Umgang mit Schwachstellen[8]. Erst 2015 wurde dies öffentlich bekannt. Die nachfolgende Diskussion über einen angemessenen Umgang mit Schwachstellen führte schließlich zu einer Neufassung der Vorschrift im November 2017.[9]

In Deutschland hat die Diskussion über eine Formalisierung der Abwägung gerade erst begonnen. Derzeit findet eine Abwägung zwischen der Nützlichkeit von Schwachstellen für das Eindringen in die Computer Verdächtiger und der Kritikalität von Schwachstellen für die IT-Sicherheit schlicht nicht statt. Die beschriebenen gesetzlichen Befugnisse für das BKA zum Durchführen von Online-Durchsuchungen erlauben die Nutzung von Schwachstellen grundsätzlich ohne Einschränkungen. Gleichzeitig legt das Gesetz über das Bundesamt für Sicherheit in der Informationstechnik fest, dass das BSI Schwachstellen, die für kritische Infrastrukturen gefährlich werden können, an die jeweiligen Betreiber weitergeben muss – ohne jede Einschränkung. Damit sollen Kraftwerke, Krankenhäuser, Flughäfen und andere kritische Einrichtungen möglichst schnell vor Hackerangriffen geschützt werden. Dass eine solche Schwachstelle möglicherweise dadurch öffentlich bekannt und eine laufende Operation der Polizei im Hinblick auf Computer von Terrorverdächtigen zunichte gemacht wird, soll nach dem Gesetz für das BSI keine Rolle spielen. Umgekehrt ist auch das BKA nicht daran gehindert, eine Schwachstelle auszunutzen und auf ihr basierende Trojaner zu bauen, selbst wenn diese Schwachstelle vom Entdecker für Angriffe auf Krankenhäuser, Stellwerke oder die Wasserversorgung genutzt werden kann. Wie wir am Beispiel der NSA gesehen haben, wird ein Geheimhalten von Schwachstellen kaum zu 100 % gelingen können.

Die Diskussion um den Umgang mit Schwachstellen wird uns die nächsten Jahre begleiten. Denn politisch ist weitgehend unstrittig, dass ein Totalverzicht auf die Nutzung von Schwachstellen nicht in Frage kommt. Selbstverständlich müssen Sicherheitsbehörden in Fällen, in denen es um den Schutz von Leib und Leben geht, jede denkbare Möglichkeit nutzen. Schließlich bricht die Polizei vor der abgeschlossenen Wohnungstür eines Terrorverdächtigen die geplante Hausdurchsuchung auch nicht ab, weil sie eine Schwachstelle in dem Türschloss nicht nutzen will. »Lawful Hacking« gehört deshalb zum Repertoire der Polizeien weltweit. Aber die Kollateralschäden müssen sich auch in Grenzen halten lassen. Öffentlich bekannt macht die Polizei die Schwächen in Türschlössern eben auch nicht, um Einbrecher nicht zu unterstützen. Der Staat muss die Kontrolle behalten, die transparente, demokratisch legitimierte Steuerung seines mitunter gefährlichen Tuns.

20 Jahre Kryptodebatte haben keine abschließende Lösung gebracht. Das wird auch in den nächsten Jahren nicht erreicht werden. Die Debatte wird uns begleiten, weil sie eine Kernfrage der Digitalisierung beschreibt: Digitalisierung braucht Sicherheitsmaßnahmen. Sicherheitsmaßnahmen schützen auch Kriminelle. Staaten müssen auch im digitalen Raum wirksam bleiben können, mithin die Sicherheitsmaßnahmen Krimineller überwinden können. Damit gefährden sie aber die digitale Sicherheit insgesamt. Wie gestalten wir verantwortungsvolles und verhältnismäßiges Tun des Staates beim Überwinden von Sicherheitsmaßnahmen im Netz?

4.2 EIGENLEBEN DIGITALER PLATTFORMEN

Eine unfassbar schlimme Erfahrung machte Anfang 2016 ein Elternpaar aus Westfalen. Bekannte alarmierten sie, auf Facebook seien Bilder von einem wenige Minuten zuvor passierten Verkehrsunfall zu sehen. Die Fotos zeigten das Auto, mit dem die beiden Söhne des Paares unterwegs waren – vollkommen zerstört. Beide Söhne waren bei dem schrecklichen Unfall ums Leben gekommen. Nur Minuten nach dem Unfall hatten Gaffer die schrecklichen Fotos bei Facebook gepostet. Während die Rettungsarbeiten gerade erst begannen, erfuhren die Eltern auf brutale Art und Weise vom Tod ihrer Kinder.[10] Ähnlich ging es einer Mutter in Wales, die durch ein in das Profil ihrer Tochter gepostetes »R. I. P.« vom Unfalltod ihres Kindes erfuhr.[11] Schreckliche Nachrichten verbreiten sich auf Facebook ebenso schnell wie gute Nachrichten. Als ein kalifornischer Vater im Mai 2016 die Geburt seines Sohnes für die eigene Familie als Video live bei Facebook streamte, verwechselte er den Empfängerkreis und gab den Livestream für alle Facebook-Nutzer frei: 300 000 Menschen verfolgten die Videoübertragung der Geburt.[12]

Unser Alltagsleben, von der Geburt bis zum Tod, findet auch auf digitalen Plattformen statt. Nahezu alles was wir tun, erfährt eine mehr oder weniger starke digitale Begleitung. Plattformen wie Facebook, Google, Apple und Microsoft haben hierbei eine zentrale Rolle eingenommen. Sie alle bieten uns eine Art »digitalen Lebensraum« an, in dem und von dem aus wir unser digitales Leben führen können. Solche Plattformen verbinden Informationsbereitstellung, Suche, Handelsplatz, Kontaktvermittlung und Kommunikation. Aus Sicht der Nutzerinnen und Nutzer sind die Plattformen Kristallisationspunkte unseres digitalen Lebens. Gleichzeitig ist dieser digitale Lebensraum verwoben mit den digitalen Räumen anderer: Denn Social-Media-Profile setzt sich nicht nur zusammen aus dem, was wir bereitstellen, posten, tun, sondern füllen sich vor allem auch durch die Verknüpfung mit unseren »Freunden« und deren Aktivitäten im Netz. Vereinfacht kann man sagen: auf den Plattformen wird gelebt, auf den Plattformen wird gestorben. Sie durchdringen unser komplettes Alltagsleben, ergänzen und erweitern es. Digitale Plattformen haben technische Mechanismen geschaffen, mit denen bewährte Formen des Zusammenlebens auf die Probe gestellt werden (können). Niemand wäre mit dem Foto eines Verkehrsunfalls zu den Eltern der Todesopfer geeilt, um ihnen »live« das schreckliche Bild zu überbringen. Aber man hätte es vielleicht seinen eigenen Freunden gezeigt, schon um das verstörende Erlebnis zu verarbeiten.

Digitale Angebote haben immer die (oftmals zerstörerisch wirkende) Kraft, ganze Lebensbereiche umzuwerfen. Denken Sie nur an den Handel, das Bankwesen oder das Fernsehen.

Doch digitale Plattformen gehen darüber hinaus. Sie zeichnen sich durch eine besondere Eigenschaft aus: sie wirken normativ. Sie setzen Regeln des Zusammenlebens. Sie bestimmen, wie Menschen (digital) miteinander umgehen können. Neben althergebrachte gesellschaftliche Konventionen und staatliche Gesetze sind weitere Regeln getreten: die geschriebenen und ungeschriebenen Regelwerke digitaler Plattformen. Sie werden gesetzt und überwacht durch die Betreiber der Plattformen. Maßgeblich sind ihre Algorithmen und ihre Nutzungsbedingungen. Wir sind nicht einfach nur Nutzer digitaler Plattformen. Menschen »begegnen« sich auf den Plattformen und leben dort zusammen. Die Algorithmen der Plattformen erlauben dabei neue Formen des Zusammenlebens, die es zuvor nicht gab: Fotos und Videos von Ereignissen in Sekundenschnelle weiterverbreiten, zu einem unbekannten Gesicht auf einem Foto den Namen herausfinden, lang vergessen geglaubte Verfehlungen ausgraben, detaillierte Persönlichkeitsprofile erstellen oder auch ganze Märkte umzustrukturieren. Menschen haben auf digitalen Plattformen neue Möglichkeiten – gesellschaftlich wünschenswerte, aber auch gesellschaftlich fragwürdige.

Was auf digitalen Plattformen passiert, ist dabei stets ein Produkt aus zwei Faktoren: den Algorithmen und Regeln der Plattform sowie dem Verhalten der Nutzerinnen und Nutzer. Es ist nicht das Verhalten von Facebook, das zu der Erschütterung der Eltern im eingangs beschriebenen Beispiel des Verkehrsunfalls geführt hat. Es ist das Verhalten der Gaffer an der Unfallstelle. Anderseits haben nicht diese den Mechanismus geschaffen, der dafür sorgt, dass die schockierenden Unfallbilder weltweit verbreitet werden. Hierfür trägt Facebook die Verantwortung. Anfang 2017 wurde das Foto der Neptunstatue auf einem Brunnen in Bologna von Facebooks Algorithmen automatisch gelöscht.«Zu nackt« befanden die Systeme des Plattformanbieters und entfernten das Foto des 1563 geschaffenen Brunnens aus dem Facebook-Post einer Italienerin. Ein Aufschrei war die Folge.[13] Gleiches passierte, als Facebook ein historisches Foto eines im Vietnamkrieg vor den Napalm-Bomben flüchtenden nackten Mädchens löschte. Politiker verschiedener Länder warfen der Plattform Zensur vor.[14] Die gleichen Politiker kritisieren Facebook und andere Plattformen regelmäßig, wenn kinderpornografische Darstellungen nicht schnell genug gelöscht werden.

Plattformen schaffen Räume für menschliche Entfaltung und definieren hierfür gleichzeitig die Regeln. Damit fordern sie nicht nur den Staat heraus, sie treten gleichsam in Konkurrenz zu den Staaten der Welt, indem sie Recht setzen und durchsetzen – noch dazu global und ohne jegliche demokratische Kontrolle. Evgeny Morozov nennt die Plattformbetreiber daher »die neuen Feudalherren« und sieht uns auf dem Weg in ein neues Zeitalter des Feudalismus.[15] Das mag übertrieben erscheinen, zu konstatieren ist aber jedenfalls ein grundlegendes Problem im Verhältnis von Staaten und Plattformen, für das noch keine konsistente Lösung gefunden wurde. Es ist eine doppelte Dualität, die die Lösung so schwermacht. Dualität 1: Einerseits stellen Plattformanbieter nur Technologien und Algorithmen bereit, was damit gemacht wird, entscheiden die Nutzer. Andererseits erlaubt die globale Nutzung der bereitgestellten mächtigen Werkzeuge ganz neue Arten von Missbrauch und Verbrechen, gegen die einzelne Staaten ohne Hilfe der Plattform machtlos sind. Dualität 2: Einerseits verlangen wir von Plattformen, dass sie auch bei ganz neuen digitalen Angeboten nur Nutzerverhalten zulassen, das sich im Rahmen der bestehenden gesetzlichen Regeln hält. Andererseits kritisieren wir die Plattformbetreiber, wenn sie das Verhalten ihrer Nutzer überwachen und Inhalte oder Kommunikation unterdrücken.

Deutlich geworden sind diese unterschiedlichen Erwartungen in der Debatte über »Hate Speech« und »Fake News« im Internet. Ursächlich war die Beobachtung, dass hasserfüllte und verunglimpfende Aussagen, insbesondere im Rahmen politischer Auseinandersetzung, auf Social-Media-Plattformen ebenso als Instrumente eingesetzt wurden wie die gezielte Verbreitung von Falschnachrichten[16]. Im Zusammenhang mit der Flüchtlingskrise in Europa 2015/2016 und der US-Präsidentschaftswahl 2016 hatte die Verbreitung falscher oder hetzender und beleidigender Äußerungen erheblich zugenommen. Twitter und Facebook sind hierbei Hauptplattformen für die Verbreitung solcher Inhalte – nicht aber rechtlich verantwortlich, wegen einer Gesetzgebung aus den Anfangstagen des Internets.

Deutschland hatte sich erstmals 1997 mit der Frage beschäftigt, wann ein Anbieter digitaler Plattformen rechtlich die Verantwortung tragen soll, dass die von ihm digital gespeicherten oder übermittelten Informationen nicht rechtswidrig sind. Mit dem Teledienstegesetz von 1997 entwickelte der Gesetzgeber ein einfaches Prinzip, das im Grund bis heute Gültigkeit besitzt: Wer Informationen wissentlich bereitstellt und anbietet, wird vom Gesetz als Inhalteanbieter bezeichnet und ist für die Rechtmäßigkeit der Inhalte verantwortlich. Wer also Kinderpornografie oder Hassrede auf seine Website, in den redaktionell betreuten Blog oder das eigene Facebook-Posting aufnimmt, macht sich strafbar. Wer Informationen hingegen nur automatisch durchleitet, der soll nicht verantwortlich sein. Das gilt für die DSL-, Kabel- und Mobilfunkanbieter, seit Sommer 2017 auch für WLAN-Betreiber. Sie alle werden Zugangsanbieter genannt. Zwischen den Inhalteanbietern – voll verantwortlich – und den Zugangsanbietern – nicht verantwortlich – gibt es noch eine weitere, mittlere Gruppe: die Cloud- und Plattformanbieter. Sie speichern fremde Inhalte auf ihren Servern und stellen sie Dritten bereit. Darunter fallen auch Facebook, Twitter, YouTube, Instagram und andere. Sie leiten Informationen nicht nur durch. Was bei ihnen eingestellt wird, kann dauerhaft von vielen Menschen abgerufen werden. Die schiere Masse an Material macht es praktisch jedoch unmöglich, sie vor dem Einstellen durchzusehen. Schon 2015 wurden pro Minute vier Millionen Posts auf Facebook abgesetzt, 350 000 Tweets auf Twitter versandt und 300 Stunden Videomaterial neu auf YouTube hochgeladen[17]. Eine Vorabkontrolle der Texte, Videos und Fotos auf Gesetzesverstöße wird vom Gesetz daher nicht verlangt. Allerdings: wenn einem solchen Anbieter ein Hinweis auf die Rechtswidrigkeit der gespeicherten Informationen zugeht, muss er handeln, sich selbst ein Bild machen und ggf. sperren oder löschen. Wer als Social-Media-Plattform also einen Hinweis auf Bombenbauanleitungen, Kinderpornografie oder beleidigende Inhalte im Profil eines Benutzers erhält, der muss die Inhalte prüfen. Bestätigt sich bei der Prüfung die Rechtswidrigkeit, müssen die Inhalte gelöscht werden, weil der Betreiber ansonsten selbst in die juristische Verantwortung gerät.

Diese Form der Verantwortungsverteilung im Teledienstegesetz von 1997 behielt Bestand, als das Gesetz 2007 in das Telemediengesetz (TMG) überführt wurde. So gleichbleibend wie die Rechtslage war über 20 Jahre aber auch die Debatte über die Tauglichkeit oder Untauglichkeit dieses Prinzips. So wie Facebook mal die zu späte Löschung verbotener Nacktheit (Kinderpornografie), mal die übertriebene Löschung erlaubter Nacktheit (historische Skulpturen) vorgeworfen wurde, erging es auch den anderen Anbietern. YouTube wurde kritisiert für die zu späte Sperrung urheberrechtlich geschützter Musikvideos und die übertriebene Sperrung politischer Aktionsvideos. Besondere Komplexität erreicht die den Internet-Plattformen abverlangte Prüfung durch den globalen Charakter der Plattformen. Gerade im Bereich der Meinungsfreiheit und des Urheberrechts unterscheiden sich die Rechtslagen weltweit gravierend. Hakenkreuze und nationalsozialistische Parolen sind etwa bei uns strafbar, in Nordamerika legal. Viele Medieninhalte sind nur für einzelne Länder und Regionen lizensiert und dürfen in anderen Gegenden der Welt nicht bereitgestellt werden.

Hinter jedem dieser Gebote und Verbote steckt zudem die Notwendigkeit einer sorgfältigen Einzelfallprüfung auf Basis des jeweiligen nationalen Rechts. Ist ein Video mit dem »Hitlergruß« strafbar oder als Teil einer Theateraufführung von der Kunstfreiheit gedeckt? Ist der Auszug aus einem Spielfilm ein Urheberrechtsverstoß oder ein Filmzitat? Solche Fragen, die gemeinhin erst als Ergebnis eines Rechtsstreits abschließend geklärt werden können, werden mittlerweile den Plattformanbietern abverlangt. Die Plattformen versuchen damit umzugehen, indem sie immer feiner ziselierte eigene Kriterien in ihre Nutzungsbedingungen aufnehmen, gelegentlich auch schon im Vorgriff auf staatliche Verbote. Bombenbastelanleitungen wurden von YouTube schon lange entfernt. Nach einem Attentat in Las Vegas erstreckte das Unternehmen seine Sperre auch auf Anleitungen zum Umbau von Waffen, mit denen deren Gefährlichkeit erhöht werden kann. Der Attentäter von Las Vegas hatte umgebaute automatische Feuerwaffen verwendet.[18]

Zurück zur Hate-Speech-Debatte von 2016: Der damalige Bundesjustizminister Heiko Maas hatte beschlossen, die Probe aufs Exempel zu machen und den viel diskutierten Umgang der Internet-Plattformen mit rechtswidrigen Inhalten praktisch zu testen: Mitarbeiter der Bund-Länder-Initiative »jugendschutz.net« meldeten im Sommer 2016 insgesamt 622 (aus ihrer Sicht) rechtswidrige Inhalte an Facebook, YouTube und Twitter. Facebook löschte immerhin 46 % der gemeldeten Inhalte, YouTube nur 10 %, Twitter nur 1 %. Erst als die Mitarbeiter von jugendschutz.net ihre Meldungen nicht mehr als Privatleute, sondern im Namen der staatlichen Organisation absetzten, schnellten die Löschungen nach oben: 84 %, 96 % und 26 % der Inhalte wurden von den drei Unternehmen gelöscht. Die kleine Tarnkappen-Aktion von jugendschutz.net bestärkte den Justizminister, die Umsetzung der Verpflichtungen des Telemediengesetzes durch die Plattformanbieter als unzureichend anzusehen.[19]

Folge war die Erarbeitung des sogenannten »Netzwerkdurchsetzungsgesetzes«. Wer daran denkt, mit diesem Gesetz solle die dringend überfällige Durchsetzung des Internets in Deutschland (Breitband im ländlichen Raum?) gefördert werden, irrt gewaltig. Ziel des im Frühjahr 2017 vorgestellten Gesetzentwurfs war es, die Löschung von Inhalten im Netz, also die Durchsetzung der Verpflichtungen des Telemediengesetzes durch die Anbieter sozialer Netzwerke zu befördern. Zum 1. Januar 2018 wurde das vom Bundestag etwas modifizierte Entwurf schließlich wirksam. Kerngedanke des Gesetzes ist es, die Plattformbetreiber durch Verfahrensvorschriften und Bußgelder dazu zu zwingen, rechtswidrige Inhalte schneller zu löschen. »Offensichtlich« rechtswidrige Inhalte sollen binnen 24 Stunden gelöscht sein, alle anderen binnen einer Woche. Als rechtswidrig werden diejenigen Texte, Videos, Fotos etc. angesehen, die einen Straftatbestand erfüllen, der im Gesetz ausdrücklich genannt wird. Dazu gehören alle Formen von Gewaltverherrlichung, NS-Propaganda, Aufruf zu und

Billigung von Straftaten, Verbreitung von Kinderpornografie, Beleidigungen und Verleumdungen aber auch die heimliche Verbreitung von höchstpersönlichen Bildaufnahmen. Mit diesem Katalog sollen die gängigen rechtswidrigen Materialien in sozialen Netzwerken abgedeckt werden. Vertreter der Plattformbetreiber wehrten sich vehement gegen den Gesetzentwurf, konnten seine Verabschiedung aber nicht verhindern. Google, Facebook und andere argumentierten – durchaus auf einer Linie mit Bürgerrechtsorganisationen und Journalistenverbänden –, die Verpflichtung zur schnellen Löschung führe zu einer übermäßigen Löschung von Materialien. Um die vom Gesetz gesetzten kurzen Fristen einzuhalten, müsse das Unternehmen im Zweifel löschen. Ein Vertreter von Google nannte als Beispiel das Video mit dem Schmähgedicht, das der deutsche Satiriker Jan Böhmermann über den türkischen Ministerpräsidenten Erdogan veröffentlicht hatte. Google hatte das Gedicht auf YouTube nicht gesperrt, obwohl Erdogan den Satiriker wegen Beleidigung angezeigt hatte. Heute, nach Inkrafttreten des Netzwerkdurchsetzungsgesetzes, würde man anders entscheiden, um kein Bußgeld zu bekommen.[20]

Wenn eine Internetplattform bei jeder Beschwerde über irgendeinen Inhalt »im Zweifel pro Löschung« vorgeht, dann legitimiert das die Rolle der Plattformen als Zensor ihrer Nutzer. Nicht staatliche Stellen oder unabhängige Gerichte entscheiden, was rechtswidrig ist, sondern die Löschabteilungen der Internetkonzerne. Die Plattformen können ihre Benutzungsbedingungen so ausgestalten, dass Nutzer keine Beschwerdemöglichkeit haben, wenn ihre Inhalte gelöscht wurden. Staatliche Bußgelder sind ohnehin nur für unterlassenes Löschen vorgesehen, nicht für fälschliches Löschen. Das Netzwerkdurchsetzungsgesetz soll eigentlich die Geltung staatlich gesetzter Regeln auch auf digitalen Plattformen durchsetzen.

Die Wirkung ist eine andere: Plattformen werden verpflichtet, eine Art Gerichtsbarkeit einzuführen, die die widerstrebenden Interessen ihrer Nutzer abwägt. Damit setzt der Staat nicht sein eigenes, demokratisch legitimierte Recht auf den Plattformen durch, vielmehr akzeptiert er die normative Kraft der Plattformen. Er schiebt den Feudalherren der Technologiekonzerne, wie Morozov sie genannt hat, im Grunde noch mehr Verantwortung und Macht zu. Der Staat betreibt seine Entmachtung selbst.

Das Gesetz ist kein Einzelfall. Die Selbstentmachtung des Staates zu Gunsten der digitalen Plattformen hatte schon drei Jahre zuvor begonnen, mit einer Entscheidung des Europäischen Gerichtshofs. Zugrunde lag der Fall von Mario Castejo González, einem Spanier, dessen Wohnung 1998 im Zusammenhang mit Scheidungsstreitigkeiten gepfändet worden war. Die spanische Zeitung La Vanguardia hatte diese Information der staatlichen spanischen Sozialversicherung im Januar 1998 rechtmäßig veröffentlicht. Auf den Internetseiten der Zeitung war sie ebenso zu finden wie mit Hilfe der Google-Suche. Mehr als zehn Jahre nach der Pfändung und der Klärung der damit verbundenen Streitigkeiten war es Castejo González leid, dass Google-Suchen mit seinem Namen noch immer zur damaligen Pfändung führten. Er klagte gegen die Zeitung und gegen Google. 2014 befasste sich der Europäische Gerichtshof mit dem Fall – und traf ein erstaunliches Urteil. Google hatte eine Löschung unter Verweis auf die rechtlich zulässige Veröffentlichung durch die Zeitung, auf die Meinungsfreiheit und auf die Informationsfreiheit der Öffentlichkeit abgelehnt. Castejo González hatte die Löschung unter Verweis auf sein Persönlichkeitsrecht verlangt. Der EuGH schlug sich auf die Seite Castejo González'. Selbst wenn, wie im vorliegenden Fall, die Informationen weiterhin rechtmäßig auf der Website der

Zeitung veröffentlicht sind, müsse Google sie löschen. Doch nicht das Ergebnis im konkreten Fall ist so bedeutsam, sondern die grundsätzliche Sicht auf die Verpflichtungen Googles, die der Gerichtshof in seinem Urteil annahm. Google sei nämlich mehr als nur ein Vermittler anderswo vorhandener Informationen. Vielmehr sei die Plattform ein eigenständiger Akteur, der Informationen aufspüre, bündele, aufbereite und anbiete. Daraus ergebe sich eine Verpflichtung, hierbei auch die verschiedenen Interessen derjenigen in den Blick zu nehmen, die von den Informationen betroffen sind. Wenn sich jemand – wie Mario Castejo González – über Inhalte beschwere, dann müsse Google ein Verfahren vorsehen, in dem die verschiedenen widerstrebenden Interessen geprüft und abgewogen werden.

Die Entscheidung des EuGH ist unter der Überschrift »Recht auf Vergessenwerden« bekannt geworden.[21] Man könnte sie auch mit »Pflicht zur Plattformgerichtsbarkeit« betiteln. Google hat auf die Entscheidung reagiert. Seit 2014 sieht man häufig den Text »*Einige Ergebnisse wurden möglicherweise aufgrund der Bestimmungen des europäischen Datenschutzrechts entfernt.*« unter den Ergebnissen einer Google-Suche. Das Unternehmen hat ein Verfahren etabliert, mit dem jeder beantragen kann, ihn betreffende Suchergebnisse zu löschen. Google versucht anschließend, die Berechtigung des Löschbegehrens unter Berücksichtigung entgegenstehender Interessen aufzuklären und zu entscheiden. Wird das Begehren abgelehnt, kann man sich an seine zuständige Datenschutzbehörde wenden, die den Fall untersucht. Wie bei den Bußgeldverfahren nach dem Netzwerkdurchsetzungsgesetz ist auch hier die staatliche Überprüfung nur für die eine Fallkonstellation vorgesehen: wenn Google Suchergebnisse trotz Aufforderung nicht löscht. Wird im Zweifel erst einmal gelöscht, bekommt niemand mit, das Google unerwünschte Informationen aus dem Internet getilgt hat.

Schon kurz nach der Entscheidung hat Johannes Masing, Richter am Bundesverfassungsgericht, die Machtabgabe des Staates an die Plattformen kritisch gesehen und – ungewöhnlich für einen Verfassungsrichter – öffentlich kommentiert: »*Durch die Entscheidung des EuGH werden Suchmaschinenbetreiber als für Löschungsanträge Verantwortliche zu einer privaten Schiedsinstanz mit weitreichenden Entscheidungsbefugnissen über die Kommunikation im Netz erhoben. Das Urteil droht damit die bereits erhebliche Macht der Suchmaschinenbetreiber zu verfestigen.*«[22] Ähnliches ließe sich ohne Zweifel über das Netzwerkdurchsetzungsgesetz sagen.

Unser ausferndes digitales Leben mit den großen Plattformen als digitaler Lebensraum gehorcht zunehmend den Spielregeln der internationalen Plattformen. Die Beispiele zeigen, dass Regierungen und Justiz dies zwar erkennen, letztlich aber kapitulieren und sich auf Verfahren einlassen, die den Internetkonzernen die Verantwortung für immer mehr Lebensbereiche übertragen. Wie geht das weiter? Werden Plattformkonzerne zukünftig eine Schiedsstelle für Unfälle selbstfahrender Autos einrichten? Entscheiden Internetplattformen demnächst, bei welcher Schwere von Krankheit Gesundheitsdaten Dritter den behandelnden Ärzten – als Vergleichsgruppe – herausgegeben werden? Prüfen interne Ermittlungsdienste von Smart-Home-Plattformen künftig, welche Haushaltsgeräte im Falle eines Systemausfalls Schuld daran tragen? Führt die Plattformisierung unseres digitalen Lebens zu einer Verabschiedung des Staates aus der Verantwortung für einen gerechten Interessenausgleich – wenn der Fall innerhalb einer Internetplattform spielt?

Noch sind wir nicht soweit und die klaren Worte von Johannes Masing zeigen auch, dass die Diskussion darüber mittlerweile geführt wird. Zuletzt war es der Bundesgerichtshof, der sich hier positioniert hat. Mit einer Entscheidung im November 2017 hat der BGH ein scheinbar verbraucherfeindliches Urteil getroffen. Der sogenannte »Käuferschutz« der Internet-Bezahlplattform Paypal wurde vom BGH deutlich eingeschränkt. Paypal möchte die Kunden im Internet davor schützen, Zahlungen zu leisten, dafür aber keine oder beschädigte Ware zu erhalten. Der »Käuferschutz« von Paypal – in Deutschland immerhin von 19 Millionen Kunden genutzt – stellte sicher, dass man als Käufer das bereits angewiesene Geld zurückverlangen konnte, wenn die Ware nicht oder mangelhaft ankam. Paypal sah für diesen Fall ein vereinfachtes Prüfverfahren vor und überwies das Geld zurück, wenn seiner Meinung nach der Käufer mit seiner Beschwerde im Recht sei. Der BGH beanstandete das Verfahren an sich nicht, er stärkte allerdings die Rechte des Verkäufers an einer gerichtlichen Klärung für den Fall unterschiedlicher Auffassungen. Ein Durchlaufen des »Paypal-Käuferschutz«-Verfahrens und das Rücküberweisen des Geldes an den Käufer schließe es nicht aus, dass der Verkäufer hinterher vor Gericht ziehe und das Geld doch noch vom Käufer verlange. Die Paypal-Prüfung ersetze nicht eine gerichtliche Prüfung.

In Kürze wird der Bundesgerichtshof wieder die Möglichkeit haben, sich mit der normativen Kraft digitaler Plattformen und ihrer Reichweite auseinanderzusetzen. Anlass ist eine Klage einer Berliner Mutter. Ihre 15-jährige Tochter war 2012 in Berlin von einer U-Bahn überrollt und tödlich verletzt worden. Keine Fremdeinwirkung, stellte die Polizei fest. Doch die Mutter hatte keinerlei Anhaltspunkte für einen Suizid ihrer Tochter. Wie war es dazu gekommen? Warum hatte sie sich für den Tod entschieden? War sie getrieben? Wurde sie gemobbt? Die Mutter beantragte bei Facebook den Zugriff auf das Facebook-Profil ihrer verstorbenen Tochter. Der Konzern weigerte sich. Der Mutter ließ die Frage nach dem Warum keine Ruhe und klagte gegen Facebook. In erster Instanz gab ihr das Landgericht recht, in der Berufung scheiterte sie jedoch vor dem Berliner Kammergericht. Nun muss der BGH entscheiden.[23]

Das alles klingt auf den ersten Blick völlig ungeheuerlich. Natürlich konnte die Mutter nach dem Tod in das Zimmer ihrer Tochter gehen, ihr Tagebuch lesen und die empfangenen Briefe durchsehen. Warum soll das nicht auch mit dem Facebook-Profil möglich sein? Weil unser Recht auf ein »Leben« auf digitalen Plattformen nicht eingerichtet ist. Vererbt werden nur körperliche Gegenstände, keine virtuellen Güter, also keine Chatverläufe, Posts, Fotos oder Videos im Netz. Zudem steht, so das Kammergericht, einem Zugriff auf diese Inhalte auch das Telekommunikationsgeheimnis Dritter entgegen. Denn natürlich besteht das Profil der verstorbenen Tochter vor allem auch aus Informationen Dritter, die Nachrichten oder Bilder gesandt, Inhalte gelikt oder kommentiert haben. Von diesen liege keine Einwilligung vor, also könne die Mutter nicht darauf zugreifen. Was der Vorsitzende Richter am Kammergericht bei der Urteilsverkündung mit echtem Bedauern mitteilte, ist vor dem Hintergrund der klaren Rechtslage nicht zu beanstanden. Möglicherweise wird auch der Bundesgerichtshof daran nichts ändern können. Aber ist es auch richtig vor dem Hintergrund unseres Lebens in digitalen Lebenswelten? Wem soll das Recht an dem Profil eines Verstorbenen zustehen? Soll tatsächlich die Internetplattform, im konkreten Fall Facebook, der einzige sein, der nach dem Tod das ganze, das umfassende Bild eines Verstorbenen hat?

4.3 DIGITALE INFRASTRUKTUREN IN PRIVATER HAND

Die Gebrüder Grimm, Goethe und Schiller – stolz warb Google 2007 mit deutschem Kulturgut. Durch eine neu vereinbarte Kooperation mit der Bayerischen Staatsbibliothek würden ab sofort wichtige Buchbestände der deutschen Literatur von Google digitalisiert und im Internet bereitgestellt werden. Es war die erste Kooperation des Projektes »Google Books« mit einer deutschen Bibliothek. Ziel der Zusammenarbeit war es, eine Million Bände der Bibliothek zu digitalisieren und online bereitzustellen.[24] Heute, zehn Jahre später, sind es sogar 1,9 Millionen Bände der Bayerischen Staatsbibliothek geworden, die mit Googles finanzieller Unterstützung eingescannt wurden. 5000 Bücher wurden pro Woche von Hand eingescannt. Insgesamt 700 Terabytes umfasst der ganze Digitalbestand der Bayerischen Bibliothek, der im Übrigen auf Servern des staatlichen Leibniz-Rechenzentrums in München gespeichert wird – und natürlich bei Google.[25]

Google hatte sein Projekt 2004 mit den Bibliotheken der US-Hochschulen Harvard, Stanford und Michigan, der New York Public Library und der Bibliothek der Universität Oxford begonnen. Mittlerweile sind ein paar Dutzend Bibliotheken dabei, in Europa zum Beispiel auch die Österreichische Nationalbibliothek. Heute kann Google Books 25 Millionen Bände vorweisen, mehr als doppelt so viele wie die größte wissenschaftliche Universalbibliothek Deutschlands, die Berliner Staatsbibliothek, in Papierform in ihrem Bestand hat.[26] Das Google-Projekt war und ist umstritten, vor allem wegen des Umgangs mit dem Urheberrecht. Vollständig bereitgestellt werden bei Google nur urheberrechtsfreie Werke. Nach deutschem Recht sind das Bücher, deren Autorin oder Autor schon

70 Jahre tot ist. Die Haus- und Kindermärchen der Gebrüder Grimm von 1859, eingescannt in der Bayerischen Staatsbibliothek, findet man nun also als vollständige Ausgabe auf Google Books – kostenlos. Eingeschränkt ist das Angebot bei urheberrechtlich geschützten Werken. Im Ergebnis eines zehnjährigen Rechtsstreits in den USA zwischen Verlagen und Google setzte sich Google zwar einerseits durch und kann auch urheberrechtliche geschützte Werke der Bibliotheken einscannen und mit Google Books durchsuchbar machen. Andererseits kann das Buch nicht im Volltext angezeigt werden. Google stellt nur Titelblatt und Inhaltsverzeichnis sowie einige wenige Seiten rund um die Fundstelle zur Verfügung.[27]

Für die Bibliotheken ist die Kooperation mit Google Books ein Gewinn. Ihnen wird die millionenschwere Investition in die Digitalisierung abgenommen und sie erhalten das Ergebnis zur eigenen digitalen Nutzung zurück. Auch für Google ist die Kooperation attraktiv. Nicht nur hat sich mit Google Books ein neuer Dienst aufgetan, der die Attraktivität Googles steigert. Die gigantischen zusätzlichen Datenbestände helfen auch in vielfältiger Weise, die Qualität der Google-Dienste insgesamt zu erhöhen. Denn je mehr Texte und Dokumente in den Datenbanken sind, desto besser können die Google-Algorithmen Fragen beantworten, Zusammenhänge herstellen oder Texte übersetzen. Google Books klingt also wie ein Win-Win-Win-Projekt für Google, Bibliotheken und Nutzer. Doch die Kooperation hat mindestens zwei Haken. Zum einen werden bei der Nutzung von Google Books alle Daten bei Google registriert: welches Buch wurde gesucht, welche Seite davon gelesen? Mit Hilfe von Cookies auf der Festplatte oder mit Hilfe des ziemlich eindeutigen »Fingerprints« aus verwendeter Browser-Software, verwendetem Betriebssystem, verwendetem Gerät und IP-Adresse kann Google das unschwer einer

Person zuordnen – selbst wenn man nicht bei Google eingeloggt ist. Bücher-Lesen ist nicht mehr anonym, wie es in Bibliotheken war und ist.

Der zweite Haken: Die Digitalisierung der Bücher erfolgt nach den Regeln von Google, sie folgt den Google-Geschäftsmodellen – heute und morgen. Google Books ist keine weltweite öffentliche Bibliothek. Google Books ist ein Produkt eines Unternehmens, das sich direkt oder indirekt rechnen muss. Das merkt man schon an der Art der Aufbereitung der gescannten Werke. Google erfasst im Wesentlichen nur formale Daten der Werke, Autor, Titel, Verlag, Jahr. Eine inhaltliche Erschließung der Werke ist nur über die Volltextsuche möglich. Eine bibliothekarische Erfassung mit Sachgruppen und Schlagwörtern wie in Bibliothekskatalogen erfolgt nicht. Es gibt auch keinen Bestandskatalog von Google Books. Welche Bücher aus welchen Quellen in welchem Umfang zur Verfügung stehen, bleibt im Dunkeln. Das gilt auch für die Erweiterungsstrategie: welches Wissen der Welt ist heute, welches soll morgen digital verfügbar sein? Bis wann sollen welche Bestände zusätzlich erschlossen werden?

All diese Fragen muss Google nicht beantworten. Denn das sind Fragen, die so etwas wie einen »Versorgungsauftrag« betreffen. Den hat Google nicht. Google Books ist eine Privatinitiative, von der wir dankbar sein können, dass es sie gibt. Nur: bräuchten wir bei der Digitalisierung des Wissens der Welt nicht eine öffentliche Initiative, ein Projekt mit Versorgungsauftrag? Eine staatlich verantwortete transparente Digitalisierung all der Werke, die in unseren nahezu 100 % öffentlichen Bibliotheken schlummern? Ein Zugriff auf das digitale Wissen der Welt, ohne eine Datenspur zu hinterlassen?

Es gibt eine Institution, die diesen Auftrag hat: die Deutsche Digitale Bibliothek (DDB). Weitgehend unbemerkt von der Öffentlichkeit ist dieses 2009 gestartete Projekt seit 2012 mit seinem Angebot im Internet vertreten. Die Deutsche Digitale Bibliothek ist ein Zusammenschluss deutscher Kultureinrichtungen unter Koordination durch die Stiftung Preußischer Kulturbesitz. Ziel ist es, das kulturelle und wissenschaftliche Erbe Deutschlands in digitaler Form bereitzustellen. Die DDB betreibt dazu ein Portal mit Suchmaschine, über das man heute 23 Millionen Objekte recherchieren kann, darunter auch um die sechs Millionen Bücher aus Bibliotheken. Auch die Bayerische Staatsbibliothek ist mit über eine Million Büchern dabei. Neben Büchern stellt die DDB auch Bilder, Videos und andere Materialien aus Museen, Archiven, Mediatheken, der Denkmalpflege oder Forschungseinrichtungen bereit. Immerhin 4 300 Institutionen in Deutschland beteiligen sich an der DDB und erschließen ihre digitalisierten Bestände über das Portal der Digitalen Bibliothek.[28] Insofern ist die DDB so etwas wie die staatliche Konkurrenz zu Google Books.

Allerdings: Die Deutsche Digitale Bibliothek hat keinen Versorgungsauftrag. Sie hat die Aufgabe, den Zugriff auf die digitalisierten Werke deutscher Kultur- und Wissenschaftseinrichtungen zu ermöglichen. Die Digitalisierung der Bestände selbst ist nicht ihr Job. Heute ist die DDB nur ein kleines Pflänzchen im staatlich finanzierten Kultur- und Wissenschaftsbetrieb. Die Beauftragte der Bundesregierung für Kultur und Medien, oberste Kulturförderin des Bundes, gibt aus ihrem 1,5 Milliarden Euro schweren Jahresetat 2018 gerade mal 1,3 Millionen Euro an die Deutsche Digitale Bibliothek. Zum Vergleich, Museen erhalten ein Vielfaches: das Haus der Geschichte in Bonn beispielsweise 26 Millionen pro Jahr, das Deutsche Historische Museum sogar unfassbare 53 Millionen Euro pro Jahr. Jeder der 800 000 jährlichen Besucher des Hauses wird zusätzlich zum Eintrittspreis mit 66 Euro subventioniert.[29] Die Digitalisierung unseres gesamten Kultur- und Wissenschaftsgutes hat hingegen politisch noch keine hohe Priorität. Sie bleibt vielmehr den einzelnen Einrichtungen überlassen, die alle mehr oder weniger stark in Digitalisierung investieren. Die Staatsbibliothek in Berlin hat von ihren zehn Millionen Büchern erst 400 000 digitalisiert. Die größte deutsche Bibliothek, die Deutsche Nationalbibliothek in Leipzig und Frankfurt/Main, plant in ihren »Strategischen Prioritäten 2017–2020« gar nur die Digitalisierung von 50 000 beschädigten oder gefährdeten Druckwerken[30] – obwohl gerade diese Bibliothek eigentlich einen gesetzlich festgelegten umfassenden Sammlungsauftrag hat. Warum nicht für die Digitalisierung? Ein trauriger Flickenteppich.

Ein Versorgungsauftrag ist bei all dem nicht zu erkennen. Google hat eine klare Strategie: alle Bücher der Welt digital durchsuchbar zu machen. Deutschland hat keine Strategie für die Digitalisierung des Kulturgutes. Immerhin gibt es mit der Deutschen Digitalen Bibliothek ein Dach für das, was an Digitalisierungsbemühungen dezentral erfolgt. Doch sinnvoll wäre es, unter diesem Dach auch eine gemeinsame Strategie zu entwickeln, die festlegt, mit welchen Zielen, in welchem zeitlichen Rahmen und mit welchen Gesamtkosten die Digitalisierung des deutschen Kultur- und Wissenschaftsguts erfolgt. Bibliotheken, Archive, Museen und Forschungseinrichtungen sind Teil einer öffentlich verantworteten Infrastruktur »Kultur und Wissenschaft«. Deutschland ist darauf zu Recht sehr stolz. Mit der Digitalisierung unseres Lebens ändern sich hier wie bei allen anderen öffentlich verantworteten Infrastrukturen die Anforderungen an eine angemessene Versorgung. Es ist Aufgabe des Staates, den entsprechenden Auftrag zu definieren und die Infrastruktur weiterzuentwickeln. Infrastrukturentwicklung ist etwas Anderes als das finanzielle

Förderung von Einzelprojekten. Langfristige Bedarfs- und Finanzplanung, Standardsetzung, rechtlicher Rahmen und einheitliche Steuerung sind Merkmale von Infrastrukturplanung. Bei der Digitalisierung von Infrastrukturen spielen insbesondere Standards eine ganz entscheidende Rolle. In den Datenbanken von Google Books liegen alle 25 Millionen Bücher im gleichen Format vor. Die digitale Auswertbarkeit wird dadurch maximal gefördert und erleichtert. Mit der Deutschen Digitalen Bibliothek gibt es immerhin ein einheitliches Metadatenformat. Das bedeutet, dass die Beschreibungen der digitalisierten Bestände in einheitlicher Form erfolgen, damit die an die DDB gelieferten Daten gemeinsam durchsuchbar sind. Jenseits der Metadaten obliegt es den einzelnen Digitalisierungsprojekten der Einrichtungen, die Standards und Bedingungen der Digitalisierung festzulegen.

Die Digitalisierung von Büchern, Archiv- und Museumsbeständen ist nur ein Beispiel. Die Digitalisierung von Forschungsdaten der Hochschulen und Forschungseinrichtungen ist ein anderes. Da wie dort fehlt eine übergreifende Infrastrukturplanung. Da wie dort sind private Akteure wie Google entschiedener in der Digitalisierung und weitreichender in ihren Plänen. Da wie dort besteht die Gefahr, dass wir die öffentliche Steuerung wichtiger Kultur- und Wissenschaftsgüter nur noch eingeschränkt wahrnehmen können.

Wer 2016 in Deutschland unterwegs war, konnte die Werbung nicht übersehen: »Das neue Geld ist da«, stand an den Bauzäunen und Plakatwänden, manchmal auch »Paypal ist das neue Geld« oder auch (vermutlich nur außerhalb des Rheinlandes) »Bargeld ist wie Fasching: Überflüssig«. Urheber der Anzeigen war der US-Bezahldienst Paypal. Nach eigenen Angaben hatte Paypal Ende 2016 fast 200 Millionen Nutzer und wickelte

Zahlungen in 100 verschiedenen Währungen ab. Nach der Abspaltung von eBay im Jahre 2015 ist Paypal ein eigenständiges börsennotiertes Unternehmen. Mit seinem komfortablen Zahlungsverfahren im Internet hat sich Paypal im Grunde zwischen die Händler, die Banken und die Kunden geschoben. Mittlerweile hat Paypal in Deutschland bereits 19 Millionen Kunden,[31] etwa soviel wie beispielsweise die Deutsche Bank. Was noch wichtiger ist: In Deutschland kann man nach Angaben von Paypal in einer fünfstelligen Zahl von Shops bezahlen. Das macht den Bezahldienst besonders attraktiv. Wer immer PayPal auf Computer, Tablet oder Smartphone eingerichtet hat, kann auf Knopfdruck Einkäufe, Kinokarten, Abos oder andere Online-Geschäfte begleichen. PayPal übernimmt den Geldeinzug vom Bankkonto und überweist das Geld an den Shop. Mit dem »PayPal-Käuferschutz« wird in gewissem Rahmen sogar abgesichert, dass man sein Geld nicht verliert, falls die Gegenleistung nicht erbracht wird.

PayPal ist ein gutes Beispiel für die Wirkungsweise von Plattformen im Internet: mit einem einfachen Dienst, verfügbar auf jedem Gerät und mit Hilfe des Netzwerkeffekts – je mehr Kunden, je mehr Anbieter, je mehr Transaktionen – hat PayPal den Zahlungsverkehrsmarkt gehörig durcheinandergebracht. Denn zuvor war Zahlungsverkehr für Privatkunden eine Domäne der Banken und Kreditkartenunternehmen. Doch diese haben es nicht geschafft, der PayPal-Plattform rechtzeitig etwas entgegen zu setzen. Im Herbst 2017 lag die Anzahl der Zahlungen über PayPal weltweit schon bei 1,9 Milliarden pro Quartal, Tendenz steigend. Das sind 244 PayPal-Zahlungen pro Sekunde.[32] Stunde für Stunde, Tag für Tag, Monat für Monat. Jede einzelne Transaktion läuft mit Informationen über Kunde, Shop, Verwendungszweck und Betrag über die Server von PayPal. So ist schon heute eine der größten

Datenbanken weltweit über Zahlungsvorgänge in den Händen dieses Unternehmens, mit all den Möglichkeiten der Auswertung und Verknüpfung von Daten und der Analyse und Voraussage von künftigem Zahlungsverhalten. Ein Festmahl für Machine-Learning-Algorithmen ...

»PayPal ist das neue Geld« ist also mehr als ein Werbeslogan. Es ist ein Stück weit eine Beschreibung der Realität des Zahlungsverkehrs im Internet. Anbieter wie sofortüberweisung.de oder giropay.de konnten den PayPal-Siegeszug nicht aufhalten. Selbst der Staat beugt sich der Dominanz der US-Plattform: »Ein Schritt in die digitale Zukunft« feierte 2014 die Bürgermeisterin von Kaiserslautern, Dr. Wimmer-Leonhardt, die Kooperation zwischen der Stadtverwaltung und PayPal. Seitdem können Knöllchen in Kaiserslautern vom Smartphone aus über PayPal bezahlt werden.[33] Kaiserslautern steht mit diesem Angebot nicht allein. PayPal hat sich nun auch zwischen Bürgerinnen und Bürger und staatliche Stellen geschoben. Wenn ich mein Knöllchen in Kaiserslautern per Smartphone bezahle, läuft die Transaktion und Datenspur über die Server des kalifornischen Unternehmens. PayPal ist das neue Geld.

Während PayPal seinen Zahlungsdienst schon seit 2004 auch in Deutschland anbietet, ließ eine starke deutsche Alternative lange auf sich warten. Erst 2015 ging mit »paydirekt« eine Alternative zu PayPal online. Getragen von den großen deutschen Banken und den Sparkassen versucht paydirekt, Paypal Kunden abspenstig zu machen – bislang ohne großen Erfolg. Im Sommer waren eine Million Nutzer bei paydirekt registriert, 1 200 Shops bieten eine Online-Bezahlung über paydirekt an, beides nur ein Bruchteil der PayPal-Zahlen.[34] Zu lange hatten sich die Banken und vor allem die Sparkassen Zeit gelassen, das System aufzubauen, zu wenig große Händler sind bereits, das neue Verfahren als Bezahldienst anzubieten. Es ist höchst zweifelhaft, ob es gelingt, die deutsche Alternative zu PayPal dauerhaft und erfolgreich zu etablieren.

Google Books ist die neue Bibliothek, PayPal ist das neue Geld. Auch im Falle der Bezahlung im Internet sind neue Plattformanbieter entstanden, die dem öffentlichen Versorgungsauftrag im digitalen Raum Konkurrenz machen. Bargeldversorgung ist ein Auftrag des Staates. Die Bundesbank sorgt dafür, dass genug Geld zur Verfügung steht, die Banken beliefert werden, die Händler es loswerden. Ein staatlicher Versorgungsauftrag ist Rückgrat eines im Übrigen weitgehend privaten Marktes. Anders bei der Bezahlung im Internet: Der Netzwerkeffekt sorgt für »The winner takes it all«, für den Siegeszug von PayPal. Ein privater Anbieter übernimmt maßgeblich einen zuvor öffentlichen Infrastrukturauftrag. Beim Geld könnte das im Übrigen auch ein Zwischenschritt sein. Mit der wachsenden Verbreitung von Bitcoin wird Zahlungsverkehr noch stärker außerhalb staatlicher Verantwortung organisiert.

Anders als bei PayPal ist bei der Zahlung mit Bitcoins (oder anderen virtuellen Währungen) kein Vermittler nötig, keine Plattform, keine Bank. Bitcoins sind digitale Codes und können unmittelbar vom Absender zum Empfänger transferiert werden. Ein ausgefeilter Sicherheitsmechanismus sorgt dafür, dass Bitcoins nicht kopiert oder mehrfach ausgegeben werden können: jede Transaktion, jede Zahlung mit Bitcoins wird in ein »digitales Hauptbuch« geschrieben, das nicht an einer Stelle, sondern auf allen am Bitcoin-Netzwerk beteiligten Computern weltweit geführt wird. Dieses Hauptbuch, auch Blockchain genannt, kann nachträglich nicht mehr verändert werden; dafür sorgt die Vielzahl der beteiligten Computer. Man kann sich auch noch Jahre später darauf verlassen, dass der Eintrag in der Blockchain korrekt ist. Das Prinzip Blockchain elektrisiert viele – auch außerhalb digitaler Währungen. Denn noch einfacher als mit klassischen globalen Plattformen, die immerhin einen stabilen Betreiber brauchen, kann man damit selbst-stabilisierende Systeme im Internet bauen, ganz unabhängig vom Staat. Die potentiellen Anwendungsfelder sind viele: Verträge hinterlegen, Musikstücke oder Kunstwerke bereitstellen, Elektroautos aufladen, Inventarverzeichnisse führen. Das alles sind Anwendungen, die derzeit erprobt werden. Viele Fragen der praktischen Nutzbarkeit und Sicherheit sind noch offen, doch an einem besteht kein Zweifel: der Druck auf den öffentlichen Versorgungsauftrag im digitalen Raum nimmt zu.

Im September 2012 hatte die Deutsche Bahn eigens einen großen roten Knopf auf einem Bahnsteig des Berliner Hauptbahnhofs aufgebaut. Am Bahnsteig war ein ICE vorgefahren mit dem aufgeklebten Slogan »Wegweisend: Google Maps und Deutsche Bahn«. Manager beider Unternehmen hatten sich versammelt, um den symbolischen roten Knopf zu drücken. Der Knopfdruck symbolisierte den Start einer Kooperation zwischen Bahn und Google beim Austausch von Fahrplandaten. Nach zweijähriger Vorbereitung begann die Bahn im September 2012 damit, ihre Fahrplandaten aktuell und regelmäßig an Google zu übermitteln, um die Fahrplanauskunft über Google Maps zu erlauben. Seitdem kann man mit dem Google-Routenplaner auch seine Bahnfahrt vorbereiten.[35]

Doch die Aktion der Bahn stieß nicht nur auf Wohlwollen. »Verpasste Open-Data-Chance« kommentiert damals der Blog von netzpolitik.org.[36] Grund war die Tatsache, dass die Bahn ihre Daten nur Google zur Verfügung stellte und nicht auch als »Open Data«. Mit Open Data ist die standardisierte digitale Bereitstellung von Datensätzen gemeint, die von jedermann ohne Einschränkungen genutzt werden kann, um damit beispielsweise eigene digitale Dienste anzubieten. Gerade bei den Fahrplandaten ist die Nutzung der Daten der Deutschen Bahn naturgemäß auch für weitere Anbieter von Interesse. Doch wie bei anderen Themen auch war Google bei den Fahrplandaten am schnellsten vorangeschritten und am besten aufgestellt. Schon 2005 hatte Google mit der US-Stadt Portland begonnen, Fahrplandaten des Nahverkehrs digital auszutauschen und in die Google-Suche zu integrieren. Grundlage bildete ein Datenformat namens »Google Transit Feed Specification« (GTFS), das beschreibt, wie solche Fahrplandaten aufgebaut werden sollen. Zuerst in den USA, anschließend auch in Asien und Europa setzte sich Google mit seinem GTFS-Format durch und bekam mehr und mehr Verkehrsunternehmen dazu, ihre Fahrplandaten in diesem Format für Google bereitzustellen. So 2012 dann auch die Deutsche Bahn. GTFS ist mittlerweile der weltweite Standard für Fahrplandaten, wurde in »General Transit Feed Specification« umbenannt und auch von Google-Konkurrenten wie dem deutschen Unternehmen HERE genutzt. Aber Google ist der Platzhirsch geblieben bei Fahrplanauskünften und Routenplanung im Nah- und Fernverkehr. »Google Transit«, die Fahrplanauskunfts-Datenbank von Google, enthält allein in Deutschland die Daten von mehr als 180 überwiegend öffentlichen Verkehrsunternehmen, weltweit sind es mehrere Tausend.[37] Wie schon Google Books bei den Büchern und PayPal bei den Zahlungsvorgängen: Google Transit hat den umfassendsten Blick auf das Fahrplanangebot, aber auch auf die Nachfrage der Menschen. Denn jede Fahrplanabfrage, jede Routeninformation läuft über Googles Server und kann gespeichert und ausgewertet werden. Nicht bei einer zentralen Stelle im deutschen Verkehrsministerium laufen die Informationen über das öffentliche Nah- und Fernverkehrsangebot und die entsprechende Nachfrage zusammen, sondern bei einem Anbieter im Silicon Valley.

Welche große Bedeutung das Zusammentragen der Fahrplandaten hat – für die Kunden wie für das Unternehmen – hat glücklicherweise inzwischen auch die Deutsche Bahn erkannt. In ihre Online-Reiseauskunft hat das bundeseigene Unternehmen inzwischen auch die Fahrplandaten der anderen Verkehrsunternehmen in Deutschland integriert. Zudem stehen die Fahrplandaten der Bahn seit Februar 2016 auch als Open Data zur Verfügung. Inzwischen hat die Bahn sogar ein eigenes Open-Data-Portal aufgebaut und bietet über Fahrplandaten hinaus noch weitere Informationen zur freien Nutzung digital und standardisiert an.[38]

Seit Herbst 2017 ist ein Gesetz des Bundes in Kraft, das Open-Data-Gesetz, das alle Behörden des Bundes verpflichtet, bei ihnen vorliegende digitale Daten als Open-Data bereitzustellen. Auch einige Länder haben entsprechende Gesetze verabschiedet. Zwar gilt das Bundesgesetz nur für die unmittelbare Bundesverwaltung, also nicht für Einrichtungen wie die Rentenversicherung (oder auch Bundesunternehmen wie die Deutsche Bahn) und sieht auch allerlei Beschränkungen der öffentlichen Bereitstellung vor. Gleichwohl: die digitale Bereitstellung von Daten der öffentlichen Hand als Open Data über einheitliche Portale ist ein guter Schritt, die Kontrolle der öffentlichen Hand über die Digitalisierung der Infrastrukturen zu erhalten.

Am Beispiel der Fahrplandaten oder auch der digitalisierten Bücher sieht man allerdings, dass die standardisierte digitale Bereitstellung nur ein Schritt ist. Damit daraus eine digitale Infrastruktur entsteht, ist mehr nötig: es braucht einen öffentlichen Versorgungsauftrag – und eine entsprechende Gesamtplanung, rechtliche Absicherung und langfristige

Finanzierung. Die Deutsche Digitale Bibliothek hat bislang nicht den Auftrag, die Digitalisierung des Kultur- und Wissenschaftsguts federführend und langfristig zu organisieren. Im Bereich der Fahrplaninformationen gab es schon seit 1997 das vom Bund geförderte Forschungsvorhaben »Durchgängige elektronische Fahrgastinformation« (DELFI) sowie eine Zusammenarbeit des Bundes und der Länder bei dieser Frage. Aber erst ab 2014 wurden Versorgungsauftrag und Umsetzungsplan durch die Verkehrsministerkonferenz definiert, ein entsprechender Verein erst Anfang 2016 gegründet.[39]

Die Herausforderung gerade im Verkehrsbereich geht im Übrigen weit über die Fahrplandaten hinaus. Schon 2004 saß ich im Taxi in Tokio und wunderte mich, warum alle Straßen auf dem Navigationsgerät meines Fahrers so bunt eingefärbt waren. Der Fahrer erklärte mir, dass die meisten Straßen in Tokio Sensoren besäßen, die die Verkehrsmenge registrierten und über eine offene Schnittstelle den Herstellern der Navigationssoftware bereitstellten. So konnte die Routing-Software schon damals rote (volle) Straßen vermeiden und auf grüne (leere) Straßen ausweichen. Die Sensoren wurden von der Stadtverwaltung gleich mit den Tiefbauarbeiten verlegt und digital vernetzt. Auch diese Digitalisierung der Verkehrsinfrastruktur hat in Deutschland Google übernommen: »Google Traffic« wertet in Echtzeit die Bewegung von Millionen Smartphone-Nutzern aus und errechnet daraus, auf welchen Straßen wegen der unterdurchschnittlichen Geschwindigkeit der Bewegung der Smartphones stockender Verkehr oder Verkehrsstaus sind. Bei Google Maps werden die Straßen entsprechend eingefärbt. Eine interessante Datenmenge für die Verkehrsplanung, leider nur verfügbar auf den Servern von Google.

Im Zusammenhang mit vernetzten und automatisierten

Fahren wird digitalen Daten über die Ausstattung und Nutzung der Verkehrsinfrastrukturen eine noch viel größere Bedeutung zukommen. Wo welche Geschwindigkeitsbegrenzung gilt, welche Einbahnstraßen ausgewiesen, Spuren gesperrt oder Baustellen eingerichtet sind, ist für die digitalen Systeme von überragender Bedeutung. Auch hier sind es die privaten Anbieter von Navigationssystemen, Google, Here, Apple, die diese Daten sammeln und aufbereiten, nicht Städte, Gemeinden, Länder und Bund als Eigentümer und Betreiber der Straßeninfrastruktur in Deutschland. Es gibt zwar Bundesverkehrswege und einen zugehörigen Bundesverkehrswegeplan, jedoch keine Bundesverkehrswege-Cloud mit allen infrastrukturellen und Echtzeit-Daten über Autobahnen, Bundesstraßen, Wasserstraßen und Schienenwege.

Die Liste ließe sich fortsetzen für weitere öffentliche Infrastrukturbereiche. Im Augenblick drängen die großen Plattformanbieter mit Macht in das Gesundheitswesen. Als Teil einer Vereinbarung zwischen dem National Health Service in Großbritannien und Google wurden 2016 Patientendaten von 1,6 Millionen Briten an Google übergeben, um neuartige Auswertungsmöglichkeiten auf Basis maschinellen Lernens zu erproben. Selbst in Großbritannien, in Datenschutzfragen normalerweise weniger sensibel als Deutschland, hat dies zu einem Aufschrei geführt.[40] Aber wie bei Büchern, Zahlungsverkehr und Fahrplandaten stellt sich auch im Gesundheitswesen die Frage, ob eine andere, nicht von einem einzelnen Unternehmen abhängige Lösung zur Digitalisierung der umfangreichen Datenbestände gefunden werden kann. Denn dass die digitale Zusammenführung einer Vielzahl von Gesundheitsdaten zu einer Verbesserung der Diagnose- und Therapiefähigkeit des Gesundheitswesens führen kann, ist unbestritten. Aber kann der Staat dies organisieren, zumal in einem Gesundheitswesen, das zumindest in Deutschland durch komplexe Selbstverwaltungs-Strukturen hochgradig veränderungsresistent ist?

Wie schwer es ist, als öffentliche Hand ein digitales Infrastrukturvorhaben aufzusetzen, habe ich am eigenen Leib erfahren müssen. Zwischen 2005 und 2010 war ich verantwortlich für die Einführung des neuen, elektronischen Personalausweises in Deutschland. Seit 1. November 2010 enthalten die Personalausweise einen kontaktlosen Chip, mit dessen Hilfe man den Ausweis auch zum digitalen Ausweisen benutzen kann. Digital kann damit die Identität ähnlich verlässlich nachgewiesen werden wie mit dem körperlichen Ausweis am Behörden- oder Bankschalter. Viele Jahre haben wir intensiv an den technischen Funktionen gearbeitet und an der nötigen Umstellung bei allen über 10 000 Bürgerämtern. Besonders aufwändig war die Ausgestaltung der Datenschutz- und Sicherheitseigenschaften des neuen Ausweises. Herausgekommen ist ein digitaler Personalausweis, der mit Abstand der sicherste und datenschutzfreundlichste der Welt ist – aber digital praktisch nicht genutzt wird. Bei nur einem Drittel der bislang ausgegebenen 50 Millionen Ausweise ist die digitale Funktion eingeschaltet, mindestens einmal genutzt haben sie erst 2,5 Millionen Menschen.[41]

Dem Ausweis geht es so wie paydirekt: wenige Händler, wenige Kunden. Man nennt diese Schwierigkeit das »Henne-Ei-Problem«: wenn jeder einen freigeschalteten digitalen Personalausweis und ein Lesegerät verfügbar hätte, würde es sich für Online-Händler lohnen, den Ausweis zur Identifizierung zu nutzen. Wenn jede Website statt der unter Sicherheitsgesichtspunkten katastrophalen Kombination von Benutzername und Kennwort die Identifizierung mit dem Ausweis anbieten würde, könnte sich das Anschalten der elektronischen Funktion und die Anschaffung eines Lesegeräts lohnen. 2010 ist es uns nicht gelungen, aus einem rein angebotsorientierten Projekt »Neuer Personalausweis« eine digitale Infrastruktur zu machen. Weder hat der Staat den Bürgerinnen und Bürgern die Lesegeräte mit dem Ausweis in die Hand gedrückt, noch beispielsweise Behörden, Banken und andere sensible Einrichtungen verpflichtet, die Identifizierung mit dem digitalen Ausweis zum Stichtag einzuführen. Es wurde kein Versorgungsauftrag definiert und keine Infrastrukturplanung vorgelegt.

An diesem Beispiel sieht man wie schon zuvor bei Fahrplandaten, Büchern oder dem Geld: im digitalen Raum entstehen infrastrukturähnliche Dienste durch Netzwerkeffekte, die typischerweise nur die großen digitalen Plattformen anbieten können. Denn sie haben die Kapazität, Millionen Bücher zu scannen, Zahlungen in 100 Währungen anzubieten oder die Fahrplandaten aller Verkehrsunternehmen zusammenzubekommen. Und sie haben die Millionen von Kunden, die sofort einen Mehrwert aus den vielen Daten erzielen und die infrastrukturelle Rolle der Plattformen verstärken. Dort wo wir versuchen, mit rein angebotsorientierten Diensten dagegen anzukommen, siehe Deutsche Digitale Bibliothek, paydirekt oder der neue Personalausweis, schaffen wir es nicht zur digitalen Infrastruktur. Damit wir nach Büchern, Fahrplandaten und Geld nicht weitere wichtige öffentliche Versorgungsbereiche verlieren, wird es Zeit umzudenken.

5 HILFLOSE BÜROKRATEN IM DIGITALEN RAUM

Datenflut trifft auf Datensilos ◆ Trostlose digitale Verwaltung ◆ Unüberschaubare IT des Staates ◆ Unlösbare Abhängigkeiten ◆ Ausuferndes Technikrecht

5.1 DATENFLUT TRIFFT AUF DATENSILOS

Der »Fall Stephanie« beschäftigte die sächsische und deutsche Öffentlichkeit im Jahr 2006. Die damals 13-jährige Dresdner Gymnasiastin war von einem brutalen Sexualstraftäter auf dem Schulweg entführt worden. 36 Tage war sie in der Gewalt des Mannes, der sie vielfach vergewaltigte und misshandelte. Der Polizei gelang es nicht, sie zu finden, bis sie sich schließlich selbst helfen konnte. Ihr gelang es, kleine Zettel aus der Wohnung des Peinigers zu schmuggeln und auf der Straße zu verstreuen. Auf die Zettel hatte sie eine Botschaft geschrieben, dass und wo sie gefangen gehalten wurde. Ein aufmerksamer Passant fand einen Zettel und ging zur Polizei. Stephanie konnte befreit werden – aus der Täterwohnung, nur 500 Meter von Stephanies Elternhaus entfernt. Der Täter, ein mehrfach vorbestrafter Sexualstraftäter, wurde zu 15 Jahren Haft mit anschließender Sicherheitsverwahrung verurteilt, kommt also voraussichtlich nicht mehr aus dem Gefängnis frei.[1]

Wie konnte es geschehen, dass das Mädchen in unmittelbarer Nähe ihres Elternhauses und ihrer Schule von einem vorbestraften Sexualstraftäter festgehalten wurde – noch dazu in seiner eigenen Wohnung, in der er auch offiziell angemeldet war? Diese Frage hat die Behörden und die Öffentlichkeit in der Folge intensiv beschäftigt. Eine Rekonstruktion des Falles ergibt folgendes Bild: Zunächst einmal beschäftigte sich die Polizei nach dem Verschwinden von Stephanie nicht mit dem Verdacht einer Sexualstraftat. Im ersten Schritt wurde die unmittelbare Umgebung durchsucht, auch die Öffentlichkeit eingeschaltet. Dann konzentrierten sich die Beamten auf das private Umfeld von Stephanie und die Fragestellung, ob es irgendwelche Hinweise im Familien- und Freundeskreis geben könnte, die ihr Verschwinden erklären könnten. Bei Kindern im Pubertätsalter ist diese Herangehensweise normal. Schließlich kommt es oft genug vor, dass Kinder in diesem Alter ausreißen. Ein bisschen spät, drei Wochen nach der Entführung, begann die Dresdner Polizei, sich mit dem Verdacht einer Sexualstraftat zu beschäftigen. Routinemäßig wurden die polizeilichen Computersysteme nach entsprechend vorbestraften Personen in der Umgebung von Stephanies Schulweg durchsucht. Die gefundenen Personen wurden zu Hause aufgesucht und überprüft. Stephanies Entführer wurde im Computersystem der Polizei allerdings nicht entdeckt. Stephanies Qual verlängerte sich noch zwei Wochen.

20 Jahre nach der Gründung von Google erscheint dieses Ergebnis unfassbar. Viele Beamte waren mit der Suche nach Stephanie beschäftigt, sie hatten Zugriff auf einen hoch entwickelten deutschen Polizeiapparat mit langen Erfahrungen in der Informationstechnik. Das erste gemeinsame Fahndungssystem der deutschen Polizei, INPOL, wurde schon 1972 in Betrieb genommen. Warum wusste die Polizei nicht um die Nachbarschaft des vorbestraften Sexualstraftäters zu Stephanies Schulweg? Um die schlimme Panne zu verstehen, muss man etwas tiefer in die Strukturen der IT der deutschen Polizei

hineinschauen. Und wenn man dort eines nicht findet, dann Aussagen, die beginnen mit »Die Polizei weiß ...«. Jede Polizeibehörde in Bund und Ländern hat eigene Datenbestände, nicht einen, sondern viele. Allein das Bundeskriminalamt betreibt zum Zwecke der Gefahrenabwehr und Prävention über 80 verschiedene Dateien.[2] Sie reichen von bekannten Dateien wie der Antiterrordatei oder der zentralen Fingerabdruck-Datenbank bis zu weniger bekannten Sammlungen »Gewalttäter Sport« oder »Eigentumskriminalität überörtlich agierender osteuropäischer Tätergruppierungen«. Bei den Polizeien der Länder ist es nicht anders, die Daten liegen in vielen getrennten Beständen vor. Eine Art »Google der Polizei« gibt es nicht.

Der Grund liegt in der schon beschriebenen Rechtsprechung des Bundesverfassungsgerichts zur informationellen Selbstbestimmung und ihrer Abbildung in den Polizeigesetzen. In jedem Polizeigesetz ist neben den üblichen polizeilichen Instrumenten – von der Festnahme bis zum Schusswaffengebrauch – auch detailliert geregelt, wann und wie die Polizei mit Daten umgehen darf. Die Regeln über polizeiliche Datenverarbeitung nehmen mittlerweile sogar den Hauptteil aller Polizeigesetze ein. Beispielsweise im sächsischen Polizeigesetz: Während der möglicherweise tödliche Schusswaffengebrauch in zwei Paragrafen abgehandelt wird, regeln 17 Paragrafen des Gesetzes den Umgang der Polizei mit Daten, im Übrigen sehr restriktiv. Im Hinblick auf die Verpflichtung durch das Bundesverfassungsgericht zu möglichst genauer gesetzlicher Regelung jeder Form staatlicher Datenverarbeitung sieht das dann (ausschnittsweise) so aus:

§ 43 Speicherung, Veränderung und Nutzung von Daten

(1) Der Polizeivollzugsdienst kann personenbezogene Daten in Akten oder Da-

teien speichern, verändern und nutzen, soweit dies zur Erfüllung seiner Aufgaben, zu einer zeitlich befristeten Dokumentation oder zur Vorgangsverwaltung erforderlich ist. Der Polizeivollzugsdienst kann personenbezogene Daten nur für Zwecke speichern, verändern und nutzen, für die die Daten erhoben worden sind. Für andere Zwecke kann er personenbezogene Daten nur speichern, verändern und nutzen, wenn die Daten für diese Zwecke mit den Mitteln hätten erhoben werden dürfen, mit denen sie zulässigerweise erhoben worden sind. [..]

(2) Der Polizeivollzugsdienst kann auch personenbezogene Daten, die er im Rahmen strafrechtlicher Ermittlungsverfahren oder von Personen gewonnen hat, die verdächtig sind, eine Straftat begangen zu haben, speichern, verändern und nutzen, soweit dies zur Gefahrenabwehr, insbesondere zur vorbeugenden Bekämpfung von Straftaten erforderlich ist. Entfällt der der Speicherung zugrunde liegende Verdacht, sind die Daten zu löschen.

(3) Die Dauer der Speicherung ist auf das erforderliche Maß zu beschränken. Für automatisierte Dateien sind Termine festzulegen, an denen spätestens überprüft werden muss, ob die suchfähige Speicherung von Daten weiterhin erforderlich ist (Prüfungstermine). [..]

Entscheidend für die gesetzliche Regelung polizeilicher Datenverarbeitung ist die sogenannte »Zweckbindung«. Das Verfassungsgericht hatte verlangt, dass der Staat Daten der Bürger grundsätzlich immer nur für einen bestimmten Zweck sammelt und speichert. Sollen sie für andere Zwecke genutzt werden, bedarf es einer neuen (gesetzlichen) Rechtfertigung dafür. Die Elterngeldstelle soll nicht ohne weiteres auf Daten des Finanzamtes, die Polizei nicht auf Daten der Schulverwaltung, das Jobcenter auf Daten der Friedhofsverwaltung zugreifen können, wenn es für die neuen Zwecke der anfragenden Behörde keine Rechtsgrundlage gibt.

Dies gilt aufgrund der strengen Rechtsprechung auch innerhalb von Behörden, auch innerhalb der Polizei. Das ist im Grunde nachvollziehbar, denn der Polizei treten wir in unterschiedlichen Rollen gegenüber, vielleicht als Zeuge, vielleicht als Anzeige-Erstatter, vielleicht (hoffentlich nicht) als Tatverdächtiger. Zweckbindung innerhalb der Polizei bedeutet, dass nicht jede Polizistin und jeder Polizist ohne weiteres auf alles zugreifen kann. Wenn Sie als Zeuge eines Verkehrsunfalls mit der Polizei zu tun haben, wollen Sie wahrscheinlich nicht, dass Ihr Gegenüber auf Daten aus einem Ermittlungsverfahren zugreifen kann, das gegen Sie vor vielen Jahren wegen Rauschgiftkriminalität eingeleitet wurde. Wenn Sie Opfer eines Wohnungseinbruchs geworden sind, sollte die ermittelnden Beamten nicht interessieren, dass Sie kürzlich wegen Steuerhinterziehung angezeigt wurden.

Oder vielleicht doch? Vielleicht hängen Verkehrsunfall und Rauschgiftkriminalität ebenso zusammen wie Steuerhinterziehung und Wohnungseinbruch? Möglich ist das, aber nicht wahrscheinlich. Deshalb braucht die Polizei, so die Logik der Gesetze, nachvollziehbare Gründe, um Daten zu verwenden, die ursprünglich für einen anderen Zweck erhoben worden sind. Zur informationellen Selbstbestimmung gehört auch, dass Daten nach einer bestimmten Zeit gelöscht werden, dass die Polizei weniger bedeutende Dinge irgendwann vergisst, damit nicht jeder sein ganzes Leben mit längst Vergessenem konfrontiert wird, mit Jugendsünden, wiedergutgemachten Fehlern, nie bewiesenen Verdächtigungen und so weiter. Polizeiliche Datenverarbeitung ist daher immer eine Mischung aus Zusammenführen und Trennen. Kern der Polizeiarbeit ist das Zusammenführen von Informationen, Kern des Datenschutzrechts ist das Trennen von Informationen.

Will eine Polizeibehörde überhaupt persönliche Daten digital verarbeiten, fordert das Polizeigesetz die Erstellung einer sogenannten Errichtungsanordnung. Die braucht die Genehmigung des Innenministeriums und muss für jede Datei typischerweise folgendes festlegen:

»*1. die Bezeichnung und die Anschrift der Daten verarbeitenden Stelle,*
2. die Bezeichnung des Verfahrens und dessen Zweckbestimmung,
3. die Aufgabe, zu deren Erfüllung personenbezogene Daten verarbeitet werden und die Rechtsgrundlage der Verarbeitung,
4. die Art der zu verarbeitenden Daten,
5. der Kreis der Betroffenen,
6. die Art der zu übermittelnden Daten und die Empfänger der Daten,
7. die beabsichtigte Übermittlung in Drittländer [...],
8. die personellen, technischen und organisatorischen Maßnahmen [zum Schutz der Datensicherheit]
9. Regelfristen für die Löschung der Daten«[3]

Die Detaillierung, die eine solche Errichtungsanordnung haben muss, macht deutlich, dass eine Datei grundsätzlich immer nur für einen bestimmten Zweck eingerichtet werden kann. Zweckbestimmung, konkrete polizeiliche Aufgabe, Rechtsgrundlage, Art der Daten und Kreis der Betroffenen müssen sehr konkret und spezifisch beschrieben werden. »Gewalttäter Sport« erfordert eine andere Datei als »Rauschgiftkriminalität« oder »Sexualstraftäter«. Natürlich gibt es auch übergreifende Fundstellendateien, aber diese enthalten keine inhaltlichen Informationen, sondern verweisen nur auf die Einzeldateien.

Was die Polizei also in welchen Dateien über wen speichert, muss jeweils im Vorhinein genau rechtlich festgelegt sein. Errichtungsanordnungen, so die polizeirechtliche Literatur, dienen »der Selbstbeschränkung der Polizei«, sollen verhindern, dass sich die polizeilichen Datensammlungen »unkontrolliert in einer Art Wildwuchs fortentwickeln.«[4] Deshalb gibt es kein »Polizei-Google«, in dem man mit beliebigen Kombinationen von Suchbegriffen »das Wissen« der Polizei recherchieren kann. Unter den geltenden Rechtsvorschriften kann es das nicht geben.

Zurück zum Fall Stephanie: Lange Zeit war unklar, warum die Datenbankabfrage erfolglos war. Der Täter war zwei Jahre zuvor umgezogen. Zunächst ging man davon aus, dass er sich zwar ordnungsgemäß umgemeldet hatte, seine Anschrift im Polizeicomputer aber noch nicht aktualisiert war, er darum nicht unter das Kriterium »Nähe zu Stephanies Schulweg« fiel.[5] Schließlich war die Ursache aber eine andere: Die Polizeibeamten hatten bei der Abfrage der Datenbank nach »Sexualstraftätern« gesucht, der vorbestrafte Täter war hingegen Jahre zuvor nach den damals geltenden, mittlerweile geänderten Richtlinien als »sexuell motivierter Straftäter« eingespeichert worden und wurde daher nicht gefunden.[6]

Beide Fehlerquellen, die zunächst angenommene und die tatsächliche, sind Ausfluss der Art, wie wir behördliche und polizeiliche Datenverarbeitung rechtlich fesseln. Natürlich sehen Errichtungsanordnungen für Dateien vor, das mit genau bestimmten Straftaten-Katalogen gearbeitet wird, nicht mit unscharfen Suchbegriffen. Und natürlich wird eine Suche in einer Datenbank nicht »unscharf«, sondern präzise durchgeführt. Die Programmierung der polizeilichen Informationssysteme hat die Logik der präzisen Zweckbestimmungen und möglichst genauen rechtlichen Regelung übernommen. Anders als eine Suchmaschine war der Polizeicomputer nicht darauf programmiert zu lernen, dass »Sexualstraftäter« und »sexuell motivierter Straftäter« das gleiche sind. Dass die ermittelnden Beamten daran in dem Moment nicht gedacht haben, ist ihnen angesichts der Komplexität der polizeilichen Informationssysteme nur begrenzt vorzuwerfen.

Auch an der ursprünglichen Vermutung, der Umzug habe den Täter vom Radar verschwinden lassen, war etwas dran: Denn die Ummeldung bei der Meldebehörde bedeutet nicht gleichzeitig eine Änderung der Anschrift im Polizeicomputer. 2006 übermittelten die Meldebehörden den Polizeien nur einmal monatlich die Daten über die erfolgten Umzüge. Die Polizei bekam die Daten aller Umzüge und musste in ihren Dateien an den jeweiligen Stellen die Adressen ändern. Eine der Folgen des »Fall Stephanie« war, dass diese Übermittlungen nun »unverzüglich«, also tagesaktuell erfolgen[7] und in die polizeilichen Dateien eingepflegt werden.

Als Informatiker fragt man sich natürlich, warum die Anschrift überhaupt doppelt gehalten wird und nicht nur an einer Stelle gespeichert. Schließlich könnten die Polizeidateien für die Anschrift einer Person schlicht auf das Melderegister verweisen, so dass Änderungen automatisch überall bekannt sind. Ich habe diese Frage – bezogen auf die Polizei aber auch viele andere Verwaltungsbehörden – in den Jahren 2007 bis 2009 viele Male gestellt, hohen Verwaltungsbeamten und Politikern. Damals war ich im Bundesinnenministerium für das Meldewesen zuständig. Gemeinsam mit meinem Team habe ich drei Jahre lang versucht, in Deutschland ein Bundesmelderegister aufzubauen, das dieses Problem löst – hoch umstritten und am Ende politisch leider nicht durchsetzbar.[8]

Inspiriert waren die Planungen von dem Beispiel Österreich. Dort gibt es seit 2002 ein Zentrales Melderegister (ZMR), das die Grunddaten zu den Einwohnerinnen und Einwohner Österreichs enthält. Alle anderen Verwaltungsregister orientieren sich an dem ZMR. Umzüge und andere Änderungen der Grunddaten werden nur einmal erfasst und sind überall aktuell. Ein zentrales Melderegister hat einen doppelten Vorteil: die Aktualität und die Korrektheit der Daten. Wird statt den Grunddaten selbst in einer Behörde nur der Verweis auf das zentrale Melderegister gespeichert, führt jede Aktualisierung an einer Stelle zu einer Aktualisierung auch aller anderen Dateien. Die Dateien sind immer, auch zeitgleich auf dem gleichen Stand.

Das deutsche System im Meldewesen ist nach wie vor dezentral organisiert. 2006 wurden noch die meisten Melderegister ausschließlich kommunal geführt. Immerhin haben inzwischen 15 von 16 Ländern ein zentrales Register auf Landesebene. Beim Umzug über Landesgrenzen hinweg gibt es aber weiter eine individuelle Datenübermittlung zwischen den einzelnen Melderegistern, ab Mai 2018 sogar online: Ab diesem Zeitpunkt kann bei einem Umzug die neue Meldebehörde bei der Anmeldung endlich online auf die Daten der alten Meldebehörde zugreifen, diese übernehmen und darauf den eigenen Datensatz aufbauen. Die Qualität der Melderegister wird dadurch verbessert. Schrittweise bewegt sich also auch das träge deutsche Meldewesen in Richtung moderner Datenhaltung. Damit kann zumindest innerhalb der über 5000 deutschen Meldebehörden ein halbwegs aktueller und richtiger Datenbestand erreicht werden.

Was jedoch noch immer fehlt, ist die Verknüpfung der Grunddaten im Melderegister mit den vielen tausend Verwaltungsregistern in Deutschland. Nach wie vor läuft die Aktualisierung der Dateien aus dem Melderegister über sogenannte regelmäßige Datenübermittlungen. Je nach Aufgabe werden täglich, monatlich oder sogar nur jährlich Datensätze hin und hergeschickt (teilweise noch auf Datenträgern), um die verschiedenen Dateien zu aktualisieren. Dabei gibt es längst eine Art Bundesmelderegister: die Zentrale Steuerdatei beim Bundeszentralamt für Steuern. Sie wurde seit 2009 errichtet und erhält alle Daten aller Einwohner. Jeder einzelne hat seitdem eine »Steueridentifikationsnummer« zugeteilt bekommen. Initial wurde die zentrale Steuerdatei aus den Melderegistern befüllt. Wegen der schlechten Qualität der Melderegister hatten die Finanzbeamten viele Monate damit zu tun, die Daten zu konsolidieren und zu berichtigen. Heute erfolgt die Übermittlung an die Steuerdatei aus den Melderegistern automatisch. Zur Erleichterung ist sogar die Steueridentifikationsnummer im Melderegister gespeichert.

Doch die zentrale Steuerdatei ist natürlich – erinnern Sie sich an das Prinzip der Zweckbindung – nur für die Finanzämter gedacht und nutzbar. Andere Behörden profitieren nicht davon, dass es eine vollständige, aktuelle und gut gepflegte Datenbank mit den Grunddaten aller Einwohnerinnen und Einwohner unseres Landes gibt, weil sie anders als in Österreich, Dänemark, Schweden, Norwegen, Finnland und vielen weiteren Staaten eben kein zentrales Einwohnerregister ist.

Neben der engen Zweckbindung aller Daten ist einer der Gründe der deutsche Verzicht auf ein Personenkennzeichen (PKZ), das alle Einwohnerinnen und Einwohner eindeutig kennzeichnet. Nur mit einer eindeutigen Kennzeichnung kann Behörden- und Dateien-übergreifend eine Verknüpfung hergestellt werden. Ein solches Personenkennzeichen war in (West-)Deutschland Ende der sechziger Jahre geplant worden. Damals begann die Automatisierung der Behörden und man erkannte schnell die Sinnhaftigkeit einer solchen Nummer. Detaillierte Konzepte dazu waren vom Bundesinnenministerium entwickelt worden.[9] Gleichzeitig begann in Deutschland aber auch die Debatte um den Datenschutz. Erste Datenschutzgesetze wurden Anfang der 1970er Jahre verabschiedet. Mit ihnen wuchs der Zweifel an der Verfassungsgemäßheit einer »Durchnummerierung« der Bevölkerung in den Dateien des Staates. 1976 verwarf der Rechtsausschuss des Deutschen Bundestages die Konzeption des Personenkennzeichens als verfassungswidrig. Darin wurde er später bestätigt durch das Volkszählungsurteil des Bundesverfassungsgerichts. Es verbietet nicht explizit die Einführung einer Personenkennziffer, sondern die Zusammenführung der staatlichen Daten zur Erstellung umfassender Persönlichkeitsbilder. Es wurde und wird aber von der juristischen Literatur ganz überwiegend als Bestätigung der Entscheidung des Rechtsausschusses des Bundestages gesehen, ein Personenkennzeichen für verfassungswidrig zu halten.

So behelfen sich die Behörden mit eigenen Ordnungsmerkmalen oder sektoralen Kennziffern für bestimmte Bereiche der öffentlichen Verwaltung – wie die Steuer-Identifikationsnummer für das Finanzwesen oder die Sozialsicherungsnummer für das Sozialwesen. Bei der Konzeption des Bundesmelderegisters 2008 hatten wir diese verfassungsrechtliche Einschränkung berücksichtigt: durch Anlehnung an das österreichische Modell. Dort gibt es zwar eine Art Personenkennziffer im zentralen Melderegister, Stammzahl genannt, sie findet sich aber nicht in den vielen anderen Verwaltungsregistern, die ihre Grunddaten mit dem Melderegister teilen. Wie kann das funktionieren? Durch mathematische Verfahren wird aus der Stammzahl für jeden Verwaltungsbereich eine spezifische bereichsspezifische Zahl abgeleitet. Nur diese wird in den Behörden gespeichert. Die Stammzahl selbst bleibt geheim und wird vom Datenschutzbeauftragten verwaltet. Ein Modell auch für Deutschland.

Insofern: Ich plädiere nicht dafür, dass der Staat alle seine Daten aus unterschiedlichen Quellen an einer Stelle zusammenfasst. In den wilden Tagen der Auflösung der DDR 1989/90 habe ich mich im Vergleich von westdeutschen Melderegistern mit der »Personendatenbank der DDR« damit beschäftigt, welches Missbrauchs-Potential in einer multifunktionalen Datenbank aller Einwohner steckt.[10] Ich plädiere dafür, dass wir wegkommen von der Logik, die Datenbestände des Staates rechtlich und technisch voneinander so zu trennen, dass Daten nicht aktuell sind, nicht verfügbar, dass sich der Staat künstlich blind stellt, Fehler in Kauf nimmt und für übergreifende Fragestellungen immer gleich Gesetze ändern und mehrjährige IT-Projekte durchführen muss. Wir müssen nicht entscheiden, ob wir die Datenbestände der Behörden miteinander verknüpfen ODER angemessenen Datenschutz gewährleisten. Wir müssen entscheiden, wie wir die Datenbestände der Behörden miteinander verknüpfen UND angemessenen Datenschutz gewährleisten.

Langsam setzt sich diese Erkenntnis auch in der Politik und Regierung durch. Im Oktober 2017 hat der Nationale Normenkontrollrat hierzu eine Studie vorgelegt.[11] Darin wird gestützt auf eine Untersuchung der 213 wichtigsten Register des Staates detailliert beschrieben, welche Nachteile das heutige Nebeneinander hat und welche Qualitäts-, Service- und Kostenvorteile mit einer Modernisierung und stärkeren Verknüpfung verbunden sein könnten. Der Normenkontrollrat plädiert für ein System, bei dem Basisdaten einheitlich gepflegt, aktualisiert und grundsätzlich allen Behörden zur Verfügung gestellt werden sollen. Nach dem in anderen europäischen Staaten schon verwirklichten Prinzip »Once Only« sollen die Daten, die der Staat braucht, vom Bürger in der Regel nur einmal erhoben werden und nicht immer wieder (von unterschiedlichen

Behörden) neu. Auch das Konzept der zentralen, aber geheimen Identifikationsnummer und ihrer Verwaltung beim Datenschutzbeauftragten hat der Normenkontrollrat (aus Österreich) übernommen.

Die Problematik der Datensilos in den deutschen Behörden, der hohen Hürden für die Zusammenführung und der fehlenden Basisdaten für die staatlichen Register erfährt noch eine Verschärfung dadurch, dass der Staat geradezu mit Daten geflutet wird. Das gilt insbesondere für die Sicherheits- und Finanzbehörden. Weil unser gesamtes Leben digital geführt oder begleitet wird, sind gerade Polizei, Nachrichtendienste und Steuerbehörden mit Datenmengen konfrontiert, die jeden Rahmen sprengen. Denken Sie nur an die Steuer-CDs, die Bankunterlagen enthalten, mit denen sich Steuerhinterziehung belegen lässt. Mehr als ein Dutzend Mal haben deutsche Finanzbehörden solche CDs schon eingekauft. Allein das Land NRW hat bereits neun Steuer-CDs gekauft und aus den anschließenden Steuerstrafverfahren bzw. Selbstanzeigen der Betroffenen schätzungsweise zwei Milliarden zusätzliche Steuereinnahmen generiert.[12] Voraussetzung für die Ermittlungserfolge ist die Auswertung der gigantischen Datenmengen auf den Datenträgern. Das geschieht ganz überwiegend noch per Hand und ohne Big-Data-Methoden, schon gar nicht durch einen automatisierten Vergleich mit den vorhandenen Daten der Steuerverwaltung.

Ähnlich, wenn nicht schlimmer, ist es bei der Polizei. In den allermeisten Ermittlungsverfahren werden heutzutage vor allem auch digitale Daten zusammengetragen: ausgewertete Smartphones, beschlagnahmte Computer und Datenträger, Ergebnisse von Bankabfragen und Abfragen bei Telefon- und Mobilfunkanbietern. In größeren Verfahren, vor allem bei der organisierten Kriminalität werden mittlerweile regelmäßig mehrere Terabyte (TB) von Daten gesammelt. Der Stuttgarter Generalstaatsanwalt schlug schon 2015 Alarm: Allein in seinem Bereich, dem württembergischen Teil von Baden-Württemberg, seien 2014 über 20 000 Datenträger mit 1 237 TB beschlagnahmt worden, darunter Smartphones mit bis zu 150 000 WhatsApp-Nachrichten auf einem einzigen Smartphone.[13] Mit der Auswertung sei die Polizei restlos überfordert, so der Generalstaatsanwalt. Zum Vergleich: in einem TB kann man um die 500 000 Bücher speichern, in 1 237 TB also schon über 600 Millionen Bücher. Das ist mehr, als alle deutschen Bibliotheken zusammen an Büchern haben.

Polizeiarbeit bedeutet im Wesentlichen die Verknüpfung von Informationen, um daraus Schlussfolgerungen ziehen zu können. Mit menschlicher Kombinationsgabe à la Sherlock Holmes ist angesichts dieser digitalen Datenberge kaum noch erfolgreich kriminalistisch zu arbeiten. Vielmehr ist die Zusammenführung und digitale Auswertung der beschlagnahmten Daten unverzichtbar, wenn die Polizei auch zukünftig noch erfolgreich ermitteln will.

Für den Bereich der Polizei hat der Bundestag 2017 mit einem neuen Gesetz über das Bundeskriminalamt auf die Notwendigkeit stärkerer Datenzusammenführung reagiert. Erstmals wird in einem Polizeigesetz die Säulenstruktur der Datenverarbeitung, die Trennung der Daten in Dutzende Dateien überwunden. Wenn das Gesetz im Mai 2018 in Kraft tritt, wird das Bundeskriminalamt seine gesamte Informationsarchitektur, also alle Programme und Systeme zur Verarbeitung polizeilicher Daten neu strukturieren. Das Projekt wird viele Jahre in Anspruch nehmen und am Ende erstmals die Möglichkeit schaffen, dass »das BKA weiß, was das BKA weiß«. Die Verpflichtung zur Aufspaltung in Dateien und zum Erlass von Errichtungsanordnungen wird aufgehoben. Stattdessen wird ein neuartiges Konzept zum Schutz der Zweckbindung der Daten eingeführt: die sogenannte »hypothetische Datenneuerhebung«. Das bedeutet, dass das BKA zukünftig nicht mehr für jede einzelne Datenverarbeitung außerhalb des ursprünglichen Verfahrens eine spezifische Rechtsgrundlage braucht, sondern für die Verfolgung *vergleichbarer* Straftaten auf die vorhandenen Daten zugreifen darf. Strengere Datenschutz- und Protokollierungspflichten sorgen dafür, dass nachvollzogen werden kann, wann die Behörde dies tut – auch von den Datenschutzbeauftragten.

Das klingt nicht nach einer großen Veränderung, beutet tatsächlich aber einen Paradigmenwechsel der polizeilichen Datenverarbeitung und einen Schritt hin zu Big Data in der deutschen Polizei. Das Ziel ist, so der Präsident des BKA Holger Münch, die Errichtung eines »Datenhauses der deutschen Polizei«, in dem alle Daten unabhängig von ihren unterschiedlichen Ursprüngen verfügbar und grundsätzlich auch verknüpfbar seien. Wie weit die Gesetzesänderung und die Pläne des BKA in der Praxis reichen, wird man sehen. Es gibt einige Kritik aus dem Blickwinkel des Datenschutzes.[4] Sicherlich wird es wieder beim Bundesverfassungsgericht landen. Und schließlich gilt das BKA-Gesetz ab Mai 2018 erst einmal nur für den Bund. Die 16 Länder müssen ihre Polizeigesetze noch ändern, wenn der neue Ansatz sich durchsetzen soll. Grüne, FDP und Linke hatten das Gesetz auf Bundesebene abgelehnt, sind in den Ländern jedoch an den meisten Regierungen beteiligt. Von einer Überwindung der Silo-Struktur in der Polizei und der verstreuten und wenig verknüpften Datenhaltung der Verwaltung insgesamt sind wir noch ein großes Stück entfernt.

5.2 TROSTLOSE DIGITALE VERWALTUNG

»Wir werden deshalb bis 2005 alle internetfähigen Dienstleistungen der Bundesverwaltung [..] online bereitstellen. In ein paar Jahren wird kein Student mehr vor dem BAföG-Amt Schlange stehen müssen und es wird sich niemand mehr einen Tag Urlaub nehmen müssen, um beim Straßenverkehrsamt sein Auto anzumelden«.[15]

Zur Eröffnung der CeBIT 2001 gab der damalige Bundeskanzler Gerhard Schröder dieses Versprechen ab und startete damals die erste deutsche E-Government-Initiative »BundOnline 2005«. »E-Government« steht für die digitale Bereitstellung staatlicher Leistungen. Damals wie heute ist damit gemeint, dass man seine Behördenangelegenheiten über das Internet erledigen kann. Damals wie heute ist das Ziel ziemlich einfach und klar definiert: So wie man seine Autoversicherung online beantragt, so möchte man auch das Kindergeld oder die Rente online beantragen. So wie man Waren online bestellt, möchte man eine Geburtsurkunde bestellen oder ein Nummernschild für das neue Auto. E-Government als Begriff ist mittlerweile zwar etwas aus der Mode gekommen, man spricht eher von »digitaler Verwaltung«, aber das Verständnis, wie sich Bürgerinnen, Bürger, Unternehmen und Öffentlichkeit einen digitalen Staat vorstellen, hat sich über die Jahre wenig geändert.

Oder wie es die heutige Bundeskanzlerin Angela Merkel bei der Eröffnung der CeBIT 2017 formulierte: »Da haben wir in der Politik in Deutschland, denke ich, eine Bringschuld. Diese Bringschuld heißt, dass der Staat den Bürgerinnen und Bürgern eben Fähigkeiten des 21. Jahrhunderts anbietet: Bürgerportale und digitale Möglichkeiten, Leistungen zu erbringen«.[16]

An der Vorbereitung von BundOnline 2005 war ich seit 1999 maßgeblich beteiligt gewesen und habe mich seitdem viele

Jahre meines Berufslebens mit der Bemühung um die Digitalisierung der Verwaltung beschäftigt. Die Geschichte der digitalen Verwaltung in Deutschland seit dem Start von BundOnline 2005 ist eine Geschichte kleiner Schritte und kleiner Erfolge, im Großen und Ganzen aber eine Geschichte enttäuschter Erwartungen und geringer Fortschritte. Noch immer sind wir weit davon entfernt, dass die einfachen Wünsche der Bürger und Unternehmen nach digitaler Abwicklung ihrer Behördenangelegenheiten erfüllt werden können. BAföG-Anträge können in fünf von 16 Bundesländern online ausgefüllt werden und auch dort nicht flächendeckend. Die Kfz-Zulassung geht noch immer nicht online, nur die »Stilllegung« eines seit 2015 zugelassenen Kfz und dessen spätere »Wiederzulassung«. Kleine Schritte, kleine Erfolge, enttäuschte Erwartungen. Im Digitalindex der Europäischen Kommission, der jährlich den Stand der Digitalisierung in den 28 Mitgliedsstaaten misst und vergleicht, lag Deutschland 2017 zwar auf Platz 11, bei den elektronischen Behördendiensten aber nur auf Platz 20. Schaut man sich die absoluten Zahlen der Nutzung von E-Government-Diensten durch die Deutschen an, liegt Deutschland sogar auf Platz 23. Nur 19 % der Menschen haben im letzten Jahr online ausgefüllte Formulare an Behörden gesandt.[17]

Für den geringen Fortschritt bei der Digitalisierung öffentlicher Dienstleistungen gibt es nach meiner Erfahrung zwei wesentliche Gründe. Der eine ist eine komplexe mehrdimensionale Verantwortungsverteilung innerhalb der deutschen Verwaltung. Der andere ist das kulturelle und strukturelle Prinzip der Risikominimierung in der deutschen Verwaltung. Schauen wir uns beide Gründe einmal genauer an.

Als wir im Herbst 1999 im Bundesinnenministerium zu »BundOnline« erstmals zusammensaßen, angesteckt von einer damals boomenden Internetbegeisterung (der »neue Markt« war noch nicht zusammengebrochen), sind wir aus heutiger Sicht ziemlich naiv an das Thema herangegangen. Der Staat bewegt in seinen Amtsstuben vor allem Papier, ein Großteil der Tätigkeit der Behörden besteht aus der Sammlung, Bearbeitung und Weitergabe von Informationen. Das müsse sich doch ohne weiteres über das Internet abbilden lassen. Diese naive Begeisterung spiegelt sich auch in der Rede von Gerhard Schröder wieder: nicht mehr Schlange stehen müssen, keine Urlaubstage für Behördengänge verschwenden, alles online, von zuhause, sofort und ohne Aufwand. 400 Millionen Stunden jährlich sind die Deutschen mit Behördenangelegenheiten beschäftigt – ein hypothetischer Verdienstausfall von 6,2 Milliarden Euro.[18]

Doch schon in der zitierten Rede des damaligen Kanzlers verbirgt sich das Problem der Verantwortungsverteilung. Alle internetfähigen Dienstleistungen der Bundesverwaltung versprach Gerhard Schröder bereitzustellen. Er hielt sein Versprechen, auch wenn er es im Amt nicht mehr erlebte: Bis Ende 2005 waren 440 Dienstleistungen der Bundesbehörden im Internet, sogar ein paar mehr als die ursprünglich geplanten 376 Dienstleistungen.[19] Doch darunter waren gerade nicht die BAföG-Antragstellung und die Kfz-Zulassung. Denn für BAföG-Anträge sind die Gemeinden oder Studentenwerke zuständig, für die Autoanmeldung die Städte und Landkreise, alles keine Behörden des Bundes. Der Bund ist in Deutschland nur für wenige Behördenangelegenheiten zuständig, die für die Bürgerinnen und Bürger relevant sind. Dazu gehören die Angebote der Bundesagentur für Arbeit und der Deutschen Rentenversicherung Bund. Nur bei diesen beiden Einrichtungen wurden mit BundOnline 2005 für die Bürgerinnen und Bürger deutlich sichtbare Fortschritte erzielt. Andere Leistungen wie das Management von BAföG-Rückzahlungen nach Abschluss des Studiums (Bundesverwaltungsamt), Patentanträge (Deutsches Patent- und Markenamt) oder die Zulassung von Pflanzenschutzmitteln (Bundesamt für Verbraucherschutz und Lebensmittelsicherheit) sind nur für kleine Zielgruppen relevant.

Es kommt also auf die Länder und Kommunen an bei der Bereitstellung von Online-Leistungen der Behörden. Na gut, werden Sie sagen, aber auch die Länder und Kommunen hatten nun 16 Jahre Zeit seit Gerhard Schröders Rede auf der CeBIT: Warum haben Sie das nicht geschafft mit der Kfz-Zulassung oder dem BAföG? Beispiel BAföG: In Baden-Württemberg wurde schon 2002 begonnen mit der Vorbereitung der elektronischen BAföG-Antragstellung. Die technischen Vorbereitungen für eine Internet-Anbindung waren und sind nicht wirklich kompliziert. Schwieriger ist die rechtliche Konstruktion. Denn BAföG-Anträge müssen unterschrieben werden. Das schrieb das vom Bund erlassene Bundesausbildungsförderungsgesetz vor – noch bis April 2017. Erst Artikel 71 des »Gesetzes zum Abbau verzichtbarer Anordnungen der Schriftform im Verwaltungsrecht des Bundes« vom 29. März 2017[20] lässt die elektronische BAföG-Antragstellung zu. Länder und Kommunen sind zwar zuständig für Antragstellung, Bewilligung und Auszahlung des BAföG, richten sich aber nach einem Gesetz, das der Bund macht. 15 Jahre musste Baden-Württemberg mit der technischen Umsetzung warten, bis der rechtliche Rahmen geschaffen war. Ebenso bei der Kfz-Zulassung: Erst mit dem »Sechsten Gesetz zur Änderung des Straßenverkehrsgesetzes und anderer Gesetze vom 28. November 2016«[21] wurden die rechtlichen Voraussetzungen für eine internetbasierte Autozulassung geschaffen. Jedenfalls fast, denn es fehlt noch eine Verordnung des Bundesverkehrsministeriums.

Insofern kommt es eben doch nicht (nur) auf Länder und Kommunen an bei der Digitalisierung der Behördenleistungen. Es kommt auch auf den Bund an. Die Rechtsetzung ist meistens Sache des Bundes, die Ausführung der Gesetze die Sache der Länder. Aber auch dabei mischt der Bund in vielen Fällen kräftig mit. Um ein Auto zuzulassen, braucht die Zulassungsstelle des jeweiligen Landkreises den Bund nicht nur als Gesetzgeber. Sie braucht auch das Kraftfahrtbundesamt in Flensburg. Dort wird nämlich das zentrale Fahrzeugregister geführt, in dem jedes zugelassene Auto verzeichnet ist. Ebenso BAföG: Die Länder (bzw. Kommunen) zahlen BAföG zwar aus, die Rückforderung der Hälfte nach Ende des Studiums übernimmt der Bund. Bund und Länder müssen fast immer zusammenspielen, wenn etwas Substantielles bewegt werden soll in der deutschen Verwaltung. Daran haben auch mehrere Föderalismusreformen nichts geändert. In Sachen digitale Verwaltung haben Bund und Länder nun zum letzten Mittel gegriffen: Am 18. August 2017 ist das Gesetz zur Verbesserung des Online-Zugangs zu Verwaltungsleistungen (Onlinezugangsgesetz) in Kraft getreten. In § 1 Abs. 1 werden Bund und Länder verpflichtet, bis spätestens Ende 2022 ihre Verwaltungsleistungen elektronisch über Verwaltungsportale anzubieten. Was die Regierungschefs und Minister in Bund und Ländern seit über 15 Jahren nicht geschafft haben, soll nun das Gesetz erzwingen (allerdings ohne Sanktionen).

Die Bund-Länder-Verklammerung ist die erste Dimension des Problems der Verantwortungsverteilung beim E-Government. Zweite Dimension ist die Verantwortungsverteilung zwischen den verschiedenen Bereichen innerhalb der Bundes- und Landesregierungen, der sogenannten Ressorthoheit oder Ressortautonomie. Man sollte meinen, Bundeskanzlerinnen und

Bundeskanzler seien mächtige Menschen. Denn Artikel 65 des Grundgesetzes sagt in Satz 1 »Der Bundeskanzler bestimmt die Richtlinien der Politik und trägt dafür die Verantwortung«. Aber halt, erst weiterlesen! Satz 2 lautet: »Innerhalb dieser Richtlinien leitet jeder Bundesminister seinen Geschäftsbereich selbständig und unter eigener Verantwortung«. Und da fängt das Problem »Ressorthoheit« an. Zusätzlich zu der Bund-Länder-Verklammerung legt sie dem E-Government Steine in den Weg. Während der Konzeption und Umsetzung von BundOnline 2005 war uns klar gewesen, dass der Großteil der Dienstleistungen des Staates von den Kommunen und Landesbehörden erbracht wird. Parallel zu BundOnline begannen die Diskussionen mit den Ländern. Die damalige Staatssekretärin im BMI, Brigitte Zypries, hatte schon 2002 einen Arbeitskreis der Staatssekretäre des Bundes und der Länder für E-Government ins Leben gerufen.

Ergebnis dieser gemeinsamen Arbeiten war ein Aktionsplan »Deutschland-Online«. Er überwand die Bund-Länder-Grenzen: Bund und Länder legten darin fest, dass sie gemeinsam E-Government voranbringen wollten, beginnend mit für die Bürger und Unternehmen wichtigen Verwaltungsleistungen, darunter auch die Kfz-Zulassung: »*Für Individualkunden und Gewerbe soll damit die Option eröffnet werden, die Fahrzeugregistrierungsprozesse (An-, Ab- und Ummeldung) möglichst durchgängig online ausführen zu können*« hieß es in dem Aktionsplan, den die Bundeskanzlerin und die Ministerpräsidenten aller Länder im Sommer 2006 einstimmig beschlossen.[22] Zwölf Jahre danach gibt es noch immer keine Online-Anmeldung von Fahrzeugen. Warum? Im Arbeitskreis der Staatssekretäre waren Innen- oder Finanzministerien vertreten, je nachdem, wer für die IT im jeweiligen Land zuständig war. Sie hatten den Aktionsplan vorbereitet. Zuständig für Kraftfahrzeuge sind aber die Verkehrsminister. Sie fühlten sich nicht ausreichend mitgenommen bei den Planungen der E-Government-begeisterten Kollegen. Der Beschluss der Bundeskanzlerin und ihrer Ministerpräsidenten war ihnen schnuppe. Sie fühlten ihre Ressorthoheit verletzt. Natürlich hat keiner der Verkehrsminister der Länder und des Bundes je gesagt »Mir ist der Beschluss der Regierungschefs schnuppe«, aber die meisten haben so gehandelt. »Ja, wir wollen die Kfz-Zulassung digitalisieren, aber ...«. Und dann wurden viele Argumente vorgebracht, warum das so nicht geht oder noch nicht oder nur teilweise oder oder oder. Erst als im Laufe der Jahre die Phalanx der Skeptiker im Kreise der höheren Beamten der Verkehrsministerien kleiner und die Notwendigkeit der Digitalisierung auch dort erkannt wurde, kam Bewegung in die Sache und das erwähnte Gesetz wurde verabschiedet.

Ressorthoheit ist also eine starke, manchmal sogar die stärkste Dimension der Verantwortungsverteilung innerhalb unserer öffentlichen Verwaltung. Sie zu überwinden ist sehr mühsam und zeitaufwändig. Nur bei unzweifelhaften und überragenden politischen Prioritäten wird die Ressorthoheit beiseitegeschoben. Den Atomausstieg 2011 oder die Aufnahme von Flüchtlingen 2015 hat die Bundeskanzlerin gegen den Widerstand aus Ressorts durchgesetzt und von ihrer Richtlinienkompetenz Gebrauch gemacht. Im Normalfall tut eine Bundeskanzlerin oder ein Bundeskanzler das nicht. E-Government und die digitale Verwaltung sind bislang über diesen »Normalfall« nicht hinausgekommen, hatten nie die überragende politische Priorität, die es erlaubt hätte, die Bedenken beiseite zu schieben. Auch das Onlinezugangsgesetz und die darin enthaltene gesetzliche Verpflichtung wird das nach meiner Einschätzung nicht ändern, weil die Widerstände in den deutschen Verwaltungen nach wie vor stark sind.

Dass das so ist, hat mit dem zweiten bedeutenden Grund für die Misere der digitalen Verwaltung zu tun: einem kulturellen und strukturellen Prinzip der Vermeidung von Risiken, das der deutschen Verwaltung innewohnt. Nehmen wir an, Sie hätten die schöne Laufbahn eines deutschen Verwaltungsbeamten der allgemeinen inneren Verwaltung eingeschlagen, gut ausgebildet an einer Verwaltungsfachhochschule oder mit abgeschlossenem, zumeist juristischem Universitätsstudium. Nehmen wir weiter an, sie hätten inzwischen eine verantwortungsvolle mittlere Führungsposition in der Ministerialverwaltung erreicht, zum Beispiel im (fiktiven) Landesministerium für Heimat, Kinder und Kultur eines mittelgroßen Bundeslandes. Sie leiten das Referat für Kindertagespflege, sind also zuständig für Kindergärten und Tagesmütter Ihres schönen Bundeslandes. Als treuer Leser dieses Buches sind Sie begeistert von der Idee einer Digitalisierung Ihres Verantwortungsbereiches. Wie wäre es, wenn Sie die Vermittlung der Kinder in die Tagesbetreuung elektronisch abwickeln würden, am besten in Form einer App, vielleicht nicht unbedingt wie bei Tinder, aber doch so ähnlich: alle Kinder und alle Tagesmütter haben Profile, wenn die Kriterien matchen, ist die Tagesbetreuung geritzt.

Wie kommen Sie von der Idee zur Umsetzung? Schauen wir uns das Ganze von hinten an: die Programmierung der App, der Aufbau der Datenbank, die Werbung bei Eltern und Tagesmüttern, alles kein Hexenwerk. Dutzende Startups haben vorgemacht, wie so etwas geht. Das ist nicht schwierig, das ist nicht einmal besonders teuer im Vergleich zu den Gesamtausgaben eines Bundeslandes für Kinderbetreuung. Rheinland-Pfalz als mittelgroßes Bundesland veranschlagte 2016 beispielsweise mehr als eine halbe Milliarde Euro für Kinderbetreuung.[23]

Die Schwierigkeiten liegen woanders: bei der Durchsetzung Ihres Plans innerhalb des Apparats! Der erste Schritt ist noch verhältnismäßig leicht: ein politischer Auftrag. Ihre Ministerin wird es vermutlich gut finden, wenn Sie Ihre Idee vorstellen und Sie mit einem »Machen Sie mal« wegschicken. Dann aber beginnen die eigentlichen Probleme. Denn Sie müssen Ihr Vorhaben mit den Kinderbetreuungsträgern besprechen, sie müssen es innerhalb des Ministeriums und mit anderen Ministerien abstimmen, Datenschutzbeauftragte müssen zustimmen, Beauftragte für den Haushalt das Geld bereitstellen. Mindestens wegen des Geldes müssen Sie auch das Parlament befassen. Auch die oder der Datenschutzbeauftragte wird – jede Wette – eine Parlamentsbefassung erzwingen, weil die Verarbeitung der Daten der Kinder und Tagesmütter eine bereichsspezifische gesetzliche Datenschutzregelung braucht, Sie erinnern sich vielleicht. Der IT-Dienstleister des Landes wird Ihnen vorrechnen, wie aufwändig und zeitraubend die Programmierung sein wird und wieviel Projekte noch vor Ihnen an der Reihe sind. Sie werden bombardiert mit kritischen Fragen und Bedenken, die Sie alle bearbeiten, einbauen oder ausräumen müssen. Denn sonst kommen Sie nicht weiter.

Seit den Urzeiten der preußischen Verwaltung arbeiten deutsche Behörden mit dem Prinzip der »abgestimmten Entscheidungen«. Ein Minister mag mündlich mal dieses, mal jenes gut finden. Harte Entscheidungen, auf Papier dokumentiert, mit grüner Farbe abgezeichnet,[24] trifft er nur, wenn alle betroffenen Arbeitseinheiten des Hauses zugestimmt haben, auch das Justitiariat, der Datenschutz, die IT-Sicherheit, der Haushalt usw. Mit unabgestimmten Entscheidungsvorschlägen bekommen Sie nicht einmal den roten Haken des Staatssekretärs. Denn ihre oder seine Aufgabe ist es, dem Minister nur ausgereifte Entscheidungsvorschläge zu unterbreiten.

An sich ist das ein kluges Prinzip, weil es sicherstellt, dass Entscheidungen »rund« sind, keine Aspekte vernachlässigen, die die Entscheidung später als unausgereift erscheinen lassen. Aber es bremst eben auch jede Form von verwaltungsinterner Innovation. Denn jede mitwirkende Stelle, im Verwaltungsjargon die »Mitzeichnenden«, hat ein eigenes ganz spezifisches Interesse, das aus ihrer Zuständigkeit folgt. Die Datenschutzbeauftragte muss den Datenschutz sicherstellen, ein Haushälter auf die Finanzen achten, die Justiziare auf die Verminderung rechtlicher Risiken. Bei einem Digitalisierungsvorhaben trägt die Mitzeichnung durch die verschiedenen Stellen daher immer ein Stück weit den Charakter eines »Aber«, selten den Charakter einer Unterstützung. Wer etwas mitzeichnet, übernimmt die Verantwortung dafür, dass das Vorhaben aus dem eigenen Blickwinkel heraus in Ordnung ist.

Am Beispiel Ihrer Kinderbetreuungs-App: Hat der Haushälter mitgezeichnet, trägt er Verantwortung, das Geld bereitzustellen. Gelingt das nicht, muss er sich die Vorwürfe der Ministerin anhören. Oder: hat der IT-Dienstleister sich bereit erklärt, muss er es auch realisieren können. Oder: hat das Innenministerium mitgezeichnet, gehen alle davon aus, das keine gravierenden Sicherheitsbedenken bestehen. Wenn sich dann später ein parlamentarischer Untersuchungsausschuss mit der Frage beschäftigt, wie es einem Hacker gelingen konnte, gegen Geld Kinder an den Wartelisten vorbei in der App zu bevorteilen, werden alle auf das Innenministerium schauen ...

Mit all diesen Bedenken konfrontiert haben Sie zwei Möglichkeiten: Sie können Ihr Konzept zeitraubend und kraftraubend anpassen, bis alle Bedenken aller beteiligten Stellen ausgeräumt sind – so etwas dauert Jahre – oder Sie berücksichtigen nur das nötigste. Dann müssen Sie allerdings zu Ihrem Staatssekretär oder Ihrer Ministerin gehen, die unterschiedlichen Auffassungen der anderen vortragen und eine Entscheidung erbitten, obwohl nicht alle »mitgezeichnet« haben. Fällt die Entscheidung in Ihrem Sinne, dann übernimmt der Staatssekretär oder die Ministerin das Risiko und damit die Verantwortung dafür, dass dem Datenschutz, dem Haushalt, der Sicherheit etc. nicht vollständig Rechnung getragen wurde. Wer dann derjenige ist, der – im obigen Hacker-Beispiel – ihren oder seinen Hut nehmen muss, ist klar.

Diese Problematik nenne ich »strukturelle Risikovermeidung«. Die Apparate sind so aufgestellt, dass sie die hohen Entscheidungsträger vor Risiken bewahren, dass sie bei der Vorbereitung von Entscheidung systematisch Risiken ausschließen. Die deutsche Verwaltung traut sich nichts Umstürzendes, sie hält eher an Bewährtem fest. Hinzu kommt eine Art »kulturelle Risikovermeidung«. Deutsche Beamte gehen nicht gerne Risiken ein, weil Fehler nicht vorkommen dürfen. Das Motto »Versuch macht klug« gilt nicht in den Amtsstuben zwischen Flensburg und Garmisch. Bleiben wir im Beispiel: Natürlich besteht das Risiko, dass Hacker auch die Tagesbetreuungs-App hacken. Sie haben es auch geschafft, den Deutschen Bundestag oder die NSA zu hacken. Solche Fälle kann man nicht zu 100 % ausschließen. Wollen wir deshalb die App wie Fort Knox sichern und von jedem nutzenden Elternteil bei der Registrierung eine persönliche Vorsprache mit Personalausweis verlangen? Oder in Anbetracht der Risiken gleichwohl mit angemessener, aber nicht perfekter Sicherheit antreten?

Sie und ich würden im Privatleben wissen, wie man sich entscheidet. Tagtäglich geht man Risiken ein, die im Großen und Ganzen beherrschbar erscheinen, es am Ende aber manchmal nicht waren. Dieses Risikobewusstsein ist in den staatlichen Apparaten weit geringer ausgeprägt. Interne Regeln und Kontrollmechanismen sind alle nach dem Prinzip einer umfassenden, die Risiken möglichst ausschließenden Planung ausgelegt. Noch viel wichtiger: geht etwas schief, dann wird durch interne oder externe Kontrollmechanismen nachgeprüft, wann, wo und von wem Fehler gemacht wurden. Rechnungshöfe und Untersuchungsausschüsse vollziehen Jahre später anhand der Akten detailliert nach, wer die Verantwortung trug und was damals hätte besser sein sollen.

Das ist gut für die Qualitätssicherung und Weiterentwicklung der Verwaltung insgesamt, aber schlecht für die Bereitschaft der einzelnen Entscheider, Risiken zu übernehmen. Natürlich kann der Bundesrechnungshof Jahre nach der Entscheidungssituation präzise sagen, welche Faktoren aus heutiger Sicht damals hätten anders gewertet werden sollen. Aus heutiger Sicht ist das einfach, damals war es eben nicht so. Diese mangelnde Fehlerkultur der preußischen Verwaltung unterscheidet sich signifikant von Unternehmen und auch von anderen Staaten. Dort wird stärker in das Erreichen bestimmter Ziele investiert, wohl wissend, dass ein Erfolg nicht garantiert werden kann.

Vor Jahren habe ich den Aufbau des US-amerikanischen Department of Homeland Security begleitet. Das Heimatschutzministerium wurde nach dem 11. September 2001 geschaffen, um die Sicherheitsbehörden auf Bundesebene bei der Terrorabwehr zu koordinieren. Ich habe viele neue geschaffene Organisationseinheiten des Hauses besucht. Jede von Ihnen präsentierte ihre Aufgaben mit einem »Mission Statement«: wofür sind wir da, was ist unser Auftrag, etwa die Anzahl der illegalen Grenzübertritte aus Mexiko um 20 % zu verringern. Im nächsten Schritt wurde mir erklärt, welches Budget sie dafür bekommen haben. Schließlich stellten sie die verschiedenen Projekte vor, die sie mit ihrem Budget planten. Klar war:

manche Projekte werden sich als Fehlschläge erweisen. Darauf kam es nicht an, wenn – und das war entscheidend – am Ende mit einem der anderen Projekte das Ziel erreicht werden konnte.

In der deutschen Verwaltung ist es anders: Wer verantwortlich ist für ein bestimmtes Ziel, muss zunächst einmal ganz genau beschreiben, wie das Ziel erreicht werden soll und was das im Detail kosten wird. Nur auf dieser Basis bekommt man überhaupt die Haushaltsmittel für das Projekt. Wird dann das Projekt umgesetzt und scheitert, werden Rechnungshof, Steuerzahlerbund und Opposition ein paar Jahre später die damalige Planung überprüfen und ohne Probleme die Fehler der ursprünglichen Planung ausfindig machen – aus heutiger Sicht.

Diese kulturelle Risikovermeidung hat beim E-Government vor allem an einer Stelle stark zugeschlagen: dem sogenannten Schriftformerfordernis. Wir hatten das schon beim BAföG-Antrag. Die deutschen Gesetze schreiben im großen Stil vor, dass Anträge eigenhändig unterschrieben werden müssen – ein großes Hindernis für digitale Abwicklung. Natürlich prüft in den Behörden im Normalfall kein Mensch die Unterschrift. Das kann auch keine Behörde, weil es anders als bei Banken in den Behörden keine Unterschriftsproben der Bürgerinnen und Bürger gibt. Nicht einmal die Unterschriften auf dem Personalausweis werden zentral gespeichert. Also ist die Unterschrift als Sicherheitsmerkmal wenig tauglich. Aber: Unterschriftenfälschung ist strafbar, mithin hat die Verwaltung immerhin ein Abschreckungsmittel aufgebaut, damit Anträge nicht gefälscht werden. Mit der qualifizierten elektronischen Signatur steht ein technisches Instrument bereit, Unterschriften auch digital zu erbringen. Mit Hilfe einer Chipkarte und einer speziellen Software kann man zu einem digitalen Dokument mit kryptografischen Verfahren eine solche Signatur erstellen. Schickt man sie mit seinem Antrag mit, ist bewiesen, dass man selbst genau diesen Antrag unterschrieben hat. Seit 2001 regelt das Verwaltungsverfahrensgesetz diese digitale Unterschriftsmöglichkeit.[25] Allerdings: Kaum eine Bürgerin, kaum ein Bürger haben eine Signaturkarte. Wozu auch? Bei nur wenigen Verwaltungskontakte pro Bürger pro Jahr lohnt der Kauf einer solchen Karte zum Preis von über 60 Euro pro Jahr nicht.[26]

Also wurde zwar scheinbar eine Lösung für digitale Antragsverfahren geschaffen, aber – risikominimierend – so aufwändig, dass sie für die Bürgerinnen und Bürger uninteressant ist. Österreich war schon Jahre zuvor einen anderen Weg gegangen und hatte zum Beispiel bei der Steuererklärung einfach auf die Unterschrift verzichtet. Wenn man nach Erhalt des Steuerbescheids einwendet, die Erklärung sei gar nicht von einem selbst abgegeben worden, muss man halt nochmal eine – diesmal unterschriebene – Erklärung abgeben. Deutschland hingegen ist nicht so pragmatisch. Erst nach weit über zehn Jahren Vorarbeit ist im Frühjahr 2017 das schon erwähnte »Gesetz zum Abbau verzichtbarer Anordnungen der Schriftform im Verwaltungsrecht des Bundes« in Kraft getreten, das beim BAföG-Antrag und in 180 weiteren Fällen auf eine Unterschrift bei Anträgen verzichtet. Jetzt kann in all diesen Fällen eine Online-Abwicklung in Angriff genommen werden.

Mühsam ernährt sich das Eichhörnchen.

5.3 UNÜBERSCHAUBARE IT DES STAATES

40 Jahre nach der Geburt des PC, 30 Jahre nach dem ersten MS-Windows, 20 Jahre nach dem Start von Google und zehn Jahre nach der Erfindung des iPhone: jeder von uns kann mittlerweile auf eine eigene »IT-Geschichte« zurückblicken. Ich kann mich kaum noch erinnern, welche Computer, Drucker, Smartphones, Tablets, Betriebssysteme, Anwendungsprogramme ich in meinem Leben genutzt habe. Die schnelle Innovationsgeschwindigkeit hat es möglich gemacht, alle zwei bis drei Jahre neue Geräte, Betriebssystemversionen und Programme einzusetzen. Microsoft Windows ist mittlerweile in Version 10 auf dem Markt, tatsächlich ist das aber je nach Zählung schon die 13., 14. oder 15. Version für Privatanwender. Das Apple-Betriebssystem macOS macht es einem noch schwerer mit dem Zählen und verwendet Tier- oder Gebirgsnamen für die Versionen, dürfte mittlerweile aber auch irgendwo bei Version 13, 14 oder 15 sein. Wenn man zurückblickt, erinnert man sich vielleicht noch an Versionen, die besonders gut funktioniert haben oder mit denen man ständig Ärger hatte (Windows Vista!). Aufgehoben hat man den alten Krempel normalerweise nicht.

Gibt es eigentlich irgendwo ein Museum, in dem alle Rechner, Betriebssysteme und Anwendungsprogramme der letzten 20 Jahre gesammelt sind, wo man Windows 3.11 noch anschauen kann oder eine alte dBase-Datenbank? Ja, das gibt es, leider jedoch ohne Öffnung für die Allgemeinheit. Es ist die deutsche öffentliche Verwaltung. 4,65 Millionen Menschen in tausenden Behörden – die genaue Zahl kennt keiner – setzen so ziemlich jeden Computer, jedes Betriebssystem und jede Office-Version ein, die in den letzten 20 Jahren auf den Markt gekommen ist. Deutlich sichtbar wurde diese Vielfalt im Zusammenhang mit dem Auslaufen des Microsoft-Supports für das alte Betriebssystem Windows XP. Microsoft hatte 2009 angekündigt, dass es den Support für das 2001 erschienene Betriebssystem im April 2014 einstellt. Nach dem Ende des Supports eines Betriebssystems werden keine Fehlerkorrekturen, insbesondere keine Sicherheitsupdates mehr bereitgestellt. Alle danach entdeckten Schwachstellen im System können nicht mehr geschlossen werden, die betreffenden Computer sind Cyberangriffen ungeschützt ausgesetzt.

Windows XP war in den Behörden des Bundes sehr breit im Einsatz. Die Bundesbeauftragte für den Datenschutz nahm das Auslaufen des Supports daher zum Anlass, den Stand der Umstellung von Windows XP auf neuere Betriebssysteme Ende 2015 bei allen Behörden abzufragen. Ergebnis: im Dezember 2015 waren in Dutzenden Behörden der Bundesverwaltung noch 38 000 PC mit Windows XP im Einsatz, mit 22 000 die meisten im Bereich der Deutschen Rentenversicherung Bund – aus Sicht der Datenschutzbeauftragten eine Gefahr für die Daten der Bürger. Denn Windows-XP-Computer können leichter angegriffen und Daten gestohlen werden. Doch selbst über ein Jahr nach der Erhebung der Datenschutzbeauftragten war das Problem nicht gelöst. Im März 2017 waren immer noch 2 000 Systeme der Deutschen Rentenversicherung Bund nicht umgestellt.[27]

Staatliche Behörden waren in Deutschland lange Zeit Vorreiter bei der Nutzung von Computern. Schon in den 20er Jahren des vorigen Jahrhunderts kamen Lochkarten-basierte »Hollerith-Maschinen« bei der staatlichen Statistik zum Einsatz, Vorläufer von Computern. Die Deutsche Hollerith Maschinen Gesellschaft (Dehomag) war 1922 von IBM übernommen worden und verdiente prächtig an den staatlichen Aufträgen, erst recht nach der nationalsozialistischen Machtergreifung. Der damalige IBM-Chef Thomas J. Watson, Namensgeber des Künstliche-Intelligenz-Systems von IBM, wurde dafür 1937 von Adolf Hitler mit dem »Verdienstkreuz vom deutschen Adler« ausgezeichnet. Auch die Erfassung der deutschen Juden und der spätere Holocaust wurden mit Hollerith-Maschinen organisiert – wieviel IBM davon wusste, ist bis heute unklar.[28]

Nach dem Krieg waren es neben den Statistikern vor allem die Rentenversicherungsträger, die sehr früh mit dem breiten Einsatz von Computern begannen. Ab Anfang der 1960er Jahre wurden die Lochkarten bei der Rentenversicherung durch Magnetbänder ersetzt. Auch der Einsatz im Office-Bereich an den Schreibarbeitsplätzen begann bei der Rentenversicherung schon sehr früh, Ende der 1970er Jahre.[29] Frühe Anwendung fanden Computer auch im Bereich der Polizei. Vor allem der ab 1971 amtierende Präsident des Bundeskriminalamtes Horst Herold verfolgte die Vision, die kriminalpolizeiliche Arbeit durch den Einsatz von Computern auf eine völlig neue Stufe zu bringen. Er gründete das bis heute existierende Informationssystem der deutschen Polizei (Inpol) und wurde bekannt als Erfinder der Rasterfahndung.[30] Unter Herolds Leitung wurde das BKA zu einer sehr stark technisierten Behörde. Der Einsatz von Computern wurde in allen Bereichen des Amtes forciert, von der Antiterrordatei bis zur Autolackdatenbank, mit deren Hilfe man Spuren bestimmten Automodellen zuordnen kann. Als wir vor einigen Jahren eine Erfassung der verschiedenen IT-Systeme der über 20 Behörden im Bereich des Innenministeriums durchführten, war das BKA die Behörde mit der mit Abstand größten Vielfalt verschiedener Anwendungen von Computern.

So wie bei der Rente, der Statistik oder der Polizei ging es in allen Bereichen der öffentlichen Verwaltung in Deutschland.

Damals hatte die Regierung darüber noch einen sehr präzisen Überblick. Im Oktober 1968 berichtete der Bundesinnenminister dem Deutschen Bundestag, in (West-)Deutschland seien Anfang 1968 genau 3 863 »Anlagen« im Einsatz gewesen, 139 davon in den Behörden des Bundes, davon etwa die Hälfte bei Bahn und Post. Im Anhang zu dem Bericht an den Bundestag wurden alle Computer einzeln aufgeführt, IBM, Zuse, Telefunken, CDC und andere.[31]

45 Jahre später versuchte die Bundesregierung erneut, einen Überblick über den Einsatz von Computern in den Behörden des Bundes zu gewinnen. 2013 führte das Bundesinnenministerium eine Bestandsaufnahme der IT in der Bundesverwaltung durch. Alle Ministerien und die ihnen nachgeordneten Behörden wurden befragt, die Ergebnisse in monatelanger Arbeit plausibilisiert und konsolidiert. Die Gesamtergebnisse wurden nicht veröffentlicht, auch um Cyberkriminellen keine Hinweise auf Angriffsflächen zu geben. Eines aber kann man sagen: eine Zählung aller eingesetzten Computer oder gar die Erstellung einer Liste ist selbst für die Bundesverwaltung heute nicht mehr möglich. Eine unübersehbare Zahl von Geräten ist im Einsatz, zentral und dezentral. Es gibt viele große Rechenzentren mit hunderten Servern und es gibt tausende mobile Geräte in den Aktentaschen der Mitarbeiter. Jede Behörde verwaltet ihren Bestand selbst, manchmal Standort für Standort getrennt. Ein zentrales Bestandsverzeichnis des Bundes existiert nicht, nicht einmal für einzelne Ministerien und deren Behörden. Eine Abfrage wie 2013 liefert nur eine unpräzise Momentaufnahme. Wenn in irgendeiner Behörde zum Zeitpunkt der Abfrage gerade ein relevanter IT-Experte krank war, fehlen vielleicht die Daten eines Behördenstandorts. Oder die eine Behörde sieht ein paar hundert Tablets bei Bediensteten im Außendienst als Computer an, eine andere nicht. Als die

Bundeswehr im Rahmen des sehr zutreffend benannten Projektes »Herkules« zwischen 2007 und 2016 ihre gesamte IT in einer einheitlichen Organisation zusammenführte, wurden Liegenschaften mit IT-Ausstattung und Serverräumen »entdeckt«, die den zentral Verantwortlichen im Verteidigungsministerium zuvor nicht bekannt waren.

Ursache für diesen fehlenden Überblick über die IT des Staates ist die Art und Weise der Einführung von Computern in Behörden. In den 1970er und 80er Jahren hielten sie zwar nach und nach Einzug in alle Behörden. Zentral geplant wurde das aber nicht. Zwar hatte das Bundesinnenministerium für die Bundesverwaltung schon im März 1968 eine »Koordinierungs- und Beratungsstelle für die EDV in der Bundesverwaltung« (KBSt) eingerichtet, doch deren Aufgabe war nicht die Planung und Steuerung des Einsatzes, sondern die Beratung und der Erfahrungsaustausch. In den Ländern war es nicht viel anders. Entscheidungen über das Ob das Wie des Computereinsatzes traf die jeweils zuständige Behörde selbst, allenfalls – im Einzelfall – angeleitet vom jeweiligen Ministerium, das immerhin das Geld dafür bereitstellen musste. An dieser Stelle scheint wieder die im vorigen Kapitel beschriebene mehrfache Segmentierung der öffentlichen Verwaltung durch: Trennung zwischen Bund, Ländern und Kommunen auf der einen Seite, Ressorthoheit innerhalb des Bundes und innerhalb der Länder auf der anderen Seite. Zudem war die Notwendigkeit einer Bund-Länder- oder ressortübergreifenden IT-Verknüpfung in den 1970er und 80er Jahren kaum absehbar. Nur das Meldewesen hatte schon einen regen Informationsaustausch mit Rentenversicherung, Bundeswehr und Polizei, alle anderen Behörden arbeiteten nur für sich. In den 70er Jahren hatte sich immerhin schon eine kleine Disziplin »Verwaltungsinformatik« etabliert und beschäftigte sich wissenschaftlich mit dem

Einsatz von Computern in Behörden. Die Notwendigkeit einer behördenübergreifenden Erfassung, Steuerung oder Zusammenführung von IT wurde jedoch von der Wissenschaft damals noch nicht thematisiert. Eher umgekehrt: Die gleichzeitig verstärkt geführte Datenschutzdebatte wies in eine andere Richtung, forderte eine stärkere Trennung der IT der Behörden. Strenge Zweckbestimmung der persönlichen Daten wurde auf eine strenge Abschottung der dafür verwendeten Geräte übertragen.

Validestes Ergebnis der Bestandaufnahme des Bundes im Jahr 2013 war die Feststellung, dass der Bund 96 Rechenzentren und 1245 Serverräume betreibt.[32] Und dass der Bund nicht weiß, zu welchen Kosten. Die Gesamtausgaben können nur sehr grob abgeschätzt werden, da die Budgets für Hardware, Software, Programmierung und Beratung nicht an einer Stelle, sondern im Haushalt jeder einzelnen Behörde veranschlagt sind. Zudem sind die IT-Ausgaben im Bundeshaushalt gar nicht (mehr) ausdrücklich gekennzeichnet. 1968 hatte der Bundesinnenminister noch von Gesamtkosten des Bundes in Höhe von 100 Millionen DM pro Jahr berichtet.[33] Gegenwärtig schätzt man die IT-Ausgaben des Bundes einschließlich Bundeswehr auf vier Milliarden Euro pro Jahr, allerdings ohne die Sozialversicherungsträger und ohne die privatisierten Bereiche Bahn, Post und Telekom. Hinzu kommen geschätzte fünf Milliarden Euro pro Jahr in den Ländern und vier Milliarden Euro pro Jahr in den Kommunen. Gerade die Sozialversicherungsträger wie die Rentenversicherung und die Bundesagentur für Arbeit geben sehr viel Geld für IT aus, weshalb man noch ein paar Milliarden addieren muss. BITKOM schätzt die Gesamtausgaben des Staates für Informationstechnik auf etwas 20 Milliarden Euro.[34] Das ist immerhin ungefähr ein Sechstel des gesamten IT-Marktes in Deutschland.

Der Staat ist mit Abstand der größte Einkäufer von Hardware und Software.

Die Geschichte der dezentralen und ungesteuerten Einführung von IT in den Behörden wirkt bis heute fort und ist entscheidender Grund einer großen Schwäche des Staates im Umgang mit der digitalen Welt: zwar ist der Staat der größte Nutzer von IT im Land, steuert sie aber nicht einheitlich. Das hat Auswirkungen nach innen und nach außen. Behörden sind überfordert mit »ihrer« IT, weil sie der zunehmenden Komplexität der digitalen Welt mit ihren beschränkten Mitteln kaum noch gerecht werden können. Nicht jede Behörde kann sich Spezialisten für all die Technologien leisten, die im Einsatz sind, geschweige denn die besonders gefragten Spezialisten für Cybersicherheit. Anspruchsvolle neue IT-Projekte der Behörden dauern besonders lange, weil jede Einrichtung solche Projekte nur alle Jubeljahre durchführt und die Erfahrungen anderer Behörden nicht berücksichtigt werden. Die Stasi-Unterlagenbehörde führt ebenso große (und ähnliche) Projekte durch wie das Deutsche Patentamt oder die Bundesagentur für Arbeit. Alle sind Bundesbehörden, doch jeder geht seinen Weg, beauftragt Firmen, betreibt eigene Rechenzentren.

Nach außen tritt der Staat gleich dreifach schwach auf. Erste Schwäche: Die im vorigen Kapitel beschriebene Digitalisierung von öffentlichen Dienstleistungen »erfindet« jede Behörde selbst, macht eigene Erfahrungen. Das dauert dann besonders lange und das sieht für die Nutzerin und den Nutzer online jedes Mal anders aus. Wer zufällig mal einen Antrag auf Auskunft bei der Stasi-Unterlagenbehörde UND einen Patentantrag gestellt hat, wird keine Ähnlichkeit entdecken. E-Government fühlt sich überall anders an.

Zweite Schwäche: Erinnern Sie sich an das Kapitel über Cyberangriffe. Alle Produkte haben Schwachstellen, alles ist angreifbar, die Verteidiger rennen hinterher, auf absehbare Zeit ist diese Entwicklung nicht zu stoppen. Bei dieser dramatischen Herausforderung sind viele Behörden in Deutschland wegen der Zersplitterung auf sich allein gestellt. Im Bund und den Ländern hängen viele Behörden zwar in zentral überwachten Netzen, die viele Angriffe abwehren. Doch gerade für die Kommunen, das Rückgrat der deutschen Verwaltung, gilt das zumeist noch nicht. Viele Behörden haben Verbindungen mit dem Internet, die kein BSI und kein zentraler Dienstleister absichern. Und selbst wenn das Netz geschützt ist: wie die Computer der Behörden konfiguriert sind, welche Software im Einsatz ist, ob sie kritische Schwachstellen hat, welche davon schon geschlossen sind – all das wird in vielen tausend deutschen Behörden nur vor Ort geprüft, entschieden und umgesetzt.

Dritte Schwäche: Der Staat mit seinen 20 Milliarden IT-Ausgaben pro Jahr ist zwar der größte Nachfrager im Markt, mangels Bündelung der IT verschenken die Behörden von Bund und Länder damit jedoch ihren möglichen Einfluss auf die Entwicklung von Hard- und Software. Die Forderung nach mehr Datenschutz und höhere Sicherheit in den Produkten könnte mit einem solchen Volumen beispielsweise viel stärker vorgetragen werden als wenn jede Behörde das für sich tut. Innovative Produkte erfolgversprechender deutscher Startups könnten durch Aufträge aus Behörden einen Schub erhalten. Doch in der zersplitterten Landschaft ist das schwer bis unmöglich.

Über zehn Jahre habe ich dies an dem Beispiel eines sicheren Mobiltelefons bzw. Smartphones für die Bundesverwaltung erlebt. Das schon 2005 begonnene Projekt unter dem späteren Titel »SiMKo« wollte die Entwicklung eines Smartphones für die Bediensteten des Bundes initiieren, das mit

BSI-geprüfter deutscher Kryptografie arbeitete und es den Benutzern erlaubte, von unterwegs auf sensible Daten im Regierungsnetz zuzugreifen, E-Mails, Kalenderabgleich, Kontakte, Dokumente.

Auf dem Markt gab es keine Lösung. Keiner der großen Smartphone-Anbieter war daran interessiert, eine entsprechende Lösung bereitzustellen. Denn selbst der Bund konnte nur die Abnahme von ein paar tausend Geräten zusichern, auf die sich die Ministerien verständigt hatten. Länder und Kommunen waren nicht dabei. Heraus kam ein von einem deutschen Hersteller entwickeltes sehr spezielles Behördengerät. Es fand nur in kleinem Stil einen Einsatz bei eben jenen paar tausend Nutzern. Sie waren nicht eben glücklich mit der Sonderlocke des Bundes. Mit dem iPhone konnte SiMKo nicht mithalten, Akkulaufzeiten waren kürzer, die Bedienung komplizierter, der Preis deutlich höher als beim iPhone. Etwas Anderes kann man von einer Sonderanfertigung für ein paar tausend Nutzer nicht erwarten. In der Folge nutzte nicht einmal die Bundeskanzlerin dieses Gerät, sondern offenbar ein normales Handy, das ihr die CDU zur Verfügung gestellt hatte – und das wohl über Jahre von der NSA abgehört wurde.[35]

Wir wissen (natürlich) nicht, wieviel Smartphones deutsche Behörden regelmäßig kaufen. Klar scheint, dass die Nachfrage durch alle deutschen Behörden mit ihren 4,6 Millionen Beschäftigten eine größere Chance auf eine taugliche und preiswerte Lösung haben würde als die Sonderanfertigung für ein paar Ministerien und Sicherheitsbehörden des Bundes. Mittlerweile ist der Bund umgeschwenkt und verzichtet auf Sonderanfertigungen und beschafft Sicherheits-Add-On für iPhone und iPad[36] – allerdings wieder nur für den Bund und ohne Abnahmegarantie – mithin mit wenig Wirkung in den Markt hinein.

Die Nachteile der zersplitterten IT des Staates sind seit Jahren Gegenstand intensiver Diskussionen zwischen den Ministerien und in den Verwaltungen. Im Mittelpunkt stand die Forderung einer »Konsolidierung« der IT. Konsolidierung bedeutet, dass die IT technisch auf wenige Plattformen reduziert wird und organisatorisch von nur einem gemeinsamen IT-Dienstleister, einer Art Gemeinschaftsrechenzentrum verwaltet wird. In den großen Konzernen war diese Strategie schon seit den 1990er Jahren üblich geworden. Die verschiedenen Rechenzentren wurden in einer Organisationseinheit zusammengefasst, bisweilen auch an externe Dienstleister abgegeben. Der interne oder externe Dienstleister wurde auch für die Betreuung von PC, mobilen Geräten und Software, den Betrieb des Netzes, oft auch für die IT-Projekte verantwortlich gemacht. Wer im Betrieb für seine Aufgabe neue, weitere oder veränderte IT braucht, muss das beim Dienstleister ordern (und bezahlen). Der IT-Dienstleister verfügt über eine Art »Katalog«, aus dem man IT-Produkte bestellen kann. Mit dieser organisatorischen Bündelung ging eine technische Konsolidierung einher. Denn ein Dienstleister wird effizienter und effektiver, wenn er nur wenige Technik einsetzt, nicht zehn verschiedene Datenbankprogramme pflegen muss, nicht acht verschiedene Druckertypen warten, nicht drei verschiedene Versionen von Windows oder Word.

Dieses in den großen Unternehmen bewährte Prinzip hatte es schwer in den Behörden. Denn mit der Abgabe der IT an einen Dienstleister ist auch die Abgabe von Geld und Personal und Entscheidungskompetenz verbunden. Der Widerstand aus den Behörden und Ministerien gegen solche Bündelungsansätze war groß. »Lieber selbst für teure und schlechte IT verantwortlich sein als Abgeben an andere« schien die Devise vieler Behördenleiter zu sein. An dieser Stelle schlug wieder die mehrfache Segmentierung des Staates zu – Sie erinnern sich: Bund, Länder, Kommunen einerseits, Ressorthoheit andererseits. Nicht einmal Ministerpräsidenten oder Bundeskanzlerinnen konnten das so ohne weiteres überwinden. Denn die Ressorthoheit wird so interpretiert, dass ein Minister für seinen Bereich zwar vielleicht noch politische Weisungen des Regierungschefs akzeptieren muss – Stichwort: Richtlinienkompetenz –, keinesfalls aber Weisung in Sachen Organisation und IT. Da geht es nicht um Politik, das verantwortet jeder für sich selbst. So die Logik innerhalb der Regierungen.

Man muss das ein bisschen einschränken, jedenfalls für die Länder. In einigen der Bundesländer war der Gedanke der Konsolidierung viel früher akzeptiert und umgesetzt worden als in anderen und als im Bund. Die ostdeutschen Länder hatten keine so hohe Zersplitterung der IT, weil sie sie im Wesentlichen erst ab 1990 neu aufgebaut haben. Dabei haben sie oftmals von Anfang an auf zentrale Dienstleister gesetzt. Manche davon waren schon in DDR-Zeiten gegründet worden. So wurde beispielsweise aus dem VEB Datenverarbeitungszentrum Schwerin nach der Wende eine private Gesellschaft, die als Datenverarbeitungszentrum Mecklenburg-Vorpommern als zentraler Dienstleister des Landes agiert[37]. Glück für die ostdeutschen Länder. Auch im Westen gab es Pioniere: 2004 schlossen sich die IT-Dienstleister von Hamburg und Schleswig-Holstein zu Dataport zusammen, einem gemeinsamen IT-Dienstleister. Mittlerweile sind neben den beiden Ländern auch Bremen, Niedersachsen und Sachsen-Anhalt Träger von Dataport[38]. Sie haben zwar noch nicht alle ihre Landes-IT zusammengeführt. An sieben Standorten arbeiten aber immerhin schon über 2 500 Mitarbeiterinnen und Mitarbeiter gemeinsam für alle fünf Bundesländer.

Jedes Bundesland hat mittlerweile einen (oder mehrere) IT-

Dienstleister aufgebaut und arbeitet daran, die IT zusammenzuführen. Im Bereich der Kommunen haben sich eine Reihe von kommunalen Datenzentralen gebildet, die für mehrere Kommunen IT-Leistungen erbringen.[39] Viele Kommunen betreiben ihre Informationstechnik aber weiter selbst.

In der Bundesverwaltung ist die Konsolidierung seit 2000 intensiv diskutiert worden. Aus dem Bundesinnenministerium heraus haben wir mehrfach einen Anlauf unternommen, die IT der Behörden bei einem zentralen Dienstleister zu bündeln. Der Anfang wurde schon bei BundOnline 2005 gemacht, als wir darum gekämpft haben, dass die für Internetangebote der Behörden nötigen IT-Systeme nur einmal entwickelt und von allen eingesetzt werden. Das war mäßig erfolgreich, aber ein erster Schritt. Der nächste Versuch wurde 2007 unternommen mit der Einrichtung eines Beauftragten der Bundesregierung für IT (Bundes-CIO), der zentrale Steuerungskompetenz für die gesamte IT des Bundes bekommen sollte. Das war ein Anfang, brachte in Sachen Konsolidierung aber wenig, weil nicht der Bundes-CIO die zentrale Entscheidungsgewalt bekam, sondern ein Gremium aller Ministerien, IT-Rat genannt.[40] Dort konnte zwar über die gesamte IT entschieden werden, aber nur einstimmig. In den Koalitionsverhandlungen des Bundes 2013 scheiterte der parteiübergreifende Vorschlag, die IT des gesamten Bundes bei einem Dienstleister zu bündeln. Der letzte (und nun hoffentlich erfolgreiche) Versuch wurde 2014/15 gestartet.

Zu verdanken hat der Bund das einem Generationenwechsel in der Politik. Mit dem Einziehen von IT-kompetenten Abgeordneten in den Bundestag, und IT-offenen höheren Beamten in die Ministerien weichte die Ablehnungsfront auf. Als Folge der Bestandserhebung von 2013 und mit Unterstützung des Haushaltsausschusses des Bundestages beschloss die Bundesregierung das Konzept IT-Konsolidierung Bund.[41] Vorgesehen ist es, die IT des Bundes bis Ende 2025 bei einigen wenigen IT-Dienstleistern zu konsolidieren. Mit dem Informationstechnikzentrum Bund (ITZ Bund) und der Bundeswehr-Informationstechnik GmbH (BWI) stehen zwei bundeseigene Dienstleister zur Verfügung, die nach und nach alle IT aller Behörden übernehmen sollen. Nur die Rentenversicherung und die Bundesagentur für Arbeit bleiben ausgenommen, zudem Nachrichtendienste und die Botschaften und Konsulate weltweit. Gleichwohl wird der allergrößte Teil der IT des Bundes nun zusammengeführt.

Was so einfach klingt, ist ein großer Kraftakt. 10 000 Mitarbeiter sind betroffen, Milliardeninvestitionen müssen umgesteuert oder neu vorgenommen werden. Zudem muss sichergestellt werden, dass die Vorteile gemeinsamer IT, also die Überwindung der genannten Schwächen bei der IT-Steuerung des Staates nicht mit neuen Nachteilen erkauft werden. Die Bedenken gegen die Konsolidierung in den einzelnen Behörden haben schließlich einen berechtigten Kern: Werden IT-Systeme von einem zentralen Dienstleister gesteuert, sind sie weiter weg von den fachlichen Aufgaben der Behörden. Kommt ein neuer Bedarf auf oder gibt es eine Notlage, in der eine Behörde schnell reagieren muss, ist zunächst der IT-Dienstleister ins Boot zu holen. Die Behörde allein ist mangels eigener IT nicht mehr handlungsfähig. Die Beispiele aus der Wirtschaft zeigen, dass diese Bedenken berechtigt sind – viele Konzerne beklagen die mangelnde »Agilität«, also Reaktionsfähigkeit und -geschwindigkeit, durch zentrale IT. Sie zeigen aber auch, dass diese Probleme lösbar sind, wenn der Dienstleister und die Zusammenarbeit mit seinen internen »Kunden« professionell aufgestellt und finanziell gut ausgestattet werden. Gut gemacht, werden der Staat insgesamt und wir alle davon profitieren können.

Die IT-Konsolidierung im Bund ist auch eine Voraussetzung dafür, dass Bund, Ländern und Kommunen stärker digital zusammenarbeiten. Auch hier gibt es ganz erhebliche Bündelungsmöglichkeiten. Warum betreiben Bund und Länder parallel in ganz Deutschland Computernetze für Ihre Behörden? Warum wird Hardware und Software separat – und damit teurer – beschafft? Warum ist die Berechnung des BAföG zwar bundesweit einheitlich, die verschiedenen staatlichen IT-Dienstleister machen das aber getrennt, entwickeln oder kaufen entsprechende Software – verschiedene für das gleiche Problem?

5.4 UNAUFLÖSBARE ABHÄNGIGKEITEN

»Software-Kolonie Europa« lautete die Schlagzeile auf der Titelseite des Berliner Tagesspiegels vom 9. April 2017. Daneben prangte das Logo von Microsoft Windows. Die Berliner Journalisten Harald Schumann und Elisa Simantke präsentierten das Ergebnis einer monatelangen Recherche. Gemeinsam mit Kollegen aus mehreren anderen europäischen Staaten, von Norwegen bis Griechenland, von Portugal bis Polen, hatten sie sich mit der Abhängigkeit der öffentlichen Verwaltungen Europas von der Software der Firma Microsoft beschäftigt.

Der Befund war niederschmetternd: In ganz Europa setzten die Behörden auf ihren Arbeitsplatzcomputern fast ausschließlich Produkte des amerikanischen Marktführers ein. Konkurrenzprodukte hätten keine Chance. Wettbewerb existiere fast nicht. Der Konzern nehme übermäßigen politischen Einfluss, um diese Abhängigkeit zu erhalten. Damit einher gingen erhebliche technische und politische Sicherheitsrisiken. Gemeint sind vor allem Microsoft Windows und das Office-Paket von Microsoft. Beamte in ganz Europa arbeiten typischerweise mit Windows-PCs oder -Notebooks, schreiben ihre Vermerke mit MS Word, Haushaltszahlen werden mit MS Excel berechnet und für E-Mails und Kalenderführung ist MS Outlook das Standardprodukt in den Amtsstuben.

Übertragen Sie diese Situation einmal auf andere Arbeitsmittel der Behörden, auf Schreibtische zum Beispiel oder Dienstfahrzeuge oder Verkehrsschilder. Stellen Sie sich vor, alle 4,6 Millionen Bediensteten der deutschen Verwaltung hätten Schreibtische eines Herstellers, alle Verkehrsschilder kämen von einem Produzenten, alle Polizisten, Müllmänner und Staatssekretäre würden mit der gleichen Automarke fahren. Natürlich ist das nicht wünschenswert: die Preise würden zu Lasten des Steuerzahlers steigen, bei Qualitätsmängeln könnte nicht gewechselt werden, andere Hersteller würden durch das gigantische Beschaffungsvolumen des Staates vom Markt gedrängt. Nicht umsonst versuchen das europäische und deutsche Vergaberecht, eine solche Monopolsituation zu verhindern: große Aufträge müssen in Teile aufgeteilt werden (»Lose«), es sollen auch Lose für Mittelständler vorgesehen werden, Aufträge sind auf ein paar Jahre zu befristen und danach neu zu vergeben.

Nicht so bei PC-Betriebssystemen und Office-Software. Dort gibt es keine Aufteilung in Lose, keine Software von Mittelständlern, keine Befristung. Microsoft hat es geschafft, für die Verwaltung unverzichtbar zu sein, neudeutsch: alternativlos. Zurückzuführen ist das natürlich auf die im vorigen Kapitel beschriebene Art und Weise der Einführung von Computern in Behörden. Als die PCs in die Behörden Einzug hielten, waren Microsoft Windows und Microsoft Office die dominierenden Systeme am Markt. Wenn man einen PC kaufte, war das Windows-Betriebssystem typischerweise schon mit dabei, gegen wenig Geld auch MS Word und andere Office-Produkte. Viele Mitarbeiterinnen und Mitarbeiter in den Behörden waren die Microsoft-Software von anderen Arbeitsplätzen oder von zuhause gewohnt. Alternativen wären ungewohnt, schwerer zu bekommen, oftmals auch teurer gewesen. In den IT-Referaten der einzelnen Behörden, den Entscheidungsträgern für die Beschaffung von Hard- und Software, dachte niemand über Alternativen nach. Mit jedem Microsoft-Arbeitsplatz in einer Behörde wuchs die Abhängigkeit. Denn bei Betriebssystemen und Office-Programmen ist Kompatibilität innerhalb der Behörden – und behördenübergreifend – von großer Bedeutung. Texte müssen von Kolleginnen und Kollegen weiterverarbeitet werden können. Mitarbeiter sollen bei einem Arbeitsplatzwechsel in der Behörde die gleiche Software nutzen können – ohne neue Schulungen.

Kompatibilität erzwingen auch die jeweiligen Fachanwendungen einer Behörde. Das sind die Programme, die für die eigentliche Fachaufgabe des Amtes zuständig sind, also zum Beispiel für die Ummeldung im Meldeamt, für die Erfassung von BAföG-Anträgen, die Bearbeitung von Baugenehmigungen oder die Fahndung nach Straftätern. Solche Programme sind eigens für die Behörden entwickelt worden, individuell oder gleich für eine ganze Klasse von Behörden, zum Beispiel die Meldeämter oder Bauämter. Für Windows entwickelte Programme laufen im Normalfall nicht auf dem Mac oder nicht unter Linux. Für jedes Betriebssystem braucht es spezielle Versionen. Die ausschließliche Berücksichtigung des am weitesten verbreiteten Betriebssystems Windows liegt nahe. Sie spart Kosten und Wartungsaufwand in den Behörden.

Mehrere Effekte sind also zusammengekommen und haben

dafür gesorgt, dass Microsoft-Systeme eine überragende Dominanz in den Behörden haben. Die Bedenken dagegen, die Sorgen um die große Abhängigkeit sind dabei gar nicht neu, in Deutschland über 17 Jahre alt.

Am 4. Mai 2000 erhielten Millionen Menschen weltweit Liebesbriefe – eine E-Mail mit dem Betreff »I love you«. Angehängt war eine Datei mit dem Namen »Loveletter«. Doch darin verbarg sich nicht wirklich ein Liebesbrief, sondern ein Computerwurm. Klickte man auf den »Loveletter«, war der Rechner infiziert. Dateien auf der Festplatte wurden gelöscht oder versteckt. Zusätzlich sorgte der Computerwurm dafür, dass der eigene Computer andernfalls solche falschen Liebesbrief-E-Mails verschickte – an die Adressen im eigenen Adressbuch. Das sorgte für schnelle Verbreitung und wiegte die Empfänger in Sicherheit, weil die E-Mails scheinbar von Kollegen oder Bekannten kamen. Schätzungen ergaben später eine zweistellige Millionenzahl betroffener Computer und einen Milliardenbetrag für die Reparaturarbeiten.

Ich erinnere mich gut an diesen Tag, weil das im Bundesinnenministerium der erste Fall war, bei dem wir einen IT-Sicherheitsvorfall von nationaler und internationaler Relevanz hatten. Der damalige Minister Otto Schily musste in der Tagesschau erklären, was passiert war, und wir ihn entsprechend vorbereiten. Als einer der Ursachen für die explosionsartige Verbreitung des Loveletter-Wurms war schnell die Dominanz von Microsoft ausgemacht: der Wurm nutzte zur Verbreitung das E-Mail-Programm Microsoft Outlook. Wer eine andere Software zum Mailen einsetzte, verteilte den Wurm nicht weiter. Outlook wiederum ließ es zu, dass ein Wurm ohne Zutun des Benutzers massenhafte E-Mails versandte. Die schnelle Verbreitung des Wurms war also eine Folge des Microsoft-Monopols. Forderungen zur Reduzierung der Microsoft-Dominanz wurden laut.[42]

Die Debatte fand auch ihren Weg in den Deutschen Bundestag. Am 11. Mai 2000 gab es eine aktuelle Stunde zum Loveletter-Wurm und den Folgen für die IT-Sicherheit. Viele Redner meldeten sich zu Wort. Die Maßnahmen zur zukünftigen Verhinderung solcher Vorfälle waren umstritten. In einem waren sich aber alle Fraktionen einig: die Microsoft-Dominanz müsse aufgebrochen werden. Bundesinnenminister Schily formulierte es sehr prägnant und unter Bezugnahme auf andere Politikfelder: »*Es ist auch meine Auffassung [..], dass Monokulturen für Viren besonders anfällig sind. Das ist übrigens in der Natur genauso. Die Wälder sind am ehesten dort zugrunde gegangen, wo sie Monokulturen waren. Mischwälder sind weniger anfällig für Krankheiten.*«[43] Von mehreren Rednern wurde der Vorteil von Open-Source-Software betont, also Computerprogrammen, deren Quelltext in menschenverständlicher Weise offengelegt ist und die deshalb – anders als zum Beispiel die Microsoft-Produkte – von unabhängigen Sicherheitsforschern ohne Einschränkung auf Lücken und Schwachstellen untersucht werden können.

Die Debatte im Deutschen Bundestag über den Loveletter-Wurm war der Startschuss für einen Versuch, die »Monokultur« von Microsoft in den deutschen Ämtern zu verändern. In der Bundesverwaltung wurde ein »Kompetenzzentrum Open-Source-Software« eingerichtet, die schon erwähnte KBSt gab einen Migrationsleitfaden heraus, um Behörden bei dem Umstieg von Windows auf Linux oder andere Systeme zu unterstützen.[44] Einige Behörden entschieden sich für einen vollständigen oder teilweisen Umstieg auf Linux, zum Beispiel das Auswärtige Amt oder auch die Stadtverwaltung München. Gerade das Münchner Projekt »LiMux« fand viel Beachtung, sowohl in der Öffentlichkeit und Politik als auch bei der Firma Microsoft, die mit erheblichem Lobbyeinsatz und zahlreichen Angeboten versuchte, den symbolträchtigen Umstieg zu verhindern.[45]

Alle Umstiegsversuche kämpften mit großen Schwierigkeiten. Jeder Umstieg von einer bestehenden einheitlichen Ausstattung zu etwas Neuem kostet zunächst einmal viel Geld. Linux an sich ist kostenlos erhältlich, aber die Installation, die Schulung der Mitarbeiterinnen und Mitarbeiter, die Anpassung der Fachanwendungen, all das sind zusätzliche Aufwände, denen kein unmittelbarer Ertrag gegenübersteht, nur ein sehr langfristiger – die Reduzierung von Abhängigkeit. Eine Umstellung bringt zudem viel Unruhe in die Behörden. Wenn eine Stadtverwaltung mit 15 000 Mitarbeitern wie München bei 80 % der Beschäftigten die Software am Arbeitsplatz ändert (das war das Ziel), dann gibt es praktisch von einem Tag auf den anderen kein anderes Thema mehr auf den Behördenfluren und in den Kantinen. Zu sehr ist der Umgang mit PCs zum Kern der beruflichen Tätigkeit der meisten Beamten geworden. Zudem führt ein Umstieg immer auch zu tatsächlichen Problemen im Arbeitsalltag. Beispielsweise sind die Textverarbeitungsprogramme von Microsoft und die Open-Source-Konkurrenzprodukte wie OpenOffice oder LibreOffice eben nicht 100 % kompatibel. Das haben Sie vielleicht selbst schon erlebt. Der Text sieht plötzlich ein wenig anders aus und erfordert Nacharbeit – ärgerliche Mehrarbeit im Alltag. Microsoft hat über die Jahre die Komplexität der Software (und der Dateiformate von Texten und Tabellen) immer mehr erhöht – mit dem Ziel der Verbesserung der Leistungsfähigkeit, damit aber eben auch den Open-Source-Konkurrenten das Leben schwerer gemacht.

Seit der Debatte des Jahres 2000 ist auf politischer Ebene

oft genug das Ziel der Reduzierung der Microsoft-Abhängigkeit bekräftigt worden, in Koalitionsverträgen und Beschlüssen der Parlamente in Bund und Länder. Geschehen ist wenig. Das Auswärtige Amt ist 2014 von Linux zu Microsoft zurückgekehrt. Im gleichen Jahr hat auch die Stadt München die Rückkehr zu MS Windows eingeläutet, etwa zeitgleich mit der Bekanntgabe Microsofts, ihre Deutschland-Zentrale von Unterschleißheim in die Stadt München zu verlagern.[46] Prominente Beispiele für eine Umstellung der PC-Arbeitsplätze weg von Microsoft gibt es in Deutschland seitdem nicht mehr.

Nach den Recherchen von Harald Schumann und seinen Kollegen ist die Situation in den anderen europäischen Staaten nicht viel anders. Zwar gibt es hier und dort Beispiele für einen anderen Weg, etwa 100 000 Arbeitsplätze der italienischen Armee, doch es sind – wie Schumann formuliert – nur »Inseln im Microsoft-Ozean«.[47] Politisch ist man sich in den meisten Staaten und auch der Europäischen Kommission einig: die Abhängigkeit müsste reduziert werden. Nur: keiner weiß wie.

Die Microsoft-Dominanz in den Behörden ist nur ein Beispiel für die Abhängigkeit des Staates von einzelnen Digitalanbietern. SAP-Systeme in den Bereichen Haushalt, Rechnungswesen, Personalverwaltung und Immobilien sind auf dem besten Weg, eine ähnliche Bedeutung für die Behörden zu bekommen. Eine neue Dimension dieser Abhängigkeit ergibt sich zudem durch die Virtualisierung, die Verlagerung von immer mehr Daten in die Cloud – typischerweise die Cloud des jeweiligen Anbieters. Wenn Sie heute Microsoft Word nutzen, wird Ihnen das in einer Form angeboten, bei der Ihre Daten in einer Cloud auf den Servern von Microsoft gespeichert werden (»Office 365«). So ähnlich ist das bei SAP und vielen anderen Anbietern. Das ist praktisch, weil Sie von allen Endgeräten und von unterwegs an die Daten kommen. Das erhöht aber noch einmal die Abhängigkeit von dem Anbieter.

Viele IT-Verantwortliche im Staat sehen diese Problematik. Doch sie haben gleichzeitig die schwierige Aufgabe der Konsolidierung der IT der Behörden. Konsolidierung bedeutet aber immer auch: Standardisierung der IT, der Hard- und Software. Das passt nicht dazu, neben die weit verbreitete Standardsysteme von Microsoft und SAP eigene Sonderlösungen zu setzen. Lieber versuchen die größeren öffentlichen IT-Dienstleister die Abhängigkeit etwas besser zu kontrollieren, zum Beispiel durch eigene Rechenzentren, in denen die Daten gespeichert werden – mit Software von Microsoft.

Wieder andere Behörden stürzen sich gleich in die nächste Abhängigkeit: erste Behörden haben damit begonnen, ihre Verwaltungsabläufe unter Nutzung von Facebook zu gestalten. Was für den Facebook-Nutzer ganz praktisch sein kann – den Antrag per Facebook-Post absenden –, führt zu einer ganz neuen Stufe von Verantwortungsabgabe des Staates. Wie Facebook-Posts behandelt werden, welche Daten wo und wie gespeichert und verarbeitet werden, kontrolliert allein Facebook – und kann das, wie wir gesehen haben, von einer Minute zur anderen ändern. Zu Recht wird dies heftig kritisiert.[48]

Noch mehr unauflösbare digitale Abhängigkeiten brauchen wir nicht.

5.5 AUSUFERNDES TECHNIKRECHT

Schon immer habe ich mich für Computer und für Recht gleichermaßen interessiert. In der Abiturzeitung meines Jahrgangs habe ich »Rechtsinformatiker« als Berufswunsch angegeben. Dass ich am Ende ein halber Jurist und ein ganzer Informatiker geworden bin, ist mehr dem Zufall zu verdanken, es hätte auch umgekehrt kommen können. Wenn ich mir meine Arbeitsschwerpunkte über die Jahre anschaue, stand mal das eine, mal das andere im Vordergrund, zunehmend beides miteinander vermischt.

Recht und Informatik haben große strukturelle Ähnlichkeiten. Schon seit dem Entstehen moderner Computer gab es Juristen mit Leidenschaft für die Informationstechnik, darunter auch meine beiden prägendsten wissenschaftlichen Mentoren Bernd Lutterbeck und Bernhard Schlink. Informatiker entwickeln algorithmische Verfahren zur Problemlösung ebenso wie Juristen dies tun. Algorithmische Verfahren können ebenso normativ wirken wie Rechtsvorschriften, wir hatten das schon bei den Plattformen. Im Fall konkreter Problemlösung ist juristisches Schließen in Form der Anwendung allgemeiner Regeln auf konkrete Lebenssachverhalte strukturell nicht so verschieden von der informatischen Problemlösung durch Universalcomputer. Das Arbeiten an der Schnittstelle von beidem hat mich stets inspiriert, mal nach dieser, mal nach jener Seite über den Zaun zu schauen und am liebsten beides miteinander zu verknüpfen.

Dazu bestand in den letzten 20 Jahren auch ausgiebig Gelegenheit. Denn das Recht und die Informationstechnik haben sich in Deutschland in einem Ausmaß miteinander verschränkt, das zuvor undenkbar gewesen wäre. 2008 wurde im Bund die Funktion eines Beauftragten der Bundesregierung für Informationstechnik, kurz Bundes-CIO, geschaffen. Die Aufgabe wird von einer Staatssekretärin oder einem Staatssekretär im Bundesinnenministerium wahrgenommen. Durch einen Kabinettbeschluss ist festgelegt, dass die oder der Bundes-CIO an Gesetzgebungsvorhaben zu beteiligen ist, die wesentliche Auswirkungen auf die Gestaltung der IT der öffentlichen Verwaltung haben. Meiner Abteilung im BMI oblag die praktische Umsetzung dieser Beteiligung. Alle Gesetzentwürfe, die das BMI aus dem eigenen Haus oder anderen Ministerien erhielt, wurden zunächst daraufhin geprüft, ob IT-Fragen betroffen sind. Im nächsten Schritt wurde entschieden, ob eine Stellungnahme des Bundes-CIO geboten ist. 2014 haben wir eine überschlägige Abschätzung gemacht, was diese Beteiligung mittlerweile bedeutet: Ungefähr 60% aller Gesetzentwürfe des Bundes haben damals bereits irgendwelche Regelungen zur Informationstechnik enthalten. Entweder ging es um Fragen, wie die Behörden Gesetze ausführen (nämlich mit IT) oder ob andere Behörden digital beteiligt werden müssen. Oder es ging um die gesetzliche Begleitung der Digitalisierung ganzer Lebensbereiche, von der Energiewende über die Verhinderung von Umsatzsteuerbetrug in Kneipen bis zur Verbesserung der Preistransparenz bei Tankstellen. Schließlich gab und gibt es auch eine zunehmende Zahl von reinen Digitalisierungsgesetzen, die Breitbandversorgung verbessern wollen, das Anbieten von WLANs erleichtern, die Sicherheit der IT erhöhen, die Verbraucher vor Online-Betrug schützen oder die Übernahme sicherheitsrelevanter IT-Unternehmen verhindern.

Die wachsende Bedeutung von IT-spezifischen Regelungen liegt auch an der IT-Sicherheit. Sie spielt in den Gesetzen eine immer größere Rolle. Die Behörden werden zunehmend durch Gesetz angehalten, das Bundesamt für Sicherheit in der Informationstechnik einzubeziehen. Allein zwischen 2013 und 2017 wurden 45 Gesetze und Verordnungen des Bundes geschaffen, die neue Aufgaben für das BSI bei der IT-Sicherheit definieren, in allen Bereichen des deutschen Rechts.[49]

Das juristische Informationssystem für die Bundesrepublik Deutschland, kurz: juris, ist auch ein Produkt der Nähe von Informationstechnik und Recht. Computerbegeisterte Juristen schufen diese Datenbank als Versuch der digitalen Dokumentation des gesamten deutschen, mittlerweile auch europäischen Rechts. Ursprünglich ein Projekt des Bundesjustizministeriums arbeitet die juris GmbH mittlerweile auf privatwirtschaftlicher Basis und vertreibt digitale Rechtsinformationen. Ende November 2017 enthielt das in juris dokumentierte, aktuell geltende Bundesrecht genau 116 735 Paragrafen und Artikel, also alle Gesetze und Verordnungen des Bundes, aufgeteilt in Einzelparagrafen/-artikel. Davon ordneten die Dokumentare bereits 32 303 Vorschriften dem Rechtsgebiet »IT- und Medienrecht« zu. 3 000 Paragrafen enthalten sogar das Wort »elektronisch«, 1 000 Paragrafen das Wort »digital«, 6 000 das Wort »Daten«.[50]

Für die deutschen Bundesländer oder auch die EU kann man ähnliches konstatieren: die Fülle rechtlicher Regelungen mit Bezug zur Informationstechnik nimmt zu. Das ist einerseits ein Zeichen dafür, dass die Digitalisierung im Kern staatlichen Handelns angekommen ist, bei der Gesetzgebung. Der Staat adressiert digitale Sachverhalte, Probleme, Herausforderungen eben auch in seinen Gesetzen. Andererseits zeigt es, dass der Staat zunehmend mit dem Mittel der Gesetzgebung Einfluss auf die Gestaltung digitaler Systeme nimmt – oder zu nehmen versucht. Nur mit welcher Wirkung? Wenn ich zwischen Informationstechnik und Recht einen großen Unterschied ausmachen kann, dann ist es Geschwindigkeit.

Die Wirkung der Veränderung von Algorithmen in weltweit genutzten Informationssystemen kann praktisch sofort bei Millionen Menschen spürbar sein. Wenn Facebook seinen Algorithmus ändert, mit dem es die Beiträge im Newsfeed eines Benutzers nach Bedeutung qualifiziert, hat das sofort und weltweit Auswirkungen. 2016 wurden Posts von Freunden und Familie mit einer höheren Bedeutung versehen – mit gravierenden Folgen für Medienunternehmen, deren Nachrichten entsprechend weniger angezeigt und abgerufen wurden.[51] Anders im Recht: Die Vorbereitung eines Bundesgesetzes dauert im Normalfall schon innerhalb der Bundesregierung mindestens ein Jahr, das parlamentarische Verfahren in Bundestag und Bundesrat sowie die Ausfertigung durch den Bundespräsidenten dauert typischerweise ein weiteres Jahr. Mit der Arbeit an einem IT-Sicherheitsgesetz begannen wir im BMI schon 2011, scheiterten Mitte 2013, noch innerhalb der Bundesregierung. Nach der Bundestagswahl setzten wir Anfang 2014 erneut an und waren diesmal erfolgreich, Mitte 2015 trat das Gesetz in Kraft.

Die Verabschiedung eines Gesetzes bedeutet aber noch nicht, dass es angewendet wird. Bis die Betroffenen und Behörden darauf vorbereitet sind, können weitere Jahre vergehen. Beim IT-Sicherheitsgesetz musste das BMI nach Inkrafttreten noch zwei Verordnungen formulieren und die betroffenen Unternehmen haben zwei Jahre Zeit für die komplizierte Umsetzung. Die letzte Frist läuft Mitte 2019 ab, also acht Jahre nach dem Beginn der Vorbereitung des Gesetzes.

Wenn der Staat also darangeht, Informationstechnik gesetzgeberisch zu regeln, ist das ein waghalsiges Unterfangen. Schon in der Zeit, die die Erarbeitung, Beratung und Beschlussfassung des Gesetzes dauert, entwickelt sich die Technik weiter. Wie sollte man in einem Gesetz auf Technik

Bezug nehmen? Wird ein Gesetz zum Zeitpunkt des Inkrafttretens überhaupt noch den technischen Stand erfassen? Wie kann man Technikregulierung so formulieren, dass ein Gesetz sein politisches und gesellschaftliches Ziel erreicht, selbst wenn die Technik nicht eingefroren werden kann?

Eine Ahnung von diesem Problem haben wir schon im Kapitel zum Datenschutz bekommen. Das Ziel des Datenschutzes ist klar: Der Gesetzgeber will die Menschen in ihrem Persönlichkeitsrecht schützen. Deshalb soll der Umgang mit Daten reglementiert werden. Hier kommt Technik ins Spiel: was ist Umgang mit Daten? Ein Social-Media-Profil? Ein Messenger-Dienst? Eine Foto-Sharing-Plattform? Ja, diese gängigen Dienste im Netz sind gemeint – aber schwer zu beschreiben. Zu unklar sind die Leistungsmerkmale, zu schnell ist die Entwicklung. Also hält der Gesetzgeber lieber an der technischen Welt der 1970er Jahre fest: Umgang mit Daten ist Erhebung, Speicherung, Verarbeitung, Nutzung, Übermittlung, Löschung usw. Dieses zeitlose Modell der Modellierung von Technik durch Gesetze ist die eine Form, wie der Gesetzgeber versucht, die IT zu beeinflussen. Wie wir im Datenschutzkapitel gesehen haben, ist das nicht mehr sehr problemadäquat.

Die technische Entwicklung wird durch diese abstrahierende, zeitlose Art der Gesetzgebung im Übrigen wenig beeinflusst. Denn diese Gesetze sind eine Domäne der Juristinnen und Juristen, nicht der Techniker. Für diejenigen, die die Technik einsetzen, kommt es nicht darauf an, wie sie ihre Algorithmen und Systeme gestalten. Vielmehr ist entscheidend, wie sie die Einhaltung der Rechtsvorschriften für ihre am Markt entwickelten digitalen Produkte und Dienste beschreiben und begründen. Kein Fitness-Tracker, Staubsauger-Roboter, keine Drohne und kein Cloud-Dienst verstoßen per se gegen ein so definiertes Gesetz, weder im Hinblick auf den Datenschutz noch die IT-Sicherheit oder andere Vorgaben. Es kommt letztlich auf die rechtliche Ausgestaltung des Einsatzes der Technik an.

Gerade im Datenschutz ist diese nur sehr eingeschränkt techniksteuernde Funktion des Rechts ein viel diskutiertes Thema. Ergebnis ist das Prinzip »Privacy-by-Design«. Es ist mittlerweile gesetzlich verankert im europäischen Datenschutzrecht, das im Mai 2018 in Kraft tritt. Damit ist gemeint, dass die Hersteller von Technik Prinzipien des Datenschutzes gleich in ihre Systeme einbauen. Empfehlungskataloge beschreiben, an welcher Stelle man bei der Entwicklung von Hard- und Software dieses Prinzip wie verankern kann.[52] »Privacy-by-Design« ist naturgemäß nicht mehr als eine Anregung des Gesetzgebers in Richtung Wirtschaft. Denn kein System kann für sich genommen illegal sein, weil es die Prinzipien des »Privacy-by-Design« nicht eingebaut hat. Der Gesetzesverstoß beginnt erst dann, wenn durch die Nutzung eines solchen Systems gegen sonstiges Datenschutzrecht verstoßen wird. Insofern beeinflusst das Recht die Technik nur sehr bedingt, maßgeblich für die Weiterentwicklung von Social-Media- oder Cloud-Diensten, Staubsaugern oder Fitness-Trackern ist der Wettbewerb im Markt, nicht das Recht.

Die zweite Art von technikbezogener Rechtsetzung ist die präzise Definition der technischen Eigenschaften im Gesetz selbst oder in begleitenden Verordnungen und technischen Richtlinien des Staates. Ein Beispiel hierfür ist der »intelligente Stromzähler« (Smart Meter). Nach und nach sollen die deutschen Haushalte mit digitalen Stromzählern ausgestattet werden, die es erlauben, den Verbrauch sehr viel öfter, genauer und online abzulesen und damit komplexere Tarife auf dem

Strommarkt anzubieten. Auch der Verbraucher kann damit im Prinzip Geld sparen. Der Einbau solcher intelligenten Stromzähler wird im Hinblick auf Sicherheit und Datenschutz als so kritisch angesehen, dass sich der Gesetzgeber entschlossen hat, die technische Ausführung dieser Stromzähler genau zu regeln. Mit dem Gesetz zur Digitalisierung der Energiewende wurde 2016 festgelegt, dass nur diejenigen Stromzähler verwendet werden dürfen, die den technischen Richtlinien des BSI entsprechen und in diesem Sinne abgenommen sind.[53]

Ähnlich ist der Gesetzgeber vorgegangen, um den weit verbreiteten Umsatzsteuerbetrug in Gastronomie und Handel zu verhindern. Die Idee dabei ist es, dass Registrierkassen in Kneipen und Läden die erfassten Umsätze digital speichern, so dass sie nicht manipuliert werden können und unverändert bei den Finanzämtern ankommen. Mit dem »Gesetz zum Schutz vor Manipulationen an digitalen Grundaufzeichnungen« vom 22. Dezember 2016 verpflichtet sich der Gesetzgeber dazu, die Kassen bis Ende 2019 entsprechend umzurüsten und ein unveränderbares Speichermedium sowie eine Ausleseschnittstelle einzubauen.[54] Welche digitale Technologie eingeführt wird, legt wie schon bei den Stromzählern das BSI durch technische Richtlinien fest.

Von diesen Beispielen gibt es viele. Besonders prominent ist die elektronische Gesundheitskarte: 2003 gestartet, hat das Projekt bis heute bis zu 1,7 Milliarden Euro verschlungen, ohne dass die Ziele erreicht worden wären.[55] Eigentlich sollte die Karte gemäß eines Gesetzes aus dem Jahr 2003 schon zum 1. Januar 2006 eingeführt werden. Mittlerweile haben auch alle Patienten neue Chipkarten bekommen. Viel anfangen können sie damit nicht. Der Leistungsumfang geht nicht nennenswert über die alte Krankenversichertenkarte hinaus. Viele Jahre leisteten die Ärzteverbände Widerstand gegen eine stärker digitale Erfassung ihrer Arbeit. Mittlerweile ist das etwas abgeklungen. Problem ist aber weiterhin die Ausstattung von Ärzten, Zahnärzten, Apotheken, Krankenhäusern und anderen Leistungserbringern mit der nötigen Infrastruktur. Auch hier hat der Gesetzgeber ähnlich agiert wie beim Stromzähler und den Registrierkassen: sowohl die Karte als auch die technischen Gerätschaften in den Arztpraxen müssen technischen Anforderungen genügen, die das BSI genau festlegt. Das betrifft die Chipkartenleser und die sogenannten Konnektoren – spezielle Geräte, die die Arztpraxen mit den Krankenkassen verbinden. Ende 2017 gab es davon nur ganz wenige Modelle. Nur ein Kartenleser und ein Konnektor waren zugelassen.[56] Ursache: solche Geräte kann man nicht im Geschäft kaufen, sie müssen extra entwickelt werden für die deutschen Arztpraxen. Dabei gibt es natürlich viele Chipkartenleser auf dem Markt und noch mehr Router, die in der Lage wären, die Praxis der Ärzte verschlüsselt mit den Krankenkassen zu verbinden. Doch sie entsprechen nicht den besonderen technischen Anforderungen des Gesetzes und des BSI und sind daher nicht zugelassen.

Diese besonderen Sicherheitseigenschaften haben ihren Preis. Ein Paket aus Konnektor und Chipkartenleser kostet bei den derzeitigen Monopolunternehmen um die 4 000 Euro pro Arztpraxis. Zum Vergleich: Ein ebenfalls BSI-zertifizierter VPN-Router kostet um die 600 Euro, ein BSI-zertifizierter Chipkartenleser um die 60 Euro.[57] Das Abkoppeln staatlich definierter und reglementierter digitaler Technik vom Markt hat seinen (höheren) Preis. Das gilt auch für die intelligenten Stromzähler und die Sicherheitsmodule für Registrierkassen. Deutsche oder europäische staatlich verordnete Digitalgeräte werden auf dem Markt typischerweise nur von einigen wenigen örtlichen (Monopol-)Anbietern bereitgestellt. Für internationale Hard- oder Softwarehersteller lohnen sich diese Produkte nicht.

SmartMeter und Konnektoren gibt es weder von Cisco noch von Huawei, nicht einmal von dem großen deutschen Anbieter AVM, der mit seinen Fritz-Boxen in vielen Haushalten ist. Denn AVM muss wie die anderen Hardwareanbieter mit Produkten vom Weltmarkt konkurrieren und hat seine Entwicklungskapazitäten und Produktstrategien darauf ausgerichtet. Deutsche staatsdefinierte Sonderlocken passen nicht in diese Strategie.

Mit dieser Art techniksteuernder Gesetzgebung entsteht also ein vom übrigen Digitalmarkt abgekoppelter Sondermarkt »staatsnaher« Technologie: besonders sicher, besonders teuer, wenig innovativ. Das regelmäßige Bereitstellen neuer Features, Updates oder »besserer« Nachfolgegeräte kommt bei diesen Produkten nicht in Betracht, schon wegen der zeitraubenden Gesetzgebung, Änderung technischer Richtlinien und Zertifizierung. Ein gesetzlich geregelter Teil unseres digitalen Lebens koppelt sich ab von der schnellen Innovation im Netz.

An sich ist das nicht schlecht, weil unter dem Gesichtspunkt von Datenschutz, IT-Sicherheit und Übernahme staatlicher Verantwortung für die Technologie das Abbremsen der bisweilen stark übertriebenen digitalen Innovation notwendig ist. Die Kommunikation zwischen Stadtwerken und Stromzähler oder zwischen Arztpraxen und Krankenkassen kann auch mal ein paar Jahre auf die immer gleiche technische Art erfolgen, hier brauchen wir nicht ständig neue Features wie beim Smartphone. Das Problem ist nur, dass die Gefahr besteht, dass sich die Innovation der Technologien und Geschäftsmodelle an den staatlich geregelten Bereichen vorbei entwickelt, weil es dem

Staat nicht gelingt, »seine« digitalen Sonderwege schnell und effektiv auszurollen. Denken Sie an das Zusammenbrechen staatlicher Zulassung für Telefone: noch bis in die 1990er Jahre war festgelegt, welche Telefone sie am Telefonnetz betreiben durften, sie brauchten eine sogenannte »FTZ-Zulassung«. Dieses Monopol ließ sich angesichts der technischen Entwicklung nicht halten. Weil jeder im Ausland gekaufte Telefone mit besserer Leistungsfähigkeit anstöpseln konnte, verlor das Verbot seine Wirkung und wurde aufgehoben. Dieser Gefahr sind auch die heutigen Versuche des Staates ausgesetzt, Bürgern und Unternehmen digitale Technik präzise vorzuschreiben: Die Identifizierung mit dem neuen Personalausweis ist besonders sicher, aber die Identifizierung mit Facebook-Login ist einfacher. Auch im Gesundheitswesen besteht die Gefahr, dass die rasante Entwicklung von Gesundheits-Apps irgendwann dazu führt, dass die Patienten lieber mit dem Arzt über die App kommunizieren, weil sie einen Mehrwert darin sehen, alle medizinischen Unterlagen an einem Ort digital verfügbar zu haben – Röntgenbilder, aufbereitete Diagnosen, Notfalldaten. Bis das gesetzlich verordnete digitale System der Gesundheitskarte mit den sicheren Chipkarten, Konnektoren und Kartenlesern soweit ist, könnte es zu spät sein.

Steuerung technischer Innovation durch Recht scheint, so oder so, nicht die beste Lösung zu sein für die staatliche Begleitung der Digitalisierung.

6 STAAT IM NETZ – DÜRFTIGE DURCHSCHLAGSKRAFT

Kontrollverlust im digitalen Alltag ◆ Galoppierende Verantwortungsdiffusion ◆ Digitale Vollzugsdefizite ◆ Neuartige Bremswirkung des Rechts ◆ Fehlender digitaler Versorgungsauftrag ◆ Kraftlose Digitalisierung des Status Quo ◆ Digitalpolitik – es steht viel auf dem Spiel

6.1 KONTROLLVERLUST IM DIGITALEN ALLTAG

760 Millionen Geräte werden im Jahr 2021 in Deutschland im Netz sein – so das Ergebnis der Studie eines Netzwerkausrüsters.[1] Das sind 9,5 Geräte pro Einwohner. Wir wissen nicht, ob die Voraussage stimmt, ganz aus dem Rahmen fällt die Schätzung sicher nicht. Wir wissen nicht, welche Geräte darunterfallen, jedes Heizkörperventil und jede Glühbirne? Autos? Maschinen in Produktionsanlagen? Puppen in Kinderzimmern?

Ganz sicher aber wissen wir eines: 2021 werden wir diese Zahl weder verifizieren noch falsifizieren können. Niemand wird erheben, ermitteln, sagen können, wieviel Geräte direkt oder indirekt, ständig oder gelegentlich online sind. Jede Wette, dass auch Sie im Jahr 2021 Schwierigkeiten haben werden, mir auf Nachfrage all Ihre vernetzten Geräte aufzuzählen. So wie sie heute schon all Ihre Nutzer-Accounts oder Passwörter nicht aufzählen können. Jedes Gerät, das in Ihrem Haushalt arbeitet und funkt, wird im Übrigen nicht einsam und allein arbeiten, sondern »nach Hause telefonieren«: Es gehört wenig Phantasie dazu sich vorzustellen, dass vernetzte Geräte ohne eine Anbindung an eine Cloud im Wettbewerb das Nachsehen haben und vom Markt verschwinden werden. Nur Cloud-basierte Geräte haben die aktuellsten Informationen, Algorithmen und Erfahrungswerte zur Hand, um ihren Job optimal zu erledigen.

Funktionsweise, Wirken und Zusammenspiel der digitalen Geräte in Ihrem Haushalt können weder Sie noch ein Experte erklären. Wir müssen uns von der Vorstellung verabschieden, unseren digitalen Hausrat beschreiben und nachvollziehen zu können. Das wird in sehr kleinen Bereichen der Technik noch möglich sein, im Normalfall geht das nicht. Wie sollte es auch? Schon jedes einzelne System ist überkomplex. Bereits Gründerväter der Informatik wie Josef Weizenbaum haben sich vor mehr als 40 Jahren davon verabschiedet, die von ihnen geschaffenen Programme und Systeme vollständig zu durchdringen und zu verstehen. Der Umgang mit technischen Blackboxes, also Apparaturen, deren Innenleben wir nicht kennen, ist also nichts Neues. Kathrin Passig hat das lesenswert recherchiert.[2]

Neu ist die Tatsache, dass die Blackbox nicht für diesen oder jenen Einzelaspekt unseres Lebens eingesetzt wird, sondern unser ganzes Leben durchdringt. Das Auto ist eine Blackbox, das Flugzeug auch, der Router sicher auch, aber das Zusammenspiel aus Router, Glühbirne, PC, Alexa und Cloud-Diensten? Das ist mehr als eine schwarze Kiste für uns, das ist eine wabernde schwarze Masse, die sich in unserem Leben breitmacht und von der das Leben mehr und mehr abhängt. Einem Vortrag im November 2016 gab die amerikanische IT-Sicherheitsforscherin Marie Moe den Titel »My heart depends on your code«. Sie spielte darauf an, dass digitale Herzschrittmacher gehackt werden können, wenn Programmierer Fehler machen ... und dass sie dies reihenweise tun.[3]

Für unseren digitalen Hausrat müsste man ein bisschen weitergehend formulieren: »My life depends on a digital jungle«.

Die uns umschlingende digitale Welt (einschließlich der digitalen Geräte an und in unseren Körpern) ist wie ein komplexer natürlicher Organismus zu sehen, mit Wachstum und Sterben, mit Interaktion und Störungen. Die Wirkungszusammenhänge kann man beobachten, in Momentaufnahmen beschreiben, partiell beeinflussen, aber eben nicht kontrollieren. Das gilt selbst bei vollkommen Fehler- und Schwachstellen-freien digitalen Systemen. Das Zusammenspiel von Geräten, Programmen, Netzen und Cloud-Diensten ist wegen der unterschiedlichen Hersteller, Geschäftsmodelle und Technologien eben nicht kontrollierbar. Die Nutzung künstlicher Intelligenz erschwert die Kontrolle weiter. Für jeden Hersteller ist es attraktiv, sein Gerät, seine Software mit maschinellem Lernen »smarter« zu machen, dem Kunden besseren Service zu bieten. Wie sich das Netzwerkthermometer verhält, wenn ich es heute installiere, sagt nichts darüber aus, wie es sich morgen verhalten wird, wenn es die Erfahrungswerte tausender anderer Thermometer einbezieht.

Besonders deutlich wird der Kontrollverlust im Lichte der zahlreichen Schwachstellen in Hard- und Software, die Cyberkriminelle ausnutzen können. Wie sicher ist meine digitale Welt? Welches der zehn Geräte wurde schon gehackt? Welcher der Cloud-Dienste verwendet eine veraltete Verschlüsselung? Welche meiner 200 Nutzer-Accounts sind kompromittiert? Diese Fragen werden wir uns 2021 stellen – und sie nicht beantworten können. Der bisherige Ansatz des Staates wird uns dabei wenig helfen. Ein paar mehr Regeln für Cloud-Dienste, ein paar mehr Auflagen für die Sicherheit von Geräten, ein paar mehr Sorgfaltspflichten für Provider, hier wird sich einiges tun bis 2021. Aber mit der Komplexität unserer digitalen Welt, mit der schwarzen Masse in unserem Leben, damit lässt er uns allein.

6.2 GALOPPIERENDE VERANTWORTUNGSDIFFUSION

Die Zuweisung von Verantwortung ist eine der wichtigsten Aufgaben des Staates. »Wer trägt welche Verantwortung?« ist die zentrale Frage des Rechts. Wer macht sich strafbar, wer hat welche vertraglichen Pflichten, wer kann vom Staat in Anspruch genommen werden, welche staatliche Stelle ist zuständig? Das alles sind Fragen der Verantwortungszuweisung durch Recht. Um Verantwortung festlegen und rechtliche Folgen daran knüpfen zu können, zerlegt das Recht unsere Leben in viele einzelne Teile. Recht hat insofern immer etwas Trennendes, Unterscheidendes, Separierendes. Es gibt private und öffentliche Einrichtungen, es gibt natürliche und juristische Personen, es gibt Personengesellschaften und Kapitalgesellschaften. Diese Trennungen dienen der differenzierten Zuweisung von Verantwortung an bestimmte Träger. Ebenso differenziert das Recht, wenn es darum geht, wofür jemand verantwortlich sein soll – und in welcher Rolle: für das Auto als Fahrer oder als Halter oder auch als Hersteller oder gar als Zulassungsbehörde, für die Wohnung als Eigentümer, als Mieter oder gar als Polizeibeamter, der sie durchsuchen möchte. Die eigentlich kniffligen rechtlichen Fragen spielen in der Regel an den Grenzen dieser Definitionen, wenn nicht ganz klar ist, wer verantwortlich ist oder für was: Haftet der Fahrzeughalter für das Tun des Fahrers? Ist ein Baumhaus im Garten Teil der Wohnung?

Solche Fragen löst die Rechtsprechung, indem sie – von Wortlaut, Systematik und Entstehungsgeschichte des Gesetzes her – die Definitionen an die Wirklichkeit anpasst, anhand von Einzelfällen Stück für Stück erweitert und ergänzt. Menschliche Beziehungen, Handlungen, Geschäfte werden auf diese Art rechtlich beurteilbar, entscheidbar und damit auch beherrschbar. Diese Grundprinzipien rechtlicher Verantwortungszuweisung werden durch die Digitalisierung auf eine harte Probe gestellt. Was wir mit der vollständigen Digitalisierung unseres Alltags erleben, ist mehr als die Notwendigkeit zur Anpassung rechtlicher Begrifflichkeiten. Bisherige rechtliche Anknüpfungspunkte lösen sich schlichtweg auf, werden ganz grundsätzlich in Frage gestellt.

Das fängt bei so einfachen Dingen an wie dem Auto oder der Wohnung. Was genau ist – rechtlich betrachtet – zukünftig Teil eines Autos? Nur das Blech mit Motor, Sitzen und all dem, was sonst noch eingebaut ist? Gehört der digitale Stecker dazu, den die Autoversicherung ihrem Kunden anbietet, damit sie ihn ins Auto stöpseln – Positionsmeldung, Aufzeichnung des Fahrstils, Notruf bei Unfall inklusive? Was ist mit dem Cloud-Dienst, an den die Daten des Autos übermittelt werden? Was ist mit dem Update, das das Fahrzeug über WLAN bekommt, wenn es in die Werkstatt rollt?

Oder: was ist eine Wohnung? Nur der umschlossene Raum in alter Rechtstradition? Oder auch das Notebook in der Tasche, auf dem aller Schriftwechsel in Form von PDF liegt? Oder auch der eigene virtuelle Server, den ich in einem kommerziellen Rechenzentrum hosten lasse? Das sind auch deshalb keine einfachen Fragen, weil sie für die Rechtsfolgen große Relevanz entfalten können. Wenn jemand mit Nachschlüssel in meine Wohnung einbricht, ist das strafbar. Was ist mit dem Server, in den jemand mit Hilfe eines gestohlenen Passworts eindringt? Anderes Beispiel: Wenn von meiner Wohnung eine Gefahr ausgeht, zum Beispiel die auslaufende Waschmaschine, bin ich handlungspflichtig. Gilt das auch für den schlecht konfigurierten Server beim Host Provider? Noch ein Beispiel: Meine Wohnung kann die Polizei mit richterlichem Beschluss durchsuchen. Aber wie ist das mit meinem Server? Darf Sie darauf mit Durchsuchungsbeschluss von Ferne zugreifen? Was, wenn er im Ausland steht?

Kompliziert wird es erst recht, wenn man in dieser vernetzten digitalen Welt die Verantwortung trennscharf auf unterschiedliche juristische oder natürliche Personen verteilen will. Wer für ein Auto verantwortlich ist, kann bisweilen schon schwer genug zu beurteilen sein, mit dem digitalen Auto wächst die Komplexität exponentiell. Denken Sie an 40 verschiedene Computerchips im Auto, an 100 Millionen Zeilen Programmcode, an die digitale Kommunikation mit Werkstatt, Versicherung und Infrastruktur – zukünftig auch mit vorausfahrenden oder nachfolgenden Fahrzeugen (»Vorsicht, ich habe eine Panne«). Die Gesamtleistung eines solchen Fahrzeuges ergibt sich aus einem Zusammenwirken von Herstellern, allerlei Dienstleistern, zulassenden Behörden und schließlich Ihnen, dem Halter oder Fahrer. Ähnlich ist es bei unserer digitalen Wohnung in Form eines virtuellen Servers. Natürlich wird mein Server von mir gesteuert und verantwortet. Allerdings: den Rahmen setzen die technischen Umstände des Hosting-Unternehmens, ich bin abhängig von verwendeten Verschlüsselungsprogrammen, nutze Provider für die Verbindung und Tablets oder PC zum Zugriff. Wer trägt rechtlich welche Verantwortung, wer sollte sie tragen?

Wer ist 2021 verantwortlich für die 760 Millionen vernetzten Geräte in Deutschland? »Jeder für sein Gerät« ist keine gute Lösung, wie wir gesehen haben. Die einzelne Privatperson kann die Funktion ihrer vernetzten Alexa-gesteuerten Glühbirne nicht durchschauen, nicht mal ansatzweise. »Der Hersteller« ist ebenso unbefriedigend. Wenn ich als Unternehmer über einen Billig-Router eine wichtige Industrieanlage steuere, bin ich bei Ausfällen eher selber schuld, nicht der ahnungslose taiwanesische Router-Hersteller, der sich mit seinem Billig-Router vielleicht größte Mühe gegeben hat. All die anderen Beteiligten dazwischen, vom Internet-Provider über die digitalen Plattformen bis zu den Anbietern von Sicherheitssoftware sind irgendwie auch mit verantwortlich, keine Frage, nur: wie weit reicht diese Verantwortung?

Am Ende aber ist einer auf jeden Fall verantwortlich: der Staat. Natürlich ist die öffentliche Hand nicht wirklich rechtlich verantwortlich für meine gehackte Heizung oder das Babyphon, das Teil eines Botnetzes wurde. Aber der Staat ist dafür zuständig, vernünftige, praktisch taugliche Regeln der Verantwortungszuweisung bereitzustellen. Was das deutsche Recht hier anzubieten hat, haben wir am Beispiel des Datenschutzrechts am konkreten Fall der Kontoführungs-App praktisch durchgespielt: Die digitale Welt wird in viele kleine Elemente zerlegt, einzelne Datenverarbeitungen, Kommunikationsvorgänge, Benutzungshandlungen, Sorgfaltspflichten, Designfehler, Schwachstellen. Eine Art mikroskopische Betrachtung der digitalen Welt. Helfen tut das wenig. Denn diese Form der kleinteiligen Verantwortungsverteilung kann allenfalls Wirkung entfalten, wenn in einem Schadensfall ausnahmsweise einmal ganz genau geprüft werden soll, wer welche Mitschuld an dem Schaden trägt. Das Ergebnis ist hierbei dermaßen stark von dem Einzelfall abhängig, dass es bei minimalen Veränderungen des Falls ganz anders ausgehen kann: Schon ein vergessenes Firmware-Update beim Router kann dazu führen, dass die Haftungsverteilung nach einer erfolgreichen Cyberattacke ganz anders ausfällt.

Dieses Risiko fällt vor allem den Nutzern der IT auf die Füße. Sie, die Privathaushalte und Unternehmen, bauen schließlich ihre digitale Welt selbst, stellen all die digitalen Geräte und Dienste zusammen und verknüpfen sie. Die einzelnen Hersteller und Dienstleister, die nur Komponenten, Programme, hier einen Cloud-Dienst und dort ein Streaming-Angebot beisteuern, haben naturgemäß keinen Blick auf das Gesamtrisiko und können keine Gesamtverantwortung tragen. Die Gesamtverantwortung bleibt bei Ihnen hängen.

Dem Staat ist es bislang nicht gelungen, eine einfache, eingängige und alltagstaugliche Verantwortungsverteilung im digitalen Raum hinzubekommen. So wie wir uns alle mit einer gewissen Selbstverständlichkeit durch den Straßenverkehr bewegen und im Großen und Ganzen einschätzen können, wer für was verantwortlich ist, ist es im digitalen Raum nicht. Es fehlen allgemeine Grundlagen für verantwortungsvolles Verhalten im digitalen Raum. § 1 Abs. 2 der Straßenverkehrsordnung lautet: »Wer am Verkehr teilnimmt, hat sich so zu verhalten, dass kein anderer geschädigt, gefährdet oder mehr, als nach den Umständen unvermeidbar, behindert oder belästigt wird«. Eine »Digitalweltordnung« mit vergleichbaren Geboten gibt es nicht.

Es fehlen zudem typische Rollenmuster für die Wahrnehmung von Verantwortung, wie wir sie aus dem Verkehr, aber auch aus anderen Alltagsbereichen kennen: Wir haben ein Gefühl, wie weitreichend ein Lebensmittelhändler Verantwortung trägt (z.B. für einen gestreuten Parkplatz oder nicht abgelaufene Waren). Wir haben ein Gefühl, wie weitreichend ein Hauseigentümer Verantwortung trägt (z.B. für Brandschutz oder funktionierende Versorgungsleitungen). Wir haben ein Gefühl, wie weitreichend ein Sportverein Verantwortung trägt (z.B. für Unfallversicherung oder Dopingkontrollen). Für Online-Shops, Anbieter virtueller Server oder von Spieleplattformen im Netz haben wir dieses Gefühl nicht. Zu kompliziert sind die Dienste, zu flüchtig die Geschäftsmodelle, zu vielfältig die Abhängigkeiten, zu umfangreich die involvierten Rechtsmaterien.

Verständliche und nachvollziehbare Verantwortungszuweisung durch den Staat ist Voraussetzung dafür, dass unser Rechtssystem funktioniert. Wer rechtstreu ist und sich korrekt verhalten möchte, muss zumindest ahnen können, für was er verantwortlich ist. Sonst funktionieren moderne Staaten nicht. Oder wie Yvonne Hofstätter es in Analogie zu Hannah Arendt sehr drastisch formuliert: »Wenn niemand Antwort auf die Frage gibt, was denn überhaupt vorgehe, herrsche blanke Tyrannei«.[4] Hofstätter bezieht das vor allem auf die Verantwortungsdiffusion durch die künstliche Intelligenz. Doch das Problem fängt früher an. Wir haben es schon heute.

6.3 DIGITALE VOLLZUGSDEFIZITE

Das Wort »Fake« hat Konjunktur in der digitalen Welt. Fake-News, Fake-Profile, Fake-Shops, Fake-Plattformen überschwemmen das Netz. Schon immer haben Menschen gelogen und betrogen. Doch nie war es so einfach wie heute – im digitalen Raum. Im Kern liegt das an der Mühsal einer verlässlichen Identifizierung im Netz und an den genau damit zusammenhängenden Vollzugsdefiziten des Staates. Wir haben das in den ersten Kapiteln gesehen, bei den Versuchen der Verhinderung von Raubkopien oder von Kinderpornografie. Die Behörden finden in der Regel nicht heraus, wer dahintersteckt, daher bleibt ihnen nur, die Konsumenten in Anspruch zu nehmen oder ersatzweise die Provider, sozusagen die letzten in der Kette. Natürlich wäre es effektiver, die eigentlichen Urheber ausfindig zu machen und zur Rechenschaft zu ziehen, doch das verhindert die Architektur des Internets in fast völliger Vollkommenheit.

Wir wissen nicht, wo das Internet anfängt und wo es aufhört, welche Computer dazu gehören, wo sie stehen und wer sie besitzt. Jeder kann das Netz temporär oder dauerhaft erweitern, eine Netzwerkfestplatte mit dem Router verkabeln, ein Smart-TV mit dem WLAN verbinden oder ein Smartphone im Mobilfunknetz anschalten – wenige Handgriffe, schon wieder drei Geräte online. Vielleicht sind auf der Netzwerkfestplatte die gesammelten Alben der Beatles oder Tausende kinderpornografische Bilder oder die Patientendaten eines Krankenhauses oder die gesammelten Angriffswerkzeuge der NSA: Milliarden Internetnutzer können sie von jetzt auf gleich herunterladen und bei sich speichern. Bis die Netzwerkfestplatte – vielleicht nur wenige Minuten später – wieder ausgestöpselt wird. Wer steckt dahinter? Kaum zu ermitteln.

Den Polizeibehörden bleibt in solch einem Fall in der Regel nur die Recherche mit der Internetadresse, der sogenannten IP-Adresse. Während die illegalen Inhalte verfügbar waren, konnten die Nutzer aus dem Internet unter dieser Adresse darauf zugreifen. Findet man einen der Nutzer, kann man durch Auswertung seines beschlagnahmten Computers herausfinden, woher er das illegale Material abgerufen hat: die IP-Adresse der Netzwerkfestplatte. Eine solche Adresse kann man einem Provider zuordnen, nehmen wir im Beispiel die Deutsche Telekom. Doch welcher der Millionen Kunden hat diese Adresse zu dem Zeitpunkt genutzt, zu dem die Netzwerkfestplatte aktiv war? Die Telekom vergibt an ihre DSL- und Mobilfunkkunden wie nahezu alle Provider sogenannte »dynamische IP-Adressen«. Das bedeutet, dass bei jedem Einwählen oder nach der bei DSL üblichen täglichen kurzen Verbindungstrennung eine neue Adresse vergeben wird, eine, die gerade frei ist. Vorteil dieser dynamischen Vergabe ist es, dass weit weniger IP-Adressen benötigt werden, als wenn ein Gerät eine feste Adresse hätte. Nur wenige Geräte im Internet haben feste Adressen, große Server zum Beispiel oder wahrscheinlich auch der Drucker innerhalb eines Heimnetzwerkes.

Wem hatte die Deutsche Telekom die IP-Adresse der Netzwerkfestplatte zum Zeitpunkt der Bereitstellung des illegalen Materials zugeordnet? Die Telekom wird der Polizei das nicht sagen können. Denn nach dem Telekommunikationsrecht sind die Daten nach Beendigung einer Verbindung grundsätzlich zu löschen. Die Provider dürfen nicht speichern, wem sie zu welchem Zeitpunkt für welchen Zeitraum eine IP-Adresse zugewiesen haben. Viele Ermittlungen im Hinblick auf strafbare Materialien oder strafbare Handlungen im Internet enden an dieser Stelle. Weitere Spuren gibt es nicht, der Urheber kann nicht ermittelt werden. Ebenso wie die Sperrung von Daten im Internet kaum wirkungsvoll ist, klappt die Rückverfolgung von Internet-Verbindungen zum Urheber meistens nicht. Seit vielen Jahren wird versucht, dieses schwerwiegende Vollzugsproblem der Sicherheitsbehörden zu lösen. Dieser Versuch hat zu einem der kompliziertesten politischen und gesetzlichen Vorhaben rund um das Internet geführt: die Vorratsdatenspeicherung. Mit einer EU-Richtlinie waren 2006 alle Mitgliedsstaaten verpflichtet worden, Gesetze zu erlassen, um die Provider zur Speicherung von IP-Adressen (und anderer Kommunikationsdaten) zu zwingen. Mindestens sechs Monate sollten die Provider die IP-Adressen speichern. In Deutschland trat das entsprechende Gesetz 2008 in Kraft ... und wurde zwei Jahre später vom Bundesverfassungsgericht wieder aufgehoben. Aus Sicht des Gerichts greift die Vorratsdatenspeicherung als anlasslose Massenspeicherung von Kommunikationsvorgängen so schwerwiegend in das Persönlichkeitsrecht aller Internetnutzer ein, dass der Staat sich mehr Mühe geben muss mit der gesetzlichen Grundlage. Sowohl die technischen Sicherheitsvorkehrungen für die riesigen Datenmengen als auch die rechtlichen Regelungen, wann Polizei und Nachrichtendienste auf die Daten zugreifen dürfen, reichten dem Gericht nicht aus.[5] Die gesammelten Daten wurden gelöscht.

Noch bevor Deutschland ein neues Gesetz erarbeiten konnte, legte der Europäische Gerichtshof in Luxemburg nach: Im April 2014 hob der Gerichtshof die europäische Richtlinie auf, weil sie zu stark in die Grundrechte der Bürgerinnen und Bürger eingreife.[6] Das europäische Gericht ging in seiner Argumentation sogar noch über das Bundesverfassungsgericht hinaus: nicht nur die Art der Speicherung der Daten und die Umstände ihrer Nutzung seien problematisch, schon die Tatsache, dass es keine Einschränkung des Kreises der von der Speicherung betroffenen Internetnutzer gäbe (etwa auf bestimmte Straftäter), sei ein Grundrechtsverstoß. Europa hat es seitdem nicht geschafft, eine neue, den Anforderungen des EuGH entsprechende Richtlinie zu erlassen. Unter dem Druck der zahlreichen Vollzugsprobleme der Polizei hat die Große Koalition in Deutschland einen zweiten nationalen Versuch gestartet. Doch auch dieser ging schief.

Ende 2015 trat ein neues Gesetz zur Vorratsdatenspeicherung in Deutschland in Kraft, mit der Verpflichtung der Provider zur Speicherung der IP-Adressen ab Mitte 2017. Diesmal sollten die IP-Adressen maximal zehn Wochen gespeichert werden. Auch gegen dieses Gesetz gab es eine Fülle von Verfassungsbeschwerden. Noch bevor deutsche Gerichte darüber entscheiden konnten, meldete sich der EuGH noch einmal zu Wort: bezogen auf englische und schwedische Gesetze zur Vorratsdatenspeicherung entschied das Gericht Ende 2016, dass europäische Grundrechte einer anlasslosen Vorratsdatenspeicherung entgegenstünden. Mit anderen Worten: nicht nur wurde der europäische Ansatz als rechtswidrig angesehen, auch die Mitgliedsstaaten dürfen eine solche Speicherpflicht nicht gesetzlich verankern.[7] Kein Wunder, dass kurze Zeit später das Oberverwaltungsgericht Münster auf die Klage eines deutschen Providers hin das deutsche Gesetz als unvereinbar mit europäischem Recht ansah.[8] In der Folge entschied die Bundesnetzagentur, alle Provider nicht mehr zur Einhaltung der Vorratsdatenspeicherung verpflichten zu wollen, bis das Bundesverfassungsgericht erneut entscheidet. Eine »never ending story«!

Zur Wirksamkeit der Vorratsdatenspeicherung im Kontext der Verbrechensbekämpfung im Internet gibt es unterschiedliche Meinungen. Klar ist, dass es in manchen Fällen natürlich auch ohne Vorratsdatenspeicherung gelingt, Straftaten aufzuklären. Klar ist aber auch, dass die fehlende Zuordnung von IP-Adressen zu Personen ein entscheidender Grund dafür ist, warum die Polizeien und Nachrichtendienste sich so schwer tun mit dem Vollzug im Internet und warum Lug und Betrug im Netz so einfach sind. Die Architektur des Netzes baut auf dem Fehlen einer zentralen Verwaltung auf. Das ist ein entscheidender Grund für seinen Erfolg. Die Nachvollziehbarkeit der Kommunikationsbeziehungen bleibt dabei auf der Strecke. Selbst bei der Vorratsdatenspeicherung stehen Straftätern eine Fülle von Möglichkeiten zur Verfügung: verschlüsselte Verbindungen, Peer-2-Peer-Netzwerke, das Darknet oder auch Hardware-Hilfsmittel wie breitbandige Router, die ihre Verbindungen über mehrere verschiedene Mobilfunknetze gleichzeitig und über mehrere Länder führen – für Polizeien kaum nachvollziehbar.

Während die Innovation der Geschäftsmodelle einschließlich neuer krimineller Geschäftsmodelle mit hoher Geschwindigkeit weitergeht, kämpfen die Behörden beim Vollzug der Gesetze nach wie vor mit Grundfragen des Internets: wer steckt hinter welchem Computer?

6.4 NEUARTIGE BREMSWIRKUNG DES RECHTS

Die Bewältigung der wissenschaftlichen und technischen Entwicklungen durch Recht ist seit langer Zeit ein Gegenstand juristischer Diskussionen. Wie sollen Gesetzgeber und Behörden rechtlich mit technischen Entwicklungen umgehen? Rechtswissenschaftlich wird diese Diskussion typischerweise verbunden mit dem Begriff der Gefahr: neue technische Entwicklungen bringen Gefahren hervor, der Staat hat die Aufgabe, die Menschen vor Gefahren zu schützen, folglich muss er Recht so setzen und so anwenden, dass Gefahren im Vorfeld vermieden (Gefahrenvorsorge) oder in konkreteren Situationen bekämpft werden (Gefahrenabwehr).[9] Diesem Grundansatz des Technikrechts folgend sind die entsprechenden Gesetze in der Regel als sogenanntes »Verbot mit Erlaubnisvorbehalt« ausgestaltet. Das bedeutet, dass der Staat eine Technologie zunächst einmal verbietet. Wer sie dann doch nutzen möchte, braucht dafür eine Genehmigung. Die Genehmigung knüpfen die Gesetze üblicherweise an allerlei technische und verfahrensmäßige Auflagen. Wer mit einem Auto auf der Straße fahren möchte, braucht eine Zulassung. Voraussetzung sind verschiedene technische Vorkehrungen, Bremsen, Blinker und ähnliches. Der Hersteller muss das gegenüber dem Staat nachweisen, Sie selbst müssen darauf bei der Kfz-Anmeldung Bezug nehmen und zudem alle zwei bis drei Jahre beim TÜV prüfen lassen, ob Ihr Fahrzeug technisch nach wie vor auf dem gesetzlich geforderten Stand ist, mithin: dass

Ihr Fahrzeug keine besondere Gefahr darstellt. Wer ein Kernkraftwerk betreibt, brauchte ebenfalls eine Genehmigung, gleiches gilt für Chemieanlagen, Bahnstrecken, Röntgengeräte oder Flughäfen. Was technisch und potentiell gefährlich ist, braucht den staatlichen Segen. Selbst unser Datenschutzrecht ist wie das Recht gefährlicher Technik konstruiert: bevor jemand persönliche Daten nutzt, braucht er eine Genehmigung: Das private Unternehmen braucht die Einwilligung von Ihnen, einen unterzeichneten Vertrag oder irgendeine gesetzliche Regelung, der Staat selbst braucht in jedem Fall eine gesetzliche Regelung, um mit Personendaten umzugehen.

Mit dieser Art der Steuerung von Technologie durch Recht ist eine Bremswirkung verbunden: bevor eine entsprechend geregelte »gefährliche« Technologie auf den Markt kommt, muss sie von Behörden geprüft oder sogar durch neue Gesetze überhaupt erst einmal erfasst werden. Das verzögert jede Technologie-Einführung um einige Monate oder Jahre. Bernhard Schlink hat diese latente Funktion des Rechts die »katechontische« Funktion genannt: »Indem das Recht sich der jeweiligen wissenschaftlichen und technischen Entwicklung nicht nur anpasst, sondern sie hinhält und verzögert, schafft es der Gesellschaft und Politik Raum zum Bedenken und Entscheiden«.[10] In seiner Rede zu den Grundlagen deutscher Netzpolitik griff Thomas de Maizière diese Funktion des Rechts zustimmend auf, wies ergänzend jedoch darauf hin, man dürfe »nicht so lange warten, bis eine rechtliche Regelung gar nicht mehr wirksam werden kann.«[11]

Hier sind wir beim Kern des Problems. Bei der Digitalisierung hat sich eine Schere aufgetan zwischen einer galoppierenden Digitalisierung unseres Alltags, einer ungebremsten Durchdringung unseres gesamten Lebens mit digitaler Technologie auf der einen Seite und dem Ansatz eines bremsenden Technikrechts auf der anderen Seite. Da wo das Recht noch bremst, findet Innovation nicht statt: Jede deutsche Arztpraxis bekommt – wie wir gesehen haben – aus Gründen des Datenschutzes und der IT-Sicherheit aufwändig spezifizierte, gesetzlich geregelte und staatliche kontrollierte Router, teuer und wenig innovativ. Andere Router sind verboten. Gleichzeitig aber halten Alexa und Google Home Einzug in Millionen deutscher Haushalte, können jedes gesprochene Wort aufzeichnen, die Verknüpfung aller Hausgeräte – einschließlich Gesundheitstechnik – mit Cloud-Diensten im Netz vornehmen, ohne dass das Gesetz hier »bremst«.

Die Bremswirkung des Rechts wendet sich heute in erster Linie gegen den Staat selbst. Wo der Staat »Herr im Haus« ist und auch die IT bestimmen kann, da schlägt die katechontische Funktion des Rechts voll zu: im Gesundheitswesen zum Beispiel oder natürlich bei der staatlichen Verwaltung. Will die Polizei irgendeine digitale Innovation einführen, braucht es Gesetzesänderungen, Errichtungsanordnungen, Personalvereinbarungen. Will Facebook eine Gesichtserkennung oder Apple neue Bezahlverfahren einführen, bremst kein Gesetz. Gesetzgeberischer Widerstand gegen global verändernde Geschäftsmodelle hat sich, siehe Urheberrecht, als wenig erfolgversprechend erwiesen. Einzig das Universalrecht »Datenschutz« unternimmt den Versuch, erweist sich aber wegen seiner Überkomplexität und der Macht pauschaler Einwilligungen als stumpfes Schwert.

Technisiertes Leben entwickelt sich mehr und mehr am Recht vorbei. Der Gedanke einer gesetzgeberischen Gefahrenvorsorge im Hinblick auf wesentliche technische Entwicklungen funktioniert für Großanlagen wie Atomkraftwerke oder Schiffshebewerke noch ganz gut, für Alltags-Technisierung taugt er nichts. Die algorithmische Durchdringung unseres Alltags, die Wechselwirkung verschiedener Anbieter, Geschäftsmodelle und Technologien sind nicht mit den Mitteln des Technikrechts zu erfassen. Natürlich ist der Staat auch rechtlich gefordert, er wird aber in der Regel nicht mehr im Vorhinein definieren, festlegen, zulassen und genehmigen können, was technisch gehen soll und was nicht.

Die Schere zwischen dem Ansatz unseres Technikrechts und der Entwicklung der Technisierung schafft gleich doppelt Grund für die Schwäche des Staates im digitalen Raum. Einerseits werden wesentliche Innovationen von großer Bedeutung durch das Technikrecht nicht erfasst, siehe Alexa, SmartHome und Co. Andererseits fesselt sich der Staat durch technisches Recht selbst. Er bremst nur selten eine technische Entwicklung, um Zeit zum Nachdenken über die Folgen der Technologie in der Gesellschaft zu haben. Er bremst vor allem sich selbst und koppelt den Staat immer weiter von der Technikentwicklung der Gesellschaft ab, macht ihn weniger innovativ und weniger handlungsfähig.

Nach außen schwach ausgestattet, nach innen stark reglementiert agiert der deutsche Beamte übervorsichtig im digitalen Raum. Das Streben der Behörden nach Fehlerfreiheit und Risikovermeidung verstärkt die nach innen gerichtete Bremswirkung des Rechts. Nehmen Sie die Online-Durchsuchung, den sogenannten Bundestrojaner: Während Hacker mittlerweile in Herzschrittmacher eindringen können oder aus der Ferne Automotoren während der Fahrt abschalten, kämpfen die Polizisten seit zehn Jahren um die rechtliche und technische Ausgestaltung der Software, mit der sie (mit richterlicher Genehmigung) in den PC von Verdächtigen schauen können.

Draußen die disruptive Welt des Silicon Valley, drinnen die preußische Verwaltung, der schwache Staat fesselt sich selbst.

6.5 FEHLENDER DIGITALER VERSORGUNGSAUFTRAG

»*Dieser heutige Digital-Gipfel ist im Grunde eine interessante Kooperation zwischen denen, die die Aufgabe haben, Leitplanken bzw. einen Rahmen zu setzen – meistens gesetzlicher Natur oder in Form von Standards –, und denen, die in der Wirtschaft die Dinge vorantreiben. Hier hat sich eine ganz besondere Art der Kooperation herausgebildet, weil wir eben gemeinsam in die Welt der digitalen Transformation hineingehen und versuchen, jeweils unseren Aufgaben und Rollen gerecht zu werden. Spannend ist das Ganze auch deshalb, weil wir eine digitale Infrastruktur, die eigentlich zur Daseinsvorsorge gehört, sozusagen privat entwickeln. Früher zählte Daseinsvorsorge zu klassischen öffentlichen Aufgaben. Heute finden wir beim Breitbandausbau eine Symbiose von wirtschaftlichen Initiativen und öffentlichen Förderkulissen, die dort notwendig sind, wo es sich wirtschaftlich nicht rechnet. Das heißt, es sind ganz neue Formen der Kooperation entstanden.*«[12] So formulierte es Bundeskanzlerin Angela Merkel auf dem Digitalgipfel 2017 in Ludwigshafen, einer Zusammenkunft von über 1000 Vertretern von Wirtschaft, Staat und Wissenschaft zu Fragen der Digitalisierung.

Ihre Worte markieren im Grunde eine Teil-Bankrotterklärung des Staates im Hinblick auf die digitale Welt: Eigentlich ist digitale Infrastruktur Teil der Daseinsvorsorge (tatsächlich aber nicht). Früher kümmerte sich der Staat um die Daseinsvorsorge (heute – in der digitalen Welt – aber nicht mehr). Die Bundeskanzlerin spricht aus, was wir alle unausgesprochen akzeptieren: Digitale Plattformen haben eine infrastrukturelle Rolle für unser Leben eingenommen. Amazon, Apple, Facebook und Google sind zu Playern der Daseinsvorsorge geworden und haben Funktionen übernommen, die früher eher Sache des Staates waren. Sie vermitteln Kommunikation, schaffen Foren zur Begegnung, Markt- und Handelsplätze, stellen Kulturgüter bereit, kümmern sich um internationale Geldtransfers und gesicherte Identitäten für Menschen. Früher Personalausweis, heute Facebook-ID, früher Geldnoten, heute Paypal, früher Bibliotheken, heute Google Books, früher Postkarte, heute WhatsApp. Den globalen Anbietern fällt es immer leichter, Mehrwerte für ihre Kunden zu generieren, indem sie die verschiedenen Dienste auf ihren Plattformen kombinieren. Der Netzwerkeffekt kommt hinzu: je mehr Nutzer, Händler, Anbieter auf einer Plattform vertreten sind, desto attraktiver ist sie für Nutzer, Händler, Anbieter. Europäische Plattformen haben bislang nicht ansatzweise die kritische Größe erreicht, den US-Anbietern oder den chinesischen Giganten die Stirn bieten zu können.

Im Übrigen sorgt auch der Staat selbst dafür, die Macht der globalen Plattformen zu verstärken. Apple, Google oder Facebook tun sich beispielsweise weit leichter, das neue europäische Datenschutzrecht einzuhalten als ein Mittelständler aus dem Sauerland. Wann immer eine der globalen Plattformen ihre Dienste erweitern will: ein kleines Fenster auf dem Smartphone »Wir haben unsere AGB geändert.«, ein Klick auf »Zustimmen« und schon haben die Plattformanbieter die datenschutzrechtlichen Voraussetzungen erfüllt. Wie wäre das, wenn der kleine sauerländische Internetunternehmer mit einem fränkischen Händler zusammenarbeiten möchte, um gleiches anzubieten? Beide müssten alle ihre Kunden einzeln befragen, ob sie mit der Nutzung ihrer Daten für die neue Kooperation einverstanden sind, ohne den Zugriff auf das Smartphone und die One-Click-Änderung der AGB.

Rechtliche Regelungen wie die EuGH-Entscheidung zum »Recht auf Vergessen« oder das deutsche Netzwerkdurchsetzungsgesetz drängt die Plattformen geradezu, zukünftig auch die Rolle der Justiz zu übernehmen. Sie sollen entscheiden, ob etwas öffentlich bleiben soll oder gelöscht wird. Ob es um Meinungsfreiheit geht, um die Plattform für Rechtsgeschäfte, die Abwägung zwischen verschiedenen individuellen Rechten oder um die Herstellung von Sicherheit. Der Staat hat ein Stück weit aufgegeben und überlässt anderen den Job, geeignete Strukturen für die digitale Daseinsvorsorge bereitzustellen. Plattformanbieter reagieren schnell darauf und schaffen den Rahmen für die Befriedigung (digitaler) Grundbedürfnisse.

Dass Private öffentliche Aufgaben wahrnehmen, ist an sich nichts Neues und nichts Schlimmes. Post und Telekom wurden vor über 25 Jahren privatisiert und haben ihre Leistungsfähigkeit und Angebote seitdem im Großen und Ganzen halten oder sogar verbessern können; die Daseinsvorsorge hat nicht gelitten. Auch eine sehr weitgehend privatisierte Energieversorgung funktioniert – und bewältigt derzeit eine radikale Energiewende. Die Wahrnehmung von Aufgaben der Daseinsvorsorge durch Private gehört zum Alltag. Allerdings: in all den genannten Fällen gibt der Staat die Kontrolle nicht vollständig auf. Er behält die sogenannte »Gewährleistungsverantwortung«. Mit Hilfe von Gesetzen und Aufsichtsbehörden gewährleistet er, dass ausreichend Postdienste, Telefon- und Stromanbieter operieren und unter definierten Mindestbedingungen ganz Deutschland versorgen. Auch wenn die Umsetzung durch private Unternehmen erfolgt: der Staat kann, wenn es sein muss oder politisch geboten erscheint, eingreifen und den Versorgungsauftrag neu oder anders definieren. So wie es bei dem Atomausstieg und der Energiewende beispielsweise geschehen ist.

Initial war es bei öffentlichen Infrastrukturen typischerweise auch der Staat, der überhaupt erstmals einzelne Leistungen zu einer Infrastruktur verband. Der Staat verband lokale Postdienste zu einer übergeordneten Post. Der Staat kümmerte sich darum, dass aus verschiedenen privaten und kommunalen U-Bahn-Linien im Großraum Berlin ein U-Bahn-Netz einer (staatlichen) Verkehrsgesellschaft wurde. Der Staat schuf aus experimentellen Flugplätzen ein Luftverkehrsnetz, privatisierte die Flughäfen später wieder, behält aber die Kontrolle über Luftrouten und Sicherheit. Gleiches erfolgt bei Krankenhäusern, Schwimmbädern, Bibliotheken und Museen.

Kern der Daseinsvorsorge ist immer die Definition des Versorgungsauftrags durch den Staat, also durch uns alle, im Ergebnis eines demokratischen Willensbildungsprozesses. Wollen wir Ökostrom in jeden Haushalt ermöglichen? Wollen wir Postzustellung an mehr als einem Tag in der Woche? Wieviel Kinderärzte wollen wir pro 100 000 Einwohner? Welche Kapazität sollen Bundesstraßen, Bahnhöfe, Wasserstraßen oder Flughäfen haben? All diese Fragen wurden und werden vom Staat beantwortet, in den dafür vorgesehenen Gremien, Stadträte, Landtage, Bundestag, Regierungen. Erst in zweiter Linie entscheidet man darüber, wer diesen Versorgungsauftrag erfüllt, staatliche Behörden, staatlich geführte private Gesellschaften (wie zukünftig bei den Autobahnen) oder rein private Gesellschaften.

Die Digitalisierung unseres gesamten Lebens stellt die Frage nach dem Versorgungsauftrag in den meisten Lebensbereichen neu. Wir haben erstens neuartige Anforderungen an eine adäquate Grundversorgung, beispielsweise im Hinblick auf schnelles Internet. Hier hat der Staat lange keinen Versorgungsauftrag definiert, sich recht spät zu einem sehr bescheidenen Auftrag durchgerungen (50 Mbit/s), die Umsetzung dann aber weitgehend Privaten überlassen. So ähnlich dilettiert der Staat bei den Stromtankstellen für Elektroautos. Hier ein Förderprogramm, dort ein paar öffentlich gebaute Ladesäulen. So baut man keine Infrastruktur. So wäre das Berliner U-Bahn-Netz nicht entstanden.

Wir haben zweitens eine Veränderung der Bedürfnisse bei der Inanspruchnahme von Grundversorgung. Wir wollen Bücher heute auch in digitaler Form, nicht nur auf Papier. Wir kaufen nur noch teilweise in Einkaufsstraßen ein, zu einem großen Teil aber online. In diesen Fällen muss der Staat seine Grundversorgung anpassen, also zum Beispiel Bücher digitalisieren – konsequenter als bisher. Oder er sollte vielleicht den Versorgungsauftrag der Paketdienste modifizieren, so dass nicht mehr vier Dienste nacheinander mit ihren Paketautos die Straße vor dem Haus verstopfen.

Drittens haben wir neue kommerzielle Angebote und Anbieter, die vom Charakter her Grundversorgungsleistungen erbringen, heutzutage in digitaler Form. Das sind die digitalen Plattformen. Sie werden bislang nicht als »Grundversorger« angesehen, die einen Versorgungsauftrag für die Allgemeinheit erfüllen, auch wenn sie das unzweifelhaft tun. Die Folge davon ist, dass der Staat darauf verzichtet, diesen Versorgungsauftrag zu definieren einschließlich aller nötigen Randbedingungen, um den Anbieter dann auf die Einhaltung des Auftrags verpflichten, ihn daran erinnern zu können. Wenn die Post mal einen Tag bei Ihnen nicht zustellt, können Sie sich beim Staat beschweren (Versorgungsauftrag!). Schickt Ihnen WhatsApp eine Woche keine Nachrichten mehr, müssen Sie Klage erheben vor einem US-amerikanischen Gericht – mit wenig Chancen (kein Versorgungsauftrag!).

Digitalpolitische Debatten über die Herausforderungen für den Staat beschäftigen sich viel mit Fragen der Regulierung oder mit Fragen der Ausgestaltung digitaler Behördenangebote. Die Frage, welche Grundversorgung unser Staat im digitalen Raum leisten soll, was in einer vollkommen digitalisierten Welt Versorgungsauftrag und Infrastrukturverantwortung des Gemeinwesens sein soll, kommt zu kurz. Allein über die Versorgung mit Breitbandnetzen im ländlichen Raum wird leidenschaftlich diskutiert. Eine bescheidene Diskussion über den Versorgungsauftrag erleben wir immerhin im Hinblick auf den öffentlich-rechtlichen Rundfunk. In einer Zeit, in der die klassischen Angebote des Rundfunks und des Fernsehens tagtäglich an Bedeutung verlieren, ist die Frage nach der Zukunft des mehrere Milliarden Euro verschlingenden Apparats der Rundfunkanstalten mehr als berechtigt.

Doch die Debatte wird zu kleinteilig geführt. Weder die eher marginalen Veränderungen im Programmangebot noch die Scharmützel zwischen Rundfunkanstalten und Presseverlagen über den Umfang der ARD- und ZDF-Angebote im Netz ist bedeutsam. Die zentrale Frage muss auch hier der digitale Versorgungauftrag sein: Welches System öffentlich verantworteter und staatlich garantierter Informationsversorgung und Diskussionsplattform brauchen wir in 20 oder 30 Jahren? Was wollen wir Facebook und Google an dieser Stelle entgegensetzen? Der Versorgungsauftrag des Rundfunks muss zusammen gedacht werden mit dem Versorgungsauftrag für Post und dem Versorgungsauftrag für Telekommunikation, mit der Bereitstellung öffentlicher Daten (OpenData) und der Digitalisierung der Bibliotheken und Archive. Staatliche Daseinsvorsorge muss zukunftsfest gemacht werden.

6.6 KRAFTLOSE DIGITALISIERUNG DES STATUS QUO

Was machen eigentlich die IT-Chefs der deutschen Behörden, sozusagen die Kärrner der Digitalisierung des Staates? Zunächst einmal: sie arbeiten nicht weniger als ihre Kollegen in privaten Unternehmen. Eher mehr. Denn anders als die durchschnittlichen Kollegen in der Privatwirtschaft kämpfen sie noch mit sehr grundsätzlichen Herausforderungen: Die Informationstechnik ist häufig nicht standardisiert und ziemlich zersplittert. Die Nutzung mobiler Geräte ist aus Sicherheitsgründen eingeschränkt. Werden Akten nicht auf Papier geführt, muss dafür spezielle, staatlich zugelassene Software eingesetzt werden, bedienungsunfreundlich und teuer. Zentrale Systeme für die Ressourcenverwaltung, im Unternehmen meist mit SAP abgebildet, existieren nicht. Die Anforderungen des Datenschutzes sind besonders hoch. Die Beschaffung von IT im Rahmen des europäischen Vergaberechts ist besonders kompliziert.

Zudem: Ihre Mitarbeiterinnen und Mitarbeiter sind zumeist schlechter ausgebildet als Kollegen in der Wirtschaft, insbesondere die Chefs selbst. Die Gehälter der IT-Fachkräfte in den Behörden liegen in der Regel unterhalb des Gehaltsniveaus der Privatwirtschaft. Im IT-Bereich des öffentlichen Dienstes dominieren Mitarbeiterinnen und Mitarbeiter, die schon im öffentlichen Dienst gelernt haben oder gleich nach dem Studium dort anfingen. Nur für Berufsanfänger oder Fachleute mit wenigen Jahren Berufserfahrung ist die Arbeit in den Behörden noch attraktiv: lebenslange Beschäftigung, familienfreundliche Bedingungen. Doch wenn es in Richtung Führungskraft geht, gilt das nicht mehr. In 14 Jahren der Verantwortung für IT-Fragen in der Bundesregierung ist es mir in keinem Fall gelungen, eine Führungskraft im mittleren Management aus der Wirtschaft zu gewinnen. Selbst in Bundesministerien sind die Gehälter im mittleren Management signifikant niedriger als in den Unternehmen. Zudem ist ein Wechsel aus der Wirtschaft zum Staat in der Regel eine Einbahnstraße. Attraktive Leistungen wie die Beamtenversorgung kann man später nicht mitnehmen, wenn man wieder zu einem Unternehmen gehen möchte. Man muss sich also entscheiden, zu niedrigerem Gehalt, dann aber für immer zum Staat zu wechseln. Keine schöne Aussicht.

Erschwerend hinzu kommt für unseren IT-Leiter eine weitere Komplexität: Der Auftrag seiner Behörde ist weit vielfältiger als in der Privatwirtschaft. Schauen Sie beispielsweise auf die Homepage von Ilmenau in Thüringen, ziemlich genau in der Mitte Deutschlands, Universitätsstadt, 25 000 Einwohner. 200 Mitarbeiterinnen und Mitarbeiter kümmern sich um über 400 verschiedene Dienstleistungen der Stadtverwaltung. Das reicht von der An- und Abmeldung über den Betrieb von Kindergärten, die Ausstellung von Jagdscheinen bis zur Bearbeitung von Wohngeldanträgen. Selbst große Unternehmen mit weltweiten Apparaten haben selten eine derartige Fülle von Produkten oder Dienstleistungen im Angebot, die von der jeweiligen IT unterstützt werden muss. Eine Versicherung hat vielleicht 20 bis 30 Versicherungsarten, ein Lebensmittelkonzern vielleicht 100 verschiedene Produkte. Selten auch liegen sie von der Art der Leistung her so weit auseinander wie die Jagdscheinausstellung und der Betrieb einer Kita. Jede dieser Leistungen des Staates kann man irgendwie digital abbilden. Den Jagdschein könnte man online beantragen lassen und das Beispiel der Kinderbetreuung haben wir in einem der vorigen Kapitel durchgespielt.

Es gibt kaum Zweifel, dass jeder der geschätzten 20 000 IT-

Leiterinnen oder Leiter einer deutschen Behörde das für jede »ihrer« oder »seiner« vielen Verwaltungsleistungen schon einmal durchgespielt hat. Der große Unterschied zur großen Versicherung liegt in der Zersplitterung des Ganzen. Denn die schwierigen Rahmenbedingungen der Digitalisierung öffentlicher Leistungen müssen von den Zuständigen vor Ort gelöst werden – von der Konsolidierung der zersplitterten IT über die Loslösung aus der Abhängigkeit von IT-Unternehmen bis zu Fragen des Datenschutzes und der IT-Sicherheit.

Die Bundesagentur für Arbeit (BA) in Nürnberg hat das mit »Kindergeld online« digital inzwischen ganz ordentlich hinbekommen, aber beim Kindergeld gibt es auch eine deutschlandweite Zuständigkeit. In Nürnberg arbeiten 2 000 IT-Fachleute und Geld spielt bei der BA keine große Rolle. Ilmenau und die anderen 11 000 Gemeinden in Deutschland haben das mit ihren wenigen IT-Fachleuten pro Gemeinde für das Wohngeld oder das Elterngeld nicht digital hinbekommen. Selbst wenn versucht wird, den Kommunen durch Land und Bund zu helfen, durch Erleichterungsgesetze, finanzielle Förderung oder Pilotprojekte, bleibt doch die Schwierigkeit der Umsetzung in der Regel vor Ort. Symptomatisch war die Ankündigung der Parlamentarischen Staatssekretärin im Bundesfamilienministerium auf dem Digitalgipfel 2017: Schon in wenigen Wochen könne Elterngeld digital beantragt werden, verkündete sie im Juni 2017. Gemeint war damit aber nur eine Online-Hilfestellung beim Ausfüllen des Antrags – ob und wann das vor Ort von den Ländern und Kommunen in die Antragstellung einbezogen wird, steht in den Sternen.

Unsere IT-Leiter vor Ort geben also ihr Bestes, allein: das mühsame Vorgehen der schrittweisen Digitalisierung einzelner Verwaltungsverfahren wird Deutschland noch über viele Jahre auf den letzten Plätzen der EU verharren lassen. Was uns fehlt, ist eine durch Politik und Verwaltung gemeinsam betriebene grundlegende Transformation staatlicher Leistungen, eine Neustrukturierung, die über das Digitalisieren der einzelnen Abläufe hinausgeht. Die Digitalisierung des Einzelhandels verharrt nicht dabei, dass man Sonderangebote im Internet einsehen kann. Mittlerweile kann man nahezu alles vollständig über das Internet erledigen. Die Digitalisierung des Musikvertriebs ist nicht auf der Stufe verharrt, dass man CD über das Internet bestellen kann. Es bestehen kaum Zweifel, dass dem Streaming von Musik die Zukunft gehört. Die Digitalisierung der Versicherungen ist mehr als die IT-Ausstattung von Versicherungsvertretern. Online-Beratung, Online-Vertragsabschlüsse und Online-Schadensabwicklung gehören bei jedem Unternehmen dazu. Ansätze solcher konsequenten Transformation gibt es bei der Umgestaltung der Steuerverwaltung auf nur noch elektronische Verfahren oder auch in dem erwähnten sehr weitgehenden Konzept vom »Datenhaus der deutschen Polizei« – zwecks Überwindung der zersplitterten Kleinstrukturen von heute und vollständiger Digitalisierung der jeweiligen Tätigkeit.

Doch unser IT-Leiter ist mit diesem Ansatz überfordert, in mehrfacher Hinsicht: die radikale Veränderung der Arbeitsweise der Behörden geht über seine Zuständigkeiten und Fähigkeiten hinaus. Hier muss sein Bürgermeister helfen, das zuständige Ministerium muss unterstützen, die Abgeordneten in Land und Bund müssen Druck machen. Viele müssen zusammenwirken, um solche Veränderungen zu erreichen. Doch es sind einschneidende Veränderungen, die hier auf die Mitarbeiterinnen und Mitarbeiter der Verwaltung zukommen. Daher ist es kein Wunder, dass allzu kühne Pläne im Dickicht der vielfältigen Zuständigkeiten unseres risikoscheuen öffentlichen Dienstes hängen bleiben. Die Weiterentwicklung der

Versicherungen zu Online-Versicherungen oder die Weiterentwicklung von dem CD-Vertrieb zum Online-Streaming wäre ohne den Wettbewerb, ohne die Angst um die eigene Existenz nicht möglich gewesen. Staatlichen Stellen fehlt dieser Druck von außen, der mitunter gnadenlose Wettbewerb, als Anreiz für konsequente Digitalisierung.

Von einem Sturm der Entrüstung der deutschen Bevölkerung über schlechte digitale Leistungen des Staates ist nichts zu merken. Denn wie ihr Staat sind in Deutschland auch die Bürgerinnen und Bürger eher risikoscheu. Zwar versprechen sich die Mehrzahl der Deutschen Zeit- und Kostenersparnis durch digitale Angebote des Staates, 47 % beklagen deren mangelnde Durchgängigkeit. Gleichzeitig haben aber die meisten Befragten auch Bedenken: 55 % haben Befürchtungen im Hinblick auf den »gläsernen Bürger« oder mangelnde Datensicherheit, die sie von vermehrter E-Government-Nutzung abhalten. Nur 32 % der Bürgerinnen und Bürger unterstützen das Once-Only-Prinzip, stimmen also zu, dass der Staat die Daten nur einmal erfasst und unter den Behörden austauscht. Zum Vergleich: in Österreich sind es 46 % der Befragten.[13]

Mittlerweile bin ich fest davon überzeugt, dass ohne eine radikale Veränderung der Rahmenbedingungen die Digitalisierung der Behörden dauerhaft hinterherhinken wird. Der Druck aus der Bevölkerung hält sich in Grenzen, ein politisches Thema wird die Verwaltungsmodernisierung nie sein und selbst die erfolgreicheren Projekte bilden einen altertümlichen Status Quo staatlicher Leistungserbringung ab. Mit E-Government und Behördendigitalisierung kommt der Staat nicht aus seiner Schwäche heraus.

6.7 DIGITALPOLITIK – ES STEHT VIEL AUF DEM SPIEL

»Digital First. Bedenken Second« stand auf den Plakaten zur Bundestagswahl 2017, garniert mit einem Foto des FDP-Vorsitzenden Christian Lindner, der ernst auf den Bildschirm seines Smartphones schaute. Vier Jahre nach dem gescheiterten Versuch der Piratenpartei war die FDP angetreten, Digitalisierung zum Wahlkampfthema zu machen. Nach ihrem Wiedereinzug in den Bundestag brachte sie das Thema auch in die Sondierungsgespräche für eine Jamaika-Koalition ein. Die Jamaika-Gespräche sind bekanntlich gescheitert, allerdings nicht an der Digitalisierung. Dort war man sich zwischen CDU/CSU, FDP und Grünen schnell einig geworden, wenngleich auf einem kleinen Nenner: Glasfaserausbau, Ausbalancieren von Datenschutz und Sicherheit, Rahmenbedingungen für Startups verbessern, alle Verwaltungsleistungen online stellen. Das waren die wenig überraschenden Pläne der Jamaika-Koalition in spe.

Sie unterschieden sich wenig von den Absichten, die die Große Koalition im Bund 2013 vereinbart hatte und unter der Überschrift »Digitale Agenda« umsetzte. Seit Abklingen der ersten leidenschaftlichen Debatten über die Netzpolitik zwischen 2006 und 2010 ist es ruhiger geworden um die digitale Politik. Lediglich die Befugnisse der Polizeien im digitalen Raum, Vorratsdatenspeicherung, Online-Durchsuchung, Hack-Back, sorgten noch für ein bisschen Leidenschaft. Ansonsten gibt es keinen großen Streit um die Digitalpolitik – anders als die FDP es mit ihren Plakaten suggerieren wollte. Die Digitalisierungsstrategien der Bundesländer und des Bundes sind mal mehr, mal weniger ausgereift, substanziell aber immer ähnlich. Sie begreifen Digitalpolitik im Wesentlichen als

»Sammlungspolitik«. Weil die Digitalisierung alle Lebensbereiche erfasst, müssen alle Politikfelder sich irgendwie mit Digitalisierung beschäftigen – von der Agrarpolitik bis zur Gesundheitspolitik, von der Familienpolitik bis zur Verteidigungspolitik. So weit so zutreffend. Doch eine Strategie des Staates für die Digitalisierung kommt bei diesem Ansatz nicht heraus.

Als wir 2014 erstmals mit den Kollegen aus den anderen beiden federführenden Ministerien im Bund zusammenkamen, um zu besprechen, was der Inhalt der digitalen Agenda der Bundesregierung sein könnte, schlug ich vor, von dem Leitgedanken »Wir digitalisieren Deutschland« auszugehen und dann durchzuspielen, wie man sich das in jedem Bereich staatlicher Verantwortung vorstellen könnte, dass unser Land konsequent und durchgängig digital funktioniert. In dem Kreis erntete ich entsetzte Blicke und viel Kritik: es sei nicht Aufgabe des Staates, alles zu digitalisieren, Digitalisierung sei kein Selbstzweck, man wolle nicht in einem voll digitalen Leben enden. Das Ende der Debatte ist bekannt: wir haben eine digitale Agenda erarbeitet, deren Ausgangspunkt nicht eine Positionsbestimmung des deutschen Staates im digitalen Raum war, sondern eine Sammlung von vielen (zumeist guten) Einzelvorhaben aller Bundesministerien. Der 2017 veröffentlichte »Legislaturbericht Digitale Agenda 2013–2017«, dem Abschlussbericht der digitalen Agenda, weist 271 Maßnahmen der Bundesregierung auf, mit denen die Digitalisierung vorangebracht, gestaltet oder gebremst wird.

Die Sorgen und Argumente der Kollegen verstehe ich auch rückblickend gut. Der Staat kann sich nicht mit »Hurra« in die Digitalisierung stürzen. Er ist ein Staat des Rechts, er ist der Gleichheit, Gesetzmäßigkeit und Nachvollziehbarkeit verpflichtet. Er muss Rücksicht nehmen auf die vielfältigen unterschiedlichen Bedürfnisse der Menschen, einschließlich der Bedürfnisse, wichtige Lebensfunktionen nicht digital zu erledigen. Er muss Rücksicht nehmen auf die Sorgen vor einem übermächtigen »Big Brother«-Staat, der mit digitalen Technologien unser aller Leben überwacht. Er muss Rücksicht nehmen auf 4,7 Millionen Beschäftigte im öffentlichen Dienst, die ihre Arbeit nicht so schnell umstellen können wie ein 6-Leute-Startup sein Geschäftsmodell.

Gleichwohl ist es an der Zeit, die Digitalpolitik auf ein neues Niveau zu heben. Was Thomas de Maizière 2010 versucht hat, mehr auf die Prinzipien und Grundlagen zu blicken und weniger auf die Auswirkungen und Folgen in den einzelnen Politikfeldern, ist steckengeblieben. Es fehlt in der heutigen Digitalpolitik. Was sind die Aufgaben des Staates in der digitalen Welt? Was ist sein Versorgungsauftrag? Wie wollen wir Recht setzen? Wie lösen wir das Problem der explodierenden Alltagskomplexität und der damit verbundenen Verantwortungszuweisung? Wie stellt sich der Staat zu den digitalen Plattformen?

Letzteres ist mittlerweile ein Thema geworden in der Digitalpolitik. Das Bundeswirtschaftsministerium hat dazu 2017 ein Weißbuch vorgelegt, das die Rolle der Plattformen beschreibt, politische Handlungsnotwendigkeiten ausarbeitet und Vorschläge macht.[14] Sie harren jetzt der Umsetzung durch die nächste Bundesregierung. Viel wichtiger aber noch ist die Verknüpfung der verschiedenen Ansätze zu einem umfassenden Bild einer Digitalpolitik von morgen. »Digital First. Bedenken Second« ist dabei zu wenig an strategischer Überlegung.

Mit der Schwäche des Staates in der Digitalisierung sind Risiken gewaltigen Ausmaßes verbunden. Auf dem Spiel steht die Fähigkeit des Staates, das Gemeinwesen durch Recht zu ordnen und das Recht auch durchzusetzen. Auf dem Spiel steht die Möglichkeit, durch demokratische Willensbildung zu bestimmen, wie wesentliche Gesellschaftsbereiche ausgestaltet werden, das Gesundheitswesen etwa oder der Verkehr, das Bildungswesen oder die Medienlandschaft. Überantworten wir unsere Gemeinschaftsgüter den neuen Feudalherren, wie Mozorov sie nennt? Übertragen wir das Setzen und Kontrollieren von Regeln den Plattformen? Können wir das je wieder zurückholen?

Die Digitalisierung zwingt den Staat in einen brutalen Wettbewerb: Der Gegner ist dabei nicht eine Art »Online-Staat«, zu dem die Kunden wechseln, so wie vom Buchhändler zu Amazon oder von der Sparkasse zu einer Online-Bank. Gegenspieler des Staates ist vielmehr »kein Staat«, das Zurückdrängen des Staates aus mehr und mehr Lebensbereichen. Wer bestimmt über Verbraucherrechte im Netz? Wer bestimmt über die Bedingungen internationalen Zahlungsverkehrs? Wer definiert über den Ausgleich der verschiedenen Interessen bei der Veröffentlichung von Privatem? Wer passt darauf auf, dass niemand von außen in unsere Wohnung eindringt? All diese Fragen sind auf der Kippe von einer staatlich definierten und garantierten Antwort zu einer undefinierten Antwort, einem Abgleiten hin in vorstaatliche, vordemokratische Strukturen.

Ohne wirksam funktionierende staatliche Strukturen sind Rechtsstaat, Sozialstaat und demokratische Willensbildung nur Makulatur. Der Staat mit seinen Organen ist Ausprägung unseres Willens, die Lebensbedingungen in unserem Land gemeinschaftlich zu gestalten und zu entwickeln. Wenn wir es zulassen, dass sich digitales Leben mehr und mehr außerhalb der Reichweite, des Einflusses, der Wirksamkeit staatlicher Verwaltung entwickelt, legen wir die Axt an die Grundlagen unseres Gemeinwesens. Es ist an der Zeit, den Bedeutungsverlust des Staates im digitalen Raum zu stoppen.

7 DIGITALE HANDLUNGSFÄHIGKEIT ERRINGEN

Neue Ziele für den Staat ◆ Recht: Grundsätze statt Klein-Klein ◆ Vollzug: Digitale Räume besetzen ◆ Daseinsvorsorge: digitale Gemeinschaftsgüter definieren ◆ Staatsorganisation: digitale Gesamtarchitektur ermöglichen ◆ Neue Digitalpolitik für Deutschland

7.1 NEUE ZIELE FÜR DEN STAAT

Unser Staat kümmert sich um alles. Wenn Sie sich den Spaß gönnen und beispielsweise durch die 2 938 Seiten des Bundeshaushalts 2017 blättern,[1] werden Sie mir kaum widersprechen. Von der Förderung kultureller Maßnahmen zur Unterstützung des Bauhausjubiläums 2019 (2 Millionen Euro) über den Mitgliedsbeitrag zu Interpol (4,7 Millionen Euro) bis zur Datenerhebung »Treibhaus-Gas Inventar Wald« (1,5 Millionen Euro) finden sich Budgets für vielfältige Aktivitäten staatlicher Einrichtungen – und auf Landes- und Kommunalebene wird es naturgemäß noch vielfältiger. Mehrere Jahrzehnte der Diskussion über die Aufgaben des Staates (»schlanker Staat«) sind weitgehend spurlos an der Aufgabenfülle der Behörden vorbeigegangen. Aus meiner eigenen Zeit in der Verwaltung kann ich mich nur an eine Handvoll Beispiele für Aufgaben erinnern, aus der sich der Staat vollständig zurückgezogen hat. Im gleichen Zeitraum sind hunderte neue Themen und Aufgaben hinzugekommen.

Darunter sind natürlich auch zahllose »Digitalthemen«. Schließlich steckt die Digitalisierung in jeder einzelnen staat-

© Springer Fachmedien Wiesbaden GmbH, ein Teil von Springer Nature 2018
M. Schallbruch, *Schwacher Staat im Netz*,
https://doi.org/10.1007/978-3-658-19947-0_7

lichen Aufgabe mehr oder weniger stark – nehmen Sie die Beispiele von oben: das Bauhausjubiläum wird sicherlich irgendwie auch digital begangen, Interpol kümmert sich mittlerweile in großem Stil um die Cybersicherheit und eine Datenerhebung zur Waldgesundheit wäre schlecht gemacht, wenn sie nicht in ein digitales Datenmodell einflösse. Die schrumpfende Wirksamkeit des Staates im digitalen Raum und seine Allbeschäftigung mit digitalen Fragen stehen in einem seltsamen Kontrast zueinander. Der Staat arbeitet auch im Digitalen »irgendwie« weiter, nicht anders als bisher, und ignoriert seinen eigenen Bedeutungsverlust. Was fehlt, ist ein Rezept zur übergreifenden Digitalpolitik, zur Verteidigung staatlicher Wirksamkeit im digitalen Raum.

Auf den folgenden Seiten entwerfe ich hierfür fünf Eckpunkte. Beginnen will ich aber mit den Zielen. Eine digitale Strategie für den Staat muss sich an einigen wenigen Zielen orientieren, an einer Handvoll Kernpunkte, auf die es ankommt, wenn Staat und Verwaltung über alle Politikfelder und Lebensbereiche hinweg erfolgreich sein wollen bei ihrer Arbeit im digitalen Raum. Aus meiner Sicht sind es drei zentrale Ziele, die prioritär anzugehen sind: Nachvollziehbarkeit herstellen, Versorgungsauftrag definieren, Souveränität bewahren. Sie bilden ein Dreieck, bedingen und ergänzen einander.

Nachvollziehbarkeit ist mein erstes übergeordnetes Ziel. Damit ist nicht viel anderes gemeint als die Wiederherstellung der »Rule of Law«, der Herrschaft des Rechts. Was immer wir im digitalen Raum tun und lassen, vollzieht sich grundsätzlich auf dem Boden unserer Rechtsordnung. In vielen Kapiteln haben wir allerdings gesehen, dass zunehmend nicht mehr beschreibbar ist, wer welche Verantwortung trägt und welches Recht wann für wen gilt. Denken Sie an den Datenschutz oder die vielen vernetzten Geräte. Hier muss der Staat gegenhalten. Alltagsleben oder Geschäftsleben (auch im Netz) sollten rechtlich nachvollziehbar sein, nicht nur für Experten nach langer Recherche, sondern im Grundsatz auch für jede Einzelne und jeden Einzelnen. Diese Forderung hat gleich eine dreifache Auswirkung: Erstens muss sich das Recht verändern, Technik weniger kleinteilig regeln, stärker Prinzipien in den Vordergrund stellen, die wir alle verstehen können, wenn wir uns im digitalen Raum bewegen. Zweitens darf der Staat nicht vor digitalen Räumen kapitulieren, muss Erklärbarkeit und Zurechenbarkeit des digitalen Handelns herstellen, mit Recht, aber vor allem auch durch eine eigene aktive Rolle im digitalen Raum. Drittens schließlich muss das digitale Handeln des Staates selbst in besonderem Maße nachvollziehbar sein, transparent, steuerbar, kontrollierbar.

Ein wohldefinierter Versorgungsauftrag des Staates im digitalen Raum ist mein zweites übergeordnetes Ziel. Was wollen wir als Gemeinschaft, um was sich der Staat digital kümmert, was er digital bereitstellt, bereitstellen lässt oder aktiv unterstützt? Was gehört zwingend dazu so wie Straßen und Elektrizitätsversorgung? Was ist nur nice-to-have wie eine staatliche Lottogesellschaft oder eine Villa Massimo, das Haus zur Künstlerförderung in Rom? Ein digitaler Versorgungsauftrag muss hierbei sektoral ebenso definiert werden wir querschnittlich: Was ist der digitale Versorgungsauftrag des Gesundheitswesens – nur Gesundheitskarte oder auch digitales Gesundheitskonto? Was ist der digitale Versorgungsauftrag in der Kultur – digitale Bibliothek als Metasuchmaschine oder staatlich finanzierte Digitalisierung des Kulturgutes? Das sind sektorale Fragen. Querschnittliche Fragen betreffen alle Bereiche gleichermaßen: Was ist der staatliche Auftrag bei der Breitbandinfrastruktur, was ist der staatliche Auftrag beim digitalen Zahlungsverkehr, was ist sein Versorgungsauftrag bei der sicheren Identifizierung im Internet?

Der klare Versorgungsauftrag hat einen bedeutenden Bezug zur Nachvollziehbarkeit, zur »Rule of Law«: was Sache des Staates ist, was er im Rahmen eines Versorgungsauftrags selbst bereitstellt oder durch Private bereitstellen lässt, das unterliegt der Steuerung durch das Gemeinwesen, durch demokratisch legitimierte Institutionen. Deren Entscheidungen haben eine andere, höhere Nachvollziehbarkeit als digitale Geschäftsmodelle von Unternehmen – und müssen eine höhere Nachvollziehbarkeit haben. Mit Nachvollziehbarkeit kann der Staat für öffentlich verantwortete digitale Angebote werben. Das könnte zum Beispiel ein Modell der vertrauenswürdigen Zusammenführung von Gesundheitsdaten nach dänischem Vorbild sein, frei von kommerziellen Interessen. Und umgekehrt: Mit den richtigen öffentlichen Angeboten im digitalen Raum kann der Staat für mehr Nachvollziehbarkeit des digitalen Lebens sorgen. Denken Sie beispielsweise an die »Markttransparenzstelle für Kraftstoffpreise«, die seit Ende 2013 dafür sorgt, dass alle Tankstellenpreise online abrufbar sind. Was die Digitalisierung den Tankstellen zu Lasten der Preistransparenz ermöglicht hatte – die schnelle Änderung von Benzinpreisen – wird durch staatlich organisierte digitale Nachvollziehbarkeit wieder »eingefangen«. Zur Nachvollziehbarkeit gehört übrigens auch, dass klar ist, wer für was einsteht: der Staat für die Verfügbarkeit der Transparenzstelle, also der gemeldeten Benzinpreise aller Tankstellen. Die einzelne Tankstelle ist verantwortlich dafür, dass sie nach bestimmten Regeln korrekte und aktuelle Preise liefert.

Mein drittes übergeordnetes Ziel versteht sich eigentlich von selbst, die Bewahrung staatlicher Souveränität im digitalen Raum. Seit der Veröffentlichung der Snowden-Folien im

Jahr 2013 und den nachfolgenden Debatten über NSA-Überwachung in Deutschland ist viel über »digitale Souveränität« geschrieben worden.[2] Der Begriff wird mal auf einzelne Menschen, mal auf Unternehmen, oft auch auf die Souveränität des Staates bezogen. Eine allgemein akzeptierte Definition gibt es bis heute nicht. Das liegt auch daran, dass im Begriff der Souveränität zwei Bedeutungen zusammenkommen. Im Alltag verwenden wir den Begriff für jemanden, die oder der eigenverantwortlich durchs Leben geht, Wesentliches selbst bestimmt, selbstbewusst und patent agiert. Souverän kann ein Kind ebenso auftreten wie ein Manager, eine Gefängnisinsassin ebenso wie ein Hartz-IV-Empfänger. Die Art der bestehenden Abhängigkeiten mag eine Rolle spielen für die individuelle Ausprägung souveränen Verhaltens, Souveränität im Alltagssinne bedeutet aber prinzipiell nicht die Freiheit von Abhängigkeiten. Von der Tradition staatlichen Souveränität her kommend hat der Begriff eine leicht andere Bedeutung. Staatliche Souveränität steht für die Hoheit eines Staates, für seine Unabhängigkeit von anderen Staaten. In manchen Staaten heißen die Nationalfeiertage die »Feiertage der nationalen Souveränität«.

Staatliche Souveränität ist inzwischen alles andere als Unabhängigkeit. Die Mitgliedschaft in der Europäischen Union, eine globalisierte Wirtschaft und eine Vielzahl rechtlicher und tatsächlicher internationaler Verpflichtungen haben die staatliche Souveränität Deutschlands in den letzten Jahrzehnten erheblich reduziert. Gerade die Herausforderungen im digitalen Raum stellen die bisherige Sicht auf staatliche Souveränität massiv in Frage, insbesondere die Anknüpfung an bestimmte räumliche Grenzen, in denen der Staat seine »Macht« ausübt. Gerade weil unser digitales Leben mehr und mehr auf globalen Plattformen stattfindet und unser Staat auch dort eine Rolle spielen soll, ergibt die klassische Sicht auf territoriale Souveränität des Staates keinen Sinn mehr. Der amerikanische Rechtswissenschaftler Frank Pasquale fordert daher einen Rollenwechsel hin zu einer »funktionalen Souveränität« des Staates.[3]

Digitale Souveränität des Staates in meinem Sinne ist daher näher an dem Alltagsbegriff von Souveränität als an der traditionellen staatsrechtlichen Definition. Mein Ziel ist ein souveräner Staat im digitalen Raum, der die wesentlichen Problemstellungen des digitalisierten Gemeinwesens versteht, im Rahmen eines politischen und rechtlichen Auftrags adressiert, seinem Auftrag entsprechend ordnet und diese Ordnung im Rahmen seiner Möglichkeiten auch durchsetzt. Im Kern so verstandener digitaler Souveränität liegt die Fähigkeit, Abhängigkeiten im digitalen Raum zu erkennen, um Verantwortung zuweisen zu können.

Zentrale Herausforderung hierfür ist ein entsprechendes Know-How des Staates. Ein souveräner Staat muss in einer von schnellen technischen Innovationen bestimmten Welt technisches Spitzen-Know-How vorhalten. Renommierte Experten für Künstliche Intelligenz im Gesundheitsbereich sollten im Gesundheitsministerium arbeiten, nicht nur bei Google. Spitzenkräfte der Cybersicherheit braucht das Bundesamt für Sicherheit in der Informationstechnik, nicht nur die Technologieunternehmen. Herausragende Fachleute für autonome Fahrzeuge sind nicht nur bei Daimler, sondern auch beim Kraftfahrtbundesamt in Flensburg vonnöten.

Digitale Souveränität als Ziel ist dabei eng verknüpft mit den beiden anderen übergeordneten Zielen: nur ein digital souveräner Staat kann Nachvollziehbarkeit der digitalen Welt herstellen und seinem digitalen Versorgungsauftrag nachkommen.

7.2 RECHT: GRUNDSÄTZE STATT KLEIN-KLEIN

Unser Digitalrecht ist am Ende. Hochkompliziert, widersprüchlich, kaum nachvollziehbar. Allein wer versucht, die integrierten Angebote einer Internetplattform wie Google in Telekommunikationsdienste, Telemediendienste, Rundfunkdienste, digitale Infrastrukturen und digitale Dienste aufzuteilen – alles Rechtsbegriffe des deutschen Rechts – wird ziemlich schnell verzweifeln.

Der Gesetzgeber muss sich beim Digitalrecht zurücknehmen und stärker auf Grundsätze beschränken, die für alle Bereiche digitalen Lebens Geltung haben. Wer mit persönlichen Daten umgeht, muss dies fair und transparent tun. Wer für unser Leben bedeutsame digitale Dienste erbringt oder entsprechende Produkte herstellt, muss sie nach dem Stand der Technik gegen Ausfall und Angriffe schützen. Wer Inhalte im Internet verbreitet, muss abhängig von seiner Bedeutung und seinen Möglichkeiten illegale Inhalte bekämpfen. Wer marktbeherrschende Plattformen anbietet, muss dem Staat ermöglichen, in den Plattformen Kriminalität zu bekämpfen und Interessenausgleich zu organisieren.

Auf dieser Ebene muss der Gesetzgeber ansetzen, wenn ein neues Digitalrecht entstehen soll, das die Menschen in Deutschland verstehen und das sich nicht im Klein-Klein verliert. Voraussetzung für eine solche Veränderung des Rechts ist nicht nur der politische Wille im Parlament, sondern auch ein »Loslassen« beim Bundesverfassungsgericht. Seine Rechtsprechung zur nötigen Detaillierung technischer Regelungen mit Grundrechtsrelevanz hat die Gesetzgebungsflut und ihre Detailverliebtheit geradezu gefordert. Unsere Grundrechte werden aber nicht dadurch besser geschützt, dass kaum verständliches Detailrecht geschaffen wird, nicht nachvollziehbar und von der Technik in Windeseile überholt. Der bessere Schutz der Grundrechte und Grundwerte ist ihre Übersetzung in wesentliche Prinzipien für den digitalen Raum – und einen entsprechend effektiven Vollzug durch die staatlichen Behörden.

Zu solchen Prinzipien könnte auch ein Rücksichtnahmegebot gehören, das Thomas de Maizière in seiner Rede zur Netzpolitik schon 2010 ins Gespräch gebracht hat, analog zum Rücksichtnahmegebot im Straßenverkehrsrecht. Zu den Prinzipien müsste auch eine vereinfachte Verantwortungsverteilung gehören. Wer beispielsweise ein technisches Gerät mit der Möglichkeit der Internetanbindung auf den Markt bringt, sollte dafür mindestens fünf Jahre einstehen, in diesem Zeitraum Sicherheitswarnungen und Updates anbieten. Wer »blackboxes« einsetzt, Verfahrensweisen, die mit Hilfe maschinellen Lernens Entscheidungen treffen, muss Transparenz herstellen, zum Beispiel durch Öffnung für Behördenkontrollen oder Veröffentlichung von Statistiken.

Ein solches neues, Prinzipien-orientiertes Digitalrecht stärkt den Staat und braucht einen starken Staat. Es stärkt den Staat (und uns alle), weil Staat und Behörden nicht mehr hilflos sind oder hilflos aussehen, nur weil das Gesetz diese oder jene technische Fallgestaltung nicht erfasst. Prinzipien gelten für alle Beteiligten und alle Fälle. Ein neues Digitalrecht braucht einen starken Gesetzesvollzug, einen Ausbau der Möglichkeiten und Fähigkeiten der Behörden. Politik und Parlament, Verfassungsgericht und Öffentlichkeit müssen den Behörden vertrauen, dass sie die gesetzlich verankerten Prinzipien des Digitalrechts mit hoher Kompetenz und auf rechtsstaatliche Art und Weise umsetzen. Yvonne Hofstätter plädiert in diesem Zusammenhang für eine Erhöhung der digitalen Widerstandsfähigkeit des Staates durch Stärkung von Institutionen. Sie können schneller auf Vorfälle reagieren als das geschriebene Recht.[4]

Natürlich ist mir bewusst, dass ein neues Digitalrecht nicht von heute auf morgen geschaffen werden kann. Insbesondere ist Deutschland in vielfältiger Weise durch europäisches Recht gebunden. Gleichwohl könnte der deutsche Gesetzgeber einen Anstoß geben, Grundsätze des Digitalrechts in einem Gesetz über digitale Dienste niederzulegen. Es könnte Teil eines größeren Pakets sein, mit dem das Bund-Länder-Verhältnis bei Rundfunk und Medien, die Verschmelzung von Telekommunikations- und Telemedienrecht, die Haftung für digitale Produkte und Dienste neu geregelt sowie ein Recht der digitalen Plattformen geschaffen werden. Für den 19. Deutschen Bundestag muss eine klare digitale Priorität gelten: nicht das Einfügen digitalpolitischer Einzelregelungen in jedes deutsche Gesetz, sondern der Einstieg in die Erarbeitung von Grundlagen eines neuen Digitalrechts. Das wird nicht in einer Wahlperiode zu schaffen sein. Die Bewältigung der Digitalisierung durch Recht wird Generationen beschäftigen.

Die Aufgabe ist nicht viel anders als die Erarbeitung der Grundlagen eines einheitlichen Privatrechts für Deutschland. Im September 1874 trat eine Kommission aus elf Juristen im Auftrag des Bundesrates im Berliner Reichskanzleramt zusammen, um einen Vorschlag für ein Bürgerliches Gesetzbuch zu erarbeiten. 1887 war der erste Entwurf fertig, im Juli 1896 wurde das BGB vom Reichstag verabschiedet – und gilt in wesentlichen Fragen bis heute.[5] So lange muss es nicht dauern, aber einige Zeit wird es kosten.

7.3 VOLLZUG: DIGITALE RÄUME BESETZEN

1394 öffentlich bestellte Vermessungsingenieure kümmern sich im Auftrag von 225 Vermessungs- und Katasterämtern um die regelmäßige Vermessung von 53 Millionen Gebäuden und 64 Millionen Flurstücken in Deutschland, assistiert und angeleitet von 16 Landesvermessungsverwaltungen und dem Bundesamt für Kartographie und Geodäsie.[6] Doch wer kümmert sich um die Vermessung des digitalen Raums? Aus den Snowden-Folien ergibt sich, dass die NSA schon vor Jahren ein entsprechendes Programm aufgesetzt hat: welche Netze sind wie zusammengeschaltet, welche Provider bieten welche Dienste, wo und wie erweitert sich das Internet in besonderem Maße. Wie wir wissen, sind das immer nur unvollständige Momentaufnahmen. Zudem sammelt die NSA diese Daten erkennbar allein dazu, um ihre Operationen erfolgreicher ausgestalten zu können.

Nach den Snowden-Veröffentlichungen habe ich das BSI gefragt, ob und wer in Deutschland eine solche »Vermessung« vornimmt. Antwort: Fehlanzeige. Keine Behörde hat den Auftrag, die digitale Welt zu kartieren. Es gibt da und dort Informationssammlungen über bestimmte Dienste, Telekommunikation beispielsweise, Zahlungsdienste oder ähnliches. Es gibt einen Breitbandatlas mit einer Kartierung der Basisinfrastruktur zum Zwecke der Breitbandförderung. Zusammengeführt werden diese Informationen nicht. Die Behörden beschäftigen sich nur im Rahmen ihrer jeweils beschränkten Zuständigkeit und oft nur fallweise mit einem Blick in den digitalen Raum. Diese fehlende »Kartierung« ist ein Stück weit symptomatisch für den Umgang der Behörden mit dem digitalen Raum. Während wir liebevoll jeden Straßenhändler, jede Grundstücksausfahrt und jeden Schwerlasttransport auf unseren Straßen erfassen, fehlt uns eine staatliche Sicht auf die digitale Welt.

Voraussetzung für einen besseren und schnelleren Vollzug im Netz ist zunächst einmal das regelmäßige Beobachten und Erfassen, was sich im digitalen Raum tut. Hierbei geht es nicht um polizeiliche Überwachung der Nutzer, sondern um ein staatliches Monitoring der Angebote und Anbieter – zum Zwecke der Unterrichtung von Politik und Öffentlichkeit und zur Vorbereitung gegebenenfalls nötigen staatlichen Eingreifens. Dass die Diskussion um die Wirksamkeit des Staates im Netz regelmäßig fast hysterische Züge annimmt, liegt auch an der schlechten Datenlage beim Staat. Die Behörden können uns nicht sagen, wieviel verschlüsselte Kommunikation von Verdächtigen nicht entschlüsselt werden konnte. Sie wissen nicht, wieviel Social Bots in Twitter unterwegs sind. Sie haben keine eigenen Daten über die Anzahl illegaler Angebote auf Facebook. Sie wissen nicht einmal, wieviel Auktionen mit Deutschlandbezug auf eBay täglich durchgeführt werden.

Natürlich kann man nicht jeden Vorgang in der digitalen Welt messen, zählen und registrieren wie Landvermesser es mit Grundstücken und Häusern tun. Aber der deutsche Staat sollte zumindest den Anspruch haben, wesentliche Teile der digitalen Welt (mit Deutschlandbezug) zu erfassen. Dazu gehört auch das Innenleben digitaler Plattformen. Wenn man es wie ich ablehnt, dass der Staat seine Rolle als Richter, als Abwäger widerstreitender privater Interessen an Plattformen delegiert (siehe Netzwerkdurchsetzungsgesetz), dann muss man ihm die Mittel geben, selbst tätig zu werden. Marktbeherrschende Plattformen wie Facebook, Twitter oder Google sollten dazu verpflichtet werden, Schnittstellen für den Staat bereitzustellen, damit er seinem Geschäft nachgehen kann. Das müssten Schnittstellen zum allgemeinen Monitoring sein – welche

Dienste, wieviel Nutzer – und ebenso solche, um konkrete Probleme lösen zu können, etwa das Einfrieren und Dokumentieren von Nutzerinhalten, um ein behördliches Verfahren zu ermöglichen. Nicht Facebook sollte prüfen, ob ein Inhalt illegal ist, sondern eine Behörde, zum Beispiel eine Landesmedienanstalt, die – unterstützt von Facebook – auf die in Rede stehenden Angebote zugreifen kann.

In Anbetracht der Debatte über schädliche Wirkungen von Bots in sozialen Netzwerken habe ich solche Schnittstellen auch vorgeschlagen, um eine Art »Polizei-Bots« in die Plattformen zu entsenden, die dort Streife gehen.[7] Andere Autoren schlagen vor, dass staatliche Algorithmen beim Gesetzesvollzug helfen,[8] insbesondere auch als Kontrollalgorithmen, um undurchdringliche digitale »blackboxes« zu überwachen.[9]

Die Professionalisierung und stärkere digitale Unterstützung der staatlichen Tätigkeit bei der Durchsetzung der Gesetze ist eine notwendige Ergänzung einer stärker prinzipienorientierten Gesetzgebung. Staatliches Handeln im digitalen Raum muss schneller, konsequenter und unmittelbarer erfolgen, basierend auf einer guten Kenntnis der einzelnen Anbieter und Dienste. Umgesetzt wird dieser Gedanke schon heute in einem kleinen Teilbereich der staatlichen Verwaltung, der Steuerverwaltung. Digitale Steuerprüfungen sind schon seit 2012 möglich. Zunehmend greifen Steuerbehörden weltweit auch unmittelbar auf die Systeme von Unternehmen zu, um Steuersachverhalte zu beurteilen. Die neue Verpflichtung von Kneipenwirten zur digitalen Erfassung und Sicherung ihrer Umsätze ist ein nächster Schritt.

Die Gewährleistung von Datenschutz ist hierbei eine zentrale Herausforderung, doch auch hier greift der Gedanke einer stärker vollzugsorientierten und prinzipiengeleitet arbeitenden Verwaltung. Wenn die Steuerbehörden online auf

Daten der Bürger zugreifen dürfen, dann sollten auch die Datenschutzbeauftragten mit eigenen Systemen und Algorithmen auf die Datenbanken der Steuerverwaltung zugreifen und sie überprüfen. Nicht die Erhebung, Verarbeitung und Nutzung des einzelnen Datensatzes eines einzigen Steuerpflichtigen sollte dabei der Kern der Kontrolle sein, sondern der Umgang der Steuerverwaltung mit den persönlichen Daten insgesamt: Wieviel persönliche Daten werden verarbeitet? Mit welchem Ertrag? Wie verändert sich dieses Verhältnis über die Zeit? Auch das gehört zur nötigen Kartierung der digitalen Welt: wo der Staat selbst aktiv wird, muss seine digitale Arbeit durch demokratische Kontrolle und Justiz steuerbar bleiben.

Voraussetzung für einen effektiven, schnellen und konsequenten staatlichen Gesetzesvollzug im digitalen Raum sind zudem leistungsstarke Behörden mit sehr gut ausgebildetem Personal. So wie der Staat im Robert-Koch-Institut exzellente Virologen beschäftigt und in der Deutschen Flugsicherung bestens ausgebildete Fluglotsen muss auch in den digital zuständigen Behörden für herausragend qualifiziertes Personal gesorgt werden. Das hat erhebliche Auswirkungen auf den Staatsaufbau. Denn eine digitale Allzuständigkeit von Bund, Ländern und Kommunen werden wir uns zukünftig nicht mehr leisten können. Doch dazu später.

7.4 DASEINSVORSORGE: DIGITALE GEMEINSCHAFTSGÜTER DEFINIEREN

69 Denkmäler deutschlandweit erinnern noch heute an Otto von Bismarck, langjähriger preußischer Ministerpräsident und erster Reichskanzler des Deutschen Reichs. Von Aschberg bis Zweibrücken erinnern Büsten und Statuen an einen Politiker, der Deutschland innenpolitisch und außenpolitisch stark geprägt hat. Zu den wesentlichen Errungenschaften, die mit der Amtszeit Bismarcks verbunden werden, gehört die Einführung der Sozialversicherung. In den 80er Jahren des 19. Jahrhunderts hatte Bismarck für die Errichtung der Systeme der gesetzlichen Krankenversicherung, Unfallversicherung und Rentenversicherung gesorgt. Alle Arbeiter kamen automatisch in den Genuss der neuen Versicherungen. Den nur rudimentär bestehenden freiwilligen Versicherungssystemen wurde der Boden entzogen. Bismarck hatte die Sozialversicherung der Arbeiter im Rahmen staatlicher Daseinsvorsorge zu einem Gemeinschaftsgut erklärt: »Mein Gedanke war, die arbeitenden Klassen zu gewinnen, oder soll ich sagen zu bestechen, den Staat als soziale Einrichtung anzusehen, die ihretwegen besteht und für ihr Wohl sorgen möchte.«[10] Seitdem stand und steht der Staat dafür ein, dass das deutsche Sozialversicherungssystem bestehen kann. Wie die einzelnen Versicherungszweige ausgestaltet werden, der Beitrag, die Leistungen, das ist regelmäßig Gegenstand des politischen Streits. Dass wir ein solches Gemeinschaftssystem haben, ist unumstritten.

Versetzen Sie sich nun in die Nachfolgerin Otto von Bismarcks hinein, die deutsche Bundeskanzlerin, getrieben von der Sorge um die Akzeptanz des Staates im digitalen Raum.

Was wäre das Äquivalent zur Sozialversicherung, um dieses Ziel zu erreichen? Was wäre das geeignete Gemeinschaftsgut in der digitalen Welt? Welches System der digitalen Information, Kommunikation und Dienstleistung ist Sache des Staates, was soll dem Markt, dem mehr oder weniger freien Spiel der Kräfte überlassen werden?

Mich treibt diese Frage seit vielen Jahren um. Mit der Einführung des neuen, digitalen Personalausweises oder der Erarbeitung des De-Mail-Gesetzes zwecks Einführung eines (weitgehend erfolglosen) staatlich gewährleisteten E-Mail-Dienstes habe ich versucht, Beiträge zu liefern zum Aufbau von Gemeinschaftsgütern in der digitalen Welt. Die Ideen sind nach wie vor aktuell: Die verlässliche Identifizierung von Menschen im digitalen Raum gehört nach meiner Meinung nach wie vor zwingend zu den Aufgaben der Daseinsvorsorge. Die Identität eines Menschen, auch im Rechtssinne, bleibt immer an seine staatliche Registrierung gebunden, an Geburtsurkunde, Melderegister, Personalausweis. Auch die sichere Kommunikation im Netz erfordert staatliche Gewährleistung: welchen übermittelten Dokumenten ich langfristig, auch im Rechtsverkehr, vertrauen kann, hängt von staatlichen Siegeln ab, von Behörden, die dafür einstehen, dass ein Dokument mit digitaler Signatur noch Jahrzehnte später als echt überprüft werden kann.

Was neu und anders ist als bei der Sozialversicherung ist die Tatsache, dass die globalen, alles umspannenden Gemeinschaftsplattformen im digitalen Raum bereits existieren. Sie sind ein öffentlicher Raum, ein Marktplatz, ein Treffpunkt, ein Medium, ein Kommunikationsnetz. Im digitalen Raum haben wir digitale Gemeinschaftsgüter, nur dass sie nicht gemeinschaftlich gesteuert werden, sondern von den Morozov'schen Feudalherren. Sie sind punktuell mit dem Staat verbunden, unterliegen aber nicht der Steuerung durch einen (einzelnen) Staat. Bei dem Versuch, digitale Daseinsvorsorge, einen Versorgungsauftrag des Staates im digitalen Raum zu definieren, müssen wir stärker von den Grundfunktionen digitalen Lebens ausgehen, den diese Plattformen implementieren: die plattformunabhängige Erreichbarkeit, ein verlässlicher Login, ein Zahlungsdienst, eine sichere Cloud-Ablage, ein Echtzeit-Kommunikationsdienst, die Möglichkeit zur globalen Veröffentlichung, eine beidseitige Handelsplattform – das alles sind Eigenschaften, die wir von den Plattformen benötigen, um digital zu leben. Sie müssen Anknüpfungspunkt eines öffentlichen Versorgungsauftrags sein. Dabei wird es nicht darum gehen, dass der Staat eigene Plattformen aufbaut, die Google und Co. Konkurrenz machen. Vielmehr sollte er diejenigen Marktangebote unterstützen, die bestimmte gemeinwohl-orientierte Grundregeln einhalten – Offenheit, Transparenz, Interoperabilität, Datenschutz, Sicherheit – und mit ihnen zusammenarbeiten.

Große Plattformen sind notwendiger Teil digitaler Gemeinschaftsgüter. Die Verknüpfung ihrer Angebote mit Basisfunktionen staatlicher Verwaltung wie die Identifizierung von Menschen oder die langfristige Sicherung der Rechtsverbindlichkeit von Dokumenten wird dazugehören. Wenn wir in Deutschland und Europa eine Chance haben wollen, in der digitalen Welt der Plattformen unsere Standards durchzusetzen, dann müssen wir die hiesigen Anbieter stützen und unterstützen. Es ist illusorisch, von Diensten wie WhatsApp zu erwarten, eine bestimmte, gemeinwohlorientierte Ausgestaltung zu programmieren.[11] Wir brauchen europäische Angebote wie zum Beispiel die von großen deutschen Unternehmen gegründete Gemeinschaftsplattform Verimi. Die Gesellschaft will unternehmensübergreifende digitale Identitäts- und Zahlungsdienste im Internet anbieten und dabei europäische Vorstellungen von Sicherheit, Verbraucher- und Datenschutz umsetzen. Sie steht allerdings bislang in Konkurrenz mit anderen Unternehmen.[12] Hier ist zu hoffen, dass sich die verschiedenen deutschen und europäischen Akteure zusammenraufen. Im Interesse der digitalen Grundversorgung sollte der Staat das unterstützen.

Die Definition des Versorgungsauftrags und der digitalen Gemeinschaftsgüter hat noch eine zweite Stoßrichtung, die sektorale: zur Handlungsfähigkeit des Staates im digitalen Raum gehört, dass er die bestehenden Gemeinschaftsgüter digitalisiert, das heißt, den Versorgungsauftrag im Hinblick auf die Digitalisierung aktualisiert. Was heißt Gesundheitswesen, was Bibliothek, was öffentlicher Personenverkehr, was Straßeninfrastruktur, was Volkshochschule, was Rundfunk – im digitalen Raum? Natürlich auch: was heißt Sozialversicherung? Eine der wenigen digitalpolitischen Errungenschaften der gescheiterten Jamaika-Koalition fand sich im Kapitel zur Sozialversicherung: die Einführung einer »säulenübergreifenden digitalen Vorsorge-Information« im Bereich der Altersvorsorge. Damit ist eine Online-Plattform gemeint, über die sich jeder Einzelne über den Stand seiner Rentenansprüche einschließlich Riester- und Rürup-Rente sowie auch aller betrieblichen und privaten Vorsorgeverträge informieren kann. Ein Mammutvorhaben mit dem Potential zur signifikanten Veränderung der Altersversorgung. Auf Knopfdruck wüsste man jederzeit, wieviel man vorgesorgt hat und was noch fehlt zu einem ausreichend abgesicherten Lebensabend. Es ist zu hoffen, dass die Regierung dieses Vorhaben aufgreift.

Der Ansatz ist ein Beispiel für einen digitalen Versorgungsauftrag, für die Digitalisierung eines Gemeinschaftsguts, hier der Rentenversicherung. Wie sieht ein solcher Auftrag für die Gesundheitsversorgung aus? In Dänemark ist www.sundhed.dk ein Teil der Antwort: eine einheitliche Plattform, auf der alle Gesundheitsdaten zusammenlaufen. Oder: wie sieht der Versorgungsauftrag im Hinblick auf den Straßenverkehr aus? Wie sieht der Staat seine Rolle bei der zunehmend vernetzten und automatisierten Welt des Autoverkehrs? Als Folge der letzten großen Auseinandersetzung zwischen Bund und Ländern um die Staatsfinanzen hat der Bund nun die Verantwortung für die Autobahnen vollständig übernommen einschließlich aller Straßenmeistereien und Tausender Mitarbeiterinnen und Mitarbeiter. Zur Umsetzung gründet er eine Infrastrukturgesellschaft Verkehr, die in Zukunft die Autobahnen baut und betreut. Digitaler Versorgungsauftrag? Fehlanzeige. Die Infrastrukturgesellschaft Verkehr wäre eine große Chance zur einheitlichen deutschlandweiten Digitalisierung der Verkehrsinfrastruktur – mit intelligenten Straßenschildern, Sensoren in den Fahrbahnen, hochwertigen Kommunikationsnetzen für vernetzte Verkehrsmittel. Jede Autofahrerin und jeder Autofahrer stand 2016 im Durchschnitt 30 Minuten im Stau. Alle Staus zusammen verursachten Kosten von 69 Milliarden Euro. Eine konsequente Digitalisierung der gesamten Verkehrsinfrastruktur könnte dem abhelfen[13] – die digitale Neudefinition des Versorgungsauftrags »Straßenverkehr«.

Für jeden Bereich staatlicher Verantwortung, von der Inneren Sicherheit über die Bildung bis zur Energieversorgung gilt es, den Versorgungsauftrag neu zu definieren – und die Rolle des Staates neu zu bestimmen. Denn beides sind zwei Paar Schuhe. Ein öffentlicher Versorgungsauftrag bedeutet nur, dass der Staat eine bestimmte Grundversorgung gewährleistet. Er muss sie nicht selbst bereitstellen. Gerade wegen der Schwäche des Staates im digitalen Raum und wegen der hohen

Innovationsgeschwindigkeit digitaler Technik ist es meistens keine gute Idee, wenn der Staat den digitalen Versorgungsauftrag mit eigenen Kräften umsetzen will. Die Ergebnisse sind selten ermutigend, siehe Gesundheitskarte. Die Gefahr besteht im Übrigen auch bei der Infrastrukturgesellschaft Verkehr als rein staatliche Einrichtung ohne Wettbewerb. Den Versorgungsauftrag aber muss der Staat definieren. Tut er das nicht, droht eine Privatisierung der Grundversorgung »durch die kalte Küche«: die kommerziellen Plattformen übernehmen Stück für Stück die Leistungen, die vor der Digitalisierung noch in der Verantwortung, Steuerung und Kontrolle des Gemeinwesens waren.

Wer schickt sich an, einen digitalen Versorgungsauftrag zu definieren, ein der Sozialversicherung vergleichbares Gemeinschaftsgut für den digitalen Raum durchzusetzen? Ein paar Denkmäler sind ihr oder ihm sicher!

7.5 STAATSORGANISATION: DIGITALE GESAMTARCHITEKTUR ERMÖGLICHEN

In den ersten Semestern meines Studiums habe ich Informatik und Jura parallel studiert. Gleich zu Beginn gab es dabei eine erstaunliche Gemeinsamkeit, die Behandlung von Organisationsfragen. Eine der Anfängervorlesungen der Informatik hieß damals »Rechnerorganisation« und beschäftigte sich mit dem Aufbau eines Computers, mit logischen Schaltungen, Speicherprinzipien, Ein- und Ausgabeeinheiten, Bussystemen. In der Rechtswissenschaft gab es ein Pendant – »Staatsorganisationrecht«, eine der Grundlagen des Öffentlichen Rechts, die sich mit dem Funktionieren unseres Staates beschäftigt, vor allem den Prinzipien und Institutionen des Grundgesetzes, Rechtsstaat und Sozialstaat, Bund und Länder, Bundestag und Bundesregierung, Wahlen, Gesetzgebung und Justiz.

Beide Studiengänge stellen diese Inhalte bis heute an den Anfang der Ausbildung. Juristen und Informatiker sollen zunächst lernen, in welchem System, welchem Rahmen sie sich mit ihrer Tätigkeit bewegen. Soweit die Gemeinsamkeit. Interessant ist ein Unterschied in der Herangehensweise an Organisation: Während die Informatik bottom-up vorgeht, von einzelnen logischen Schaltungen kommend den Aufbau eines Computers und damit die Vernetzung von Computern und die gesamte digitale Welt erklärt, ist der Ansatz der Rechtswissenschaft umgekehrt: top-down. Der Staat steht am Anfang, das übergeordnete Ganze, in dessen Rahmen Recht gesetzt, angewandt und gesprochen wird. Alles juristische Tun muss in diesem Rahmen sein und bleiben. Juristinnen und Juristen ordnen die Welt mit Regeln, Informatikerinnen und Informatiker sind Ingenieure, die komplexe Systeme aus einfachen Bausteinen errichten.

Oft habe ich in diesem Buch die Gemeinsamkeiten der Informatik und der Rechtswissenschaft betont, oft auch das Spannungsfeld. An dieser Stelle, bei der Frage nach der Organisation der digitalen Welt, vermischen sich beide Materien mit ihren unterschiedlichen Ansätzen. Wir haben gesehen, dass ganze Lebensbereiche durch digitale Dienste, vor allem Plattformen, ohne staatliche Organisation und staatliche Regeln vollkommen neu geordnet werden. Denken Sie an Handelsplattformen oder Bezahldienste. Wir haben auf der anderen Seite gesehen, dass mit staatlichen Regeln digitale Systeme »organisiert« werden, für den Staat selbst wie z. B. Polizeicomputer oder für die Gesellschaft wie z. B. die unglückliche Gesundheitskarte.

Durch diesen Mischmasch aus rechtlicher und technischer Organisation ist eine Art digitale Gesamtarchitektur entstanden – leider ohne Chefarchitekt. Ein Großteil der Verantwortung liegt bei Wirtschaft und Gesellschaft, die digitale Systeme einsetzen und anwenden. Der Staat mischt aber kräftig mit, baut eigene Systeme und beeinflusst zudem die digitalen Anwendungen in Wirtschaft und Gesellschaft. Denken Sie an die Chipkarten in den Registrierkassen von Restaurants, an die Sicherheitsvorgaben für kritische Infrastrukturen oder die Übermittlung der Benzinpreise durch die Tankstellen, alles Teile einer digitalen Gesamtarchitektur.

Was meine ich damit? In Unternehmen spricht man von »Enterprise IT Architecture«, wenn man beschreibt (und plant!), welche Systeme im Unternehmen existieren und wie sie zusammenarbeiten. Der Staat hat immerhin so etwas wie eine »Architekturrichtlinie für die IT des Bundes«,[14] die mit architektonischen Vorgaben versucht, die Konsolidierung der IT der Bundesbehörden zu unterstützen. Eine digitale Gesamtarchitektur würde darüber hinausgehen und beschreiben, welche digitalen Systeme der Staat bereitstellt, fordert oder fördert, welche gemeinsamen architektonischen Vorgaben es hierfür gibt, welche Abhängigkeiten zwischen den Systemen bestehen und wie sie durch Dritte, durch Bürger und Unternehmen genutzt werden können, sozusagen in ihre digitale Welt eingebettet. Eine digitale Gesamtarchitektur wäre zunächst eine Bestandsaufnahme, regelmäßig fortgeschrieben, schließlich mehr und mehr ein Planungsinstrument für die Steuerung der digitalen Welt. Natürlich würden keine einzelnen Computer, Programme oder Webdienste verzeichnet, sondern die zentralen Strukturen, ihre Rolle, Verantwortliche, Abhängigkeiten.

Was sind die zentralen digitalen Dienste der Bundesverwaltung, der Länder, der Kommunen? Welche wesentlichen Dienstleister erbringen welche dieser Dienste? Was sind die zentralen Register des Staates und wie sind sie verknüpft? Welche Zahlungs-, Identifizierungs- und Clouddienste werden genutzt oder durch staatliches Recht gefordert? Welche verschiedenen Schnittstellen bietet der Staat den Unternehmen an, um gesetzliche Verpflichtungen digital zu erfüllen? Zu all diesen Fragen wurden in den letzten Jahren immer neue Studien und Gutachten erstellt, die jeweils Momentaufnahmen waren. Die Ergebnisse wurden nicht zusammengefasst und nicht fortgeschrieben.

Mit einer digitalen Gesamtarchitektur schafft der Staat Transparenz über seine eigene Rolle als »Architekt« des digitalen Raums. Dauerhaft, belastbar, planungssicher. Sie hilft, die Nachvollziehbarkeit der digitalen Welt zu erhöhen. Wo der Staat beteiligt ist, wird es transparent und nachvollziehbar. Und entscheidbar: auf Basis einer digitalen Gesamtarchitektur können Politik und Verwaltung besser begründete Entscheidungen zur Weiterentwicklung der digitalen Welt treffen. Was gibt es schon, was fehlt, was hängt von welchem Faktor ab – allesamt Fragen, die heute zumeist nicht beantwortet werden können, wenn der Staat im digitalen Raum agiert. Zentraler Punkt einer digitalen Gesamtarchitektur ist dabei das Management von Abhängigkeiten. Wir haben gesehen, welche Abhängigkeiten staatlicher IT-Systeme von wenigen Herstellern bestehen – und wie sie gleichzeitig schwer beschreibbar und unauflösbar sein können. Ein erster Schritt aus diesem Dilemma wäre Transparenz, die Darstellung der Abhängigkeiten in der digitalen Gesamtarchitektur.

Spätestens jetzt legen meine früheren Kollegen aus der IT-Steuerung in den Bundesministerien und den Ländern das Buch beiseite und schütteln den Kopf: digitale Gesamtarchitektur? 20 Milliarden Euro IT-Ausgaben des Staates, über 100 Rechenzentren allein beim Bund, 11 000 Kommunen, über 4 Millionen Verwaltungsmitarbeiter, mehr als 4000 Verwaltungsaufgaben, zwei Drittel aller Bundesgesetze mit IT-Bezug – zu Recht werden sie mir all diese Zahlen (aus diesem Buch) um die Ohren hauen und fragen, wie das gehen soll – eine digitale Gesamtarchitektur.

Ich mache es mir jetzt einmal einfach und frage zurück: wie soll das gehen – ohne eine digitale Gesamtarchitektur? Wie soll staatliches Handeln konsistent bleiben, die Herrschaft des Rechts gesichert, die Transparenz demokratischer Willensbildung erhalten, die Abhängigkeiten öffentlicher Aufgaben von privaten Unternehmen gemanagt, die nötigen digitalen Fähigkeiten der Beamten definiert und sichergestellt? Das alles geht nicht ohne eine digitale Gesamtarchitektur. Wenn sie in den heutigen Strukturen nicht erstellt werden kann, dann müssen wir uns neu organisieren.

Jetzt springen wir von der Rechnerorganisation zur Staatsorganisation. Ein Großteil der Schwierigkeiten des schwachen Staates mit der digitalen Welt liegt in der Binnenorganisation des Staates begründet, in der Aufteilung von Zuständigkeiten. Ein Großteil der Komplexität der digitalen Gesamtarchitektur des deutschen Staates kommt aus dem Nebeneinander der Ministerien, aus dem Nebeneinander von Bund, 16 Ländern und 11 000 Kommunen. In der heutigen Staatsorganisation ist eine digitale Gesamtarchitektur nicht erstellbar. Wir müssen den Staat neu organisieren, wenn wir seine Handlungsfähigkeit im digitalen Raum verbessern wollen. Viel ist dazu in den letzten Jahren geschrieben, manches auch praktisch umgesetzt worden. Beispiele wie das Onlinezugangsgesetz haben Sie schon kennengelernt. Alle bisherigen Ansätze haben vor allem eins geschafft: die Komplexität weiter gesteigert. Jetzt kommt es darauf an, die Komplexität zu reduzieren.

Wir brauchen eine umfassende Organisationsreform unseres förderalen Staates. Wir müssen das Verhältnis von Bund, Ländern und Kommunen komplett neu ordnen. Die bisherigen Versuche waren zu zaghaft. Wo der Bund für die Gesetzgebung zuständig ist, sollte er auch zentrale IT-Systeme bereitstellen – Wohngeld, Elterngeld, Kindergeld, Melderegister, mit offenen interoperablen Schnittstellen, auf die Länder und Gemeinden ihre Dienstleistung aufbauen können – und aufbauen müssen. Wo die Wirtschaft digital mit dem Staat zusammenarbeitet, soll der Bund die Schnittstellen einheitlich definieren, so wie in der Gesetzgebung das »Recht der Wirtschaft« bundesweit einheitlich ist. Wo staatliche Aufgaben bundesweit eng verknüpft sind wie die Polizei oder die Steuer, müssen verpflichtend einheitliche Systeme geschaffen werden. Alle Basisinformationen für die staatliche Verwaltung sollten in einheitlichen bundesweiten Registern gespeichert werden: so wie bei Kraftfahrzeugen und Steuerpflichtigen auch für Einwohner und Personenstand, Grundstücke und Unternehmen.

In einer solchen neuen Architektur setzt der Bund die Standards und fungiert als »Back-Office«, als Rechenzentrum im Hintergrund. Im Gegenzug sollte sich der Bund aus der Fläche komplett zurückziehen und Jobcenter oder Beratungsstellen der Rentenversicherung vollends den Ländern und Kommunen überlassen. Das alles kann vor Ort erfolgen. Gleiches gilt im Verhältnis von Land und Kommunen. Zur Neuordnung des Bund-Länder-Verhältnisses gehört auch die Herauslösung der digitalen Gesamtarchitektur aus den Fängen der Ressorthoheit. Alle IT des Staates sollte von einigen wenigen IT-Dienstleistern angeboten werden, ein bis zwei im Bund, drei bis vier in den Ländern, vielleicht noch ein paar kommunale Verbünde dazu. Sie verständigen sich über die angebotenen digitalen Dienste, so cloudbasiert wie möglich; damit können und müssen die Behörden ihre Aufgaben erledigen.

Zur umfassenden Organisationsreform gehört auch eine Bündelung digitaler Kompetenzen. Zentrale Kompetenzträger für das Handeln des Staates im digitalen Raum können und dürfen nicht parallel an verschiedenen Stellen aufgebaut werden. Konkurrenzeinrichtungen der Länder zum Bundesamt für Sicherheit in der Informationstechnik sind wenig sinnvoll. Auch 17 verschiedene Datenschutzbeauftragte, die jeder für sich auf die eine oder andere Art deutschland- oder europaweit zuständig sind, ergeben keinen Sinn. Gleiches gilt für Landesmedienanstalten oder Spezialeinheiten der Länder für Cybercrime und Cyberspionage. Ein Staat, der den berechtigten Anspruch hat, Spitzenkräfte zu beschäftigten, kann die entsprechenden Fachkompetenzen nur an einer Stelle aufbauen. Für die Überwachung globaler Plattformen oder die digitale Steuerprüfung internationaler Konzerne brauchen wir starke zentrale Einrichtungen. Für Plattformen sollte die Bundesdatenschutzbeauftragte zuständig sein, nicht ein Landesbeauftragter. Eine Steuerverwaltung des Bundes könnte Unternehmen ab einer bestimmten Größenordnung betreuen.

Eine entsprechende Organisationsreform verbunden mit einer digitalen Gesamtarchitektur ist nicht das Ende dezentraler Entscheidungen. Im Gegenteil. Zentrale Maßgabe einer digitalen Gesamtarchitektur muss die Erhaltung und der Ausbau dezentraler Entscheidungsmöglichkeiten sein. Wie wir vor Ort leben und arbeiten, wo eine Schwimmhalle gebaut, welche

Straße erneuert, welcher Wohngeldsatz angemessen ist oder wie die Schulen ausgestattet werden, sollte vor Ort entschieden werden. Auch Kultur- und Wirtschaftspolitik ist vor Ort schneller, innovativer und kreativer gestaltbar als auf zentraler Ebene. Die Beauftragte der Bundesregierung für Kultur und Medien sollte lieber eine digitale deutsche Bibliothek ernsthaft fördern und sich im Gegenzug aus ein paar Dutzend einzelnen Museen und Kultureinrichtungen heraushalten. Start-Up-Föderung kann am besten vor Ort erfolgen, mit vielfältigen, ja auch mit konkurrierenden Konzepten. Aber das digitale Verwaltungsverfahren zur Firmengründung und Anmeldung bei den Steuerbehörden muss man nicht deutschlandweit 16-mal erfinden und programmieren. Einheitliche digitale Dienste aus dem »Back-Office« und zentrale digitale Kompetenzträger helfen bei der dezentralen Politikgestaltung und ihrer Umsetzung – und stärken die lokale Gemeinschaft und die digitale Souveränität unseres Gemeinwesens.

7.6 NEUE DIGITALPOLITIK FÜR DEUTSCHLAND

Zur Erinnerung: Nachvollziehbarkeit, digitaler Versorgungsauftrag, Souveränität – mit diesen Zielen bin ich angetreten, um die Schwächung des Staates im Netz zu stoppen. Meine Vorschläge sind weitgehend, ein neues Digitalrecht, leistungsstärkere Behörden unter Zuhilfenahme von Algorithmen, digitale Gemeinschaftsgüter Bismarckscher Größenordnung, eine Reform der Staatsorganisation hin zur digitalen Gesamtarchitektur.

Voraussetzung ist eine Politik, sind Politikerinnen und Politiker, die die Kraft und den Mut haben, diese Veränderungen umzusetzen. Was kann die Politik tun für einen starken Staat im digitalen Raum? Zunächst einmal: sich selbst besser organisieren. Beliebter Streitpunkt in diesem Zusammenhang ist seit einigen Wahlperioden der Vorschlag zur Einrichtung eines Internetministeriums oder auch Digitalministeriums. Die FDP hat diesen Punkt bei den Jamaika-Verhandlungen im Herbst 2017 wieder auf den Tisch gelegt. Schon 2009 und 2013 wurde darüber diskutiert.

Lange Jahre habe ich diese Forderung abgelehnt, mit einem einfachen Argument: Digitales gehöre in jedes Ministerium, der Landwirtschaftsminister müsse sich darüber ebenso intensiv Gedanken machen wie die Kulturstaatsministerin oder der Innenminister. Würde man die Digitalisierung in einem Ministerium bündeln, wären die anderen ein Stück weit aus der Verantwortung, der Möglichkeiten, Fachleute, Budgets beraubt. Eine Digitalministerin kann nicht das Gesundheitswesen neu denken, ein Internetminister nicht den öffentlichen Personenverkehr digital konzipieren.

In den letzten Jahren habe ich meine Meinung geändert. Die 271 Vorhaben der Digitalen Agenda zeigen, dass sich ohnehin jede einzelne Ministerin und jeder einzelne Minister umfassend mit digitalen Fragen beschäftigt. Sie alle haben Budgets, Gesetzgebungszuständigkeiten und Behörden für Digitales. Was uns heute fehlt, ist die Behandlung der übergreifenden querschnittlichen Fragen. Neues Digitalrecht, digitale Versorgungsaufträge, digitale Gesamtarchitektur: das sind Fragestellungen, die an einer Stelle, politisch sichtbar und prominent bearbeitet und vertreten werden müssen. Dafür braucht es einen entsprechenden Auftrag, einen langen Atem, kluge und gut ausgebildete Experten. Ein Digitalministerium muss eine doppelte Verantwortung haben, Stratege und Hausmeister zugleich sein. Beides fehlt heute: für die Strategie des digitalen Staates sind mehrere Ministerien gemeinsam verantwortlich, jeder aber mehr mit dem Blick für seine Themen und mit wenig Akzeptanz bei den anderen Häusern. Auch für den Job als »Hausmeister« des digitalen Staates ist kein Ministerium so recht verantwortlich. Niemand kümmert sich darum, dass digitale Gesetze nicht zueinander passen, technische Standards überall unterschiedlich sind, digitale Schnittstellen für Unternehmen überall unterschiedlich sind, Digitalkompetenzen wild über die Behörden verstreut.

Digitalpolitik ist keine Fachpolitik wie Verkehrs- und Gesundheitspolitik, die bestimmte Lebensbereiche betrifft. Sie betrifft unser ganzes Leben. Sie ist viel eher vergleichbar mit zwei anderen Querschnittsmaterien: Geld und Recht. Für beide Querschnittsfragen haben wir entsprechende Ministerien, die Stratege und Hausmeister zugleich sind. Das Finanzministerium kümmert sich um internationale und nationale Finanzpolitik ebenso wie um die Ordnungsgemäßheit der Haushaltsführung, stellt Budgets bereit und definiert die Bedingungen ihrer Nutzung. Nicht ganz so stark, aber ähnlich aufgestellt ist das Justizministerium für Rechtspolitik zuständig und prüft jedes Gesetzesvorhaben im Hinblick auf die Konsistenz des deutschen Rechts.

Ein derart aufgestelltes Querschnittshaus muss das Digitalministerium sein. Und auf die Agenda gehört mehr als Breitband und Startup-Förderung: Digitalrecht, digitaler Versorgungsauftrag und digitale Gesamtarchitektur müssen ganz oben stehen bei der neuen Digitalpolitik. Mit oder ohne Digitalministerium: ein starker Staat im Netz wird derjenige sein, der diese Herausforderungen meistert.

8 NACHWORT

Die Staatsdiener der Zukunft werden in einem imposanten Gebäude ausgebildet. Die Fachhochschule des Landes Mecklenburg-Vorpommern für öffentliche Verwaltung, Polizei und Rechtspflege hat ihren Sitz in einer von den Nazis errichteten Lehrerbildungsanstalt in Güstrow. Bei der Arbeit an diesem Buch habe ich ein paar Tage die gut sortierte Bibliothek der Hochschule genutzt, gemeinsam mit den angehenden Polizistinnen und Polizisten des Landes – und einen ganz anderen Blick auf das Thema dieses Buches geworfen: Was lernen die angehenden Beamtinnen und Beamten? Wie werden sie vorbereitet auf ihre Aufgabe im Dienst des Staates? Welche Rolle spielt das Digitale? Ein Blick in das Modulhandbuch des Bachelorstudiengangs für den Polizeivollzugsdienst ist ernüchternd: Ja, digitale Themen kommen vor, aber nur am Rande. Bei der Verwaltungsausbildung ist es nicht anders. Wer heute mit Mitte 20 als Beamter im Staatsdienst beginnt (und über 40 Jahre dort bleibt), ist nicht vorbereitet auf die Rolle des Staates im Netz – und hat auch wenig Chancen, dass sich das in den nächsten Jahren ändert. Die Fortbildungsangebote sind ähnlich mau wie die Erstausbildung.

Dabei müssen wir davon ausgehen, dass jungen Beamtinnen und Beamten ein Leben lang für den Staat tätig sein werden. Denn wer einmal im Beamtenverhältnis angekommen ist, kehrt ihm selten den Rücken. Das liegt gar nicht mal an der Sicherheit des Jobs: Alle Studien zeigen, dass jüngeren Generationen die lebenslange Sicherheit nicht mehr so wichtig ist wie es das älteren Generationen war. Der Grund ist ein anderer: Der Staat verhindert systematisch den Wechsel aus dem öffentlichen Dienst heraus und in den öffentlichen Dienst hinein. Allerlei Hürden verhindern, dass ein Austausch zwischen Unternehmen und Behörden stattfindet. Wer als Beamter ausscheidet, verliert Versorgungsansprüche. Wer aus der Wirtschaft zum Staat wechselt, verliert Einkommen und muss sich bei Beförderungen hinten anstellen. Wechsel zwischen Staat und Wirtschaft sind in Deutschland verpönt. In vielen anderen Staaten von Frankreich über Norwegen bis zu den USA sind sie vollkommen üblich. In 14 Jahren Verantwortung für die IT-Sicherheit im Bund hatte ich im US-Ministerium für Heimatschutz fünf verschiedene Kolleginnen und Kollegen für diese Aufgabe – jeder einzelne kam aus der Wirtschaft und ging später wieder dahin zurück. Anders in Deutschland: von außen kommt in die Behörden keine Hilfe in Sachen Digitales.

Wir leben in einer vollkommen vernetzten Welt. Wenn wir einen Staat wollen, der auch im digitalen Raum Wirksamkeit entfaltet, der unser Gemeinwesen auch digital organisiert, der die demokratische Willensbildung im Zeitalter von Plattformen, Blockchain und Cyberunsicherheit verteidigt, dann müssen wir ihn öffnen, dann müssen wir die Durchlässigkeit von Staat und Wirtschaft radikal erhöhen. Ein starker Staat wird nur der sein, der auf Dauer attraktiv ist für die besten Köpfe. Positive Signale für ein Umdenken sind zu sehen, ZITiS als digitale Spitzenkompetenz für Sicherheitsbehörden, ein Cyber

Innovation Hub der Bundeswehr als Öffnung der Truppe für neue digitale Ideen und Gründer. Doch die nötige Veränderung der Apparate steckt noch in den Kinderschuhen. 18 000 Beschäftigte wird die neue Infrastrukturgesellschaft Verkehr des Bundes haben, viele Straßenmeister, aber wieviel digitale Strategen? Ein starker Staat im Netz braucht starke Staatsdiener, Frauen und Männer, die gut ausgebildet sind, Lebens- und Berufserfahrung einbringen und sich dem Gemeinwohl verpflichtet fühlen. Auf ihre Hilfe sind wir angewiesen.

Die überragende Bedeutung staatlicher Expertise für erfolgreiches Handeln im Netz ist mir auch erst in den letzten Jahren so deutlich geworden, ebenso wie die Schwächen des Digitalrechts, der fehlende Versorgungsauftrag oder die nötige Gesamtarchitektur. Damals, 2010, im Lokschuppen, war es vielleicht noch zu früh für die Formulierung einer übergeordneten Digitalpolitik. Doch seitdem haben wir eine Menge Erfahrungen gemacht. Jetzt ist es an der Zeit, daraus zu lernen und die neue Digitalpolitik zu formulieren.

ANMERKUNGEN

Kapitel 1

1 *Thomas de Maizière*, Grundlagen für eine gemeinsame Netzpolitik der Zukunft. Rede am 22.06.2010 in Berlin, http://www.carta.info/29493/de-maizieres-redemanuskript-grundlagen-fuer-eine-gemeinsame-netzpolitik-der-zukunft/ (Stand: 26.01.2018).

Kapitel 2

1 *Goetz Hamann*, ZEIT vom 02.11.2000, http://www.zeit.de/2000/45/Napster_ist_geschnappt (Stand: 26.01.2018)

2 Hintergründe zum Ersten Korb und den Vorschlägen für einen Zweiten Korb gut zusammengefasst bei Heise Wissen vom 06.01.2006, https://www.heise.de/ct/artikel/Die-Auseinandersetzung-um-das-Urheberrecht-in-der-digitalen-Welt-302438.html (Stand: 26.01.2018)

3 Aktuelle Zahlen des *Bundesverbandes Musikindustrie* bei http://www.musikindustrie.de/umsatz/ (Stand: 26.01.2018)

4 Gute Überblicksdarstellung zum Verlauf der Debatte bei Heise Themen, https://www.heise.de/thema/Zugangserschwerungsgesetz (Stand: 26.01.2018)

5 Ausführlich *Ingo Dachwitz* bei Netzpolitik.org vom 30.06.2017, https://netzpolitik.org/2017/wlan-gesetz-bundestag-schafft-stoererhaftung-endlich-ab-ermoeglicht-aber-netzsperren/ (Stand: 26.01.2018)

6 vgl. meine Darstellung im CRonline-Blog am 14.05.2017, http://www.cr-online.de/blog/2017/05/14/it-sicherheit-bundestag-verabschiedet-nis-umsetzungsgesetz/ (Stand: 26.01.2018)

7 Gute Zusammenfassung in der FAZ vom 27.02.2008, http://www.faz.net/aktuell/politik/inland/bundesverfassungsgericht-online-durchsuchung-unter-auflagen-erlaubt-1511812.html (Stand: 26.01.2018)

8 Politbarometer September 2009 der *Forschungsgruppe Wahlen*, http://www.forschungsgruppe.de/Umfragen/Politbarometer/Archiv/Politbarometer_2007/September_2007/ (Stand: 26.01.2018)

9 Politbarometer Oktober 2011 der *Forschungsgruppe Wahlen*, zitiert nach *Markus Beckedahl*, netzpolitik.org vom 14.10.2011, https://netzpolitik.org/2011/politbarometer-mehrheit-gegen-onlinedurchsuchungen/ (Stand: 26.01.2018)

10 Ausführlich zur Geschichte der Piratenpartei ein Dossier von *Jörg Hebenstreit* für die Bundeszentrale für politische Bildung vom 05.06.2017, http://www.bpb.de/themen/D7M9HH,0,0,Piratenpartei_Deutschland.html (Stand: 26.01.2018), vgl. auch *Oskar Niedermayer* (Hg.), Die Piratenpartei. Wiesbaden: Springer VS 2013

11 http://www.tagesspiegel.de/politik/netzpolitik-schlechte-noten-fuer-internet-kompetenz-der-parteien/3248956.html (Stand: 26.01.2018)

Kapitel 3

1 *Rob Waugh* in Daily Mail vom 16.07.2012, http://www.dailymail.co.uk/sciencetech/article-2174274/No-wonder-hackers-easy-Most-26-different-online-accounts--passwords.html (Stand: 26.01.2018)

2 *Tom Le Bras*, Dashlane Blog vom 21.07.2015, https://blog.dashlane.com/infographic-online-overload-its-worse-than-you-thought/ (Stand: 26.01.2018)

3 Ausführliche Beschreibung des Telekom-Router-Hacks im Bericht des *Bundesamtes für Sicherheit in der Informationstechnik,* Die Lage der IT-Sicherheit in Deutschland 2017, S. 15

4 Reuters-Meldung vom 24.07.2017, https://www.reuters.com/article/us-irobot-strategy/roomba-vacuum-maker-irobot-betting-big-on-the-smart-home-idUSKBN1A91A5 (Stand: 26.01.2018)

5 https://www.bitkom.org/Presse/Presseinformation/Jeder-Dritte-nachlaessig-bei-Passwortwahl.html (Stand: 26.01.2018)

6 Heise-Newsticker vom 12.04.2016, https://www.heise.de/newsticker/meldung/DuMont-erstattet-Anzeige-nach-unbefugtem-Zugriff-auf-Abonnenten-Daten-3168030.html (Stand: 26.01.2018)

7 Seine Erfahrung beschreibt *Mat Honan* selbst in WIRED vom 08.06.2012, https://www.wired.com/2012/08/apple-amazon-mat-honan-hacking/ (Stand: 26.01.2018)

8 eMarketer-Studie vom 08.05.2017, https://www.emarketer.com/Article/Alexa-Say-What-Voice-Enabled-Speaker-Usage-Grow-Nearly-130-This-Year/1015812 (Stand: 26.01.2018)

9 *Benedikt Fuest,* WELT vom 05.12.2017, zu dem Spionageverdacht gegen den chinesischen Drohnenhersteller DJI, https://www.welt.de/wirtschaft/webwelt/article171269846/USA-stellen-Chinas-Phantom-Drohne-unter-Spionageverdacht.html (Stand: 26.01.2018)

10 Eine Übersicht gibt *Konrad Lischka,* Wenn Maschinen Menschen bewerten. Internationale Fallbeispiele für algorithmische Entscheidungsfindung. Studie für die Bertelsmann-Stiftung, 2017, http://www.bertelsmann-stiftung.de/de/publikationen/publikation/did/wenn-maschinen-menschen-bewerten/ (Stand: 26.01.2018)

11 *Michal Kosinski, David Stillwell und Thore Graepel,* Private traits and attributes are predictable from digital records of human behavior, PNAS 110 (2013), p. 15

12 *Charles Duhigh* in New York Times vom 16.02.2012, http://www.nytimes.com/2012/02/19/magazine/shopping-habits.html (Stand: 26.01.2018)

13 Rede von Bundesminister *Heiko Maas* vom 03.07.2017, http://www.bmjv.de/SharedDocs/Reden/DE/2017/07032017_digitales_Leben.html (Stand: 26.01.2018)

14 BVerfGE 65, 1 (Leitsatz 1)

15 *Christoph Krönke*, Staat 2016, 319 (346)

16 *Jeff Desjardins*, VisualCapitalist Blog vom 08.02.2017, http://www.visualcapitalist.com/millions-lines-of-code/ (Stand: 26.01.2018)

17 *Swati Khandelwal*, The Hacker News vom 22.01.2017, https://thehackernews.com/2017/01/heartbleed-openssl-vulnerability.html (Stand: 26.01.2018)

18 *Bundesamt für Sicherheit in der Informationstechnik*, Die Lage der IT-Sicherheit in Deutschland 2017, S. 29

19 *Tara Seals*, Infosecurity Magazine vom 10.06.2015, https://www.infosecurity-magazine.com/news/ddosforhire-costs-just-38-per-hour/ (Stand: 26.01.2018)

20 BSI, Die Lage der IT-Sicherheit in Deutschland 2017, S. 7 ff.

21 z.B. *Petra Apfel*, Focus vom 01.09.2017, http://www.focus.de/gesundheit/ratgeber/herz/news/rueckrufaktion-herzschrittmacher-hacker-koennen-herzschlag-stolpern-lassen-so-gross-ist-die-gefahr_id_7542641.html (Stand: 26.01.2018)

22 *Robert Hackett*, Fortune vom 05.12.2015, http://fortune.com/2015/12/04/hello-barbie-hack/ (Stand: 26.01.2018)

23 *Harry Pettit*, Daily Mail vom 03.04.2017, http://www.dailymail.co.uk/sciencetech/article-4376380/Hackers-use-RADIO-signals-access-smart-TV.html (Stand: 26.01.2018)

24 FAZ vom 18.10.2017, http://www.faz.net/aktuell/wirtschaft/unternehmen/allianz-warnt-vor-hackerangriffen-auf-autos-15251834.html (Stand: 26.01.2018)

25 Golem vom 15.11.2017, https://www.golem.de/news/funkverbindungen-us-behoerden-wollen-boeing-757-gehackt-haben-1711-131150.html (Stand: 26.01.2018)

26 SPIEGEL online vom 18.12.2014, http://www.spiegel.de/netzwelt/web/bsi-bericht-hacker-legten-deutschen-hochofen-lahm-a-1009191.html (Stand: 26.01.2018)

27 z. B. *Benedikt Fuest*, WELT vom 02.12.2016, https://www.welt.de/wirtschaft/webwelt/article159912313/Vier-Jahre-Jagd-so-wurde-die-maechtige-Hackerbande-zerstoert.html (Stand: 26.01.2018)

28 *Andy Greenberg*, WIRED vom 20.06.2017, https://www.wired.com/story/russian-hackers-attack-ukraine/ (Stand: 26.01.2018)

Kapitel 4

1 z. B. *Eric Lichtblau and Katie Benner*, New York Times vom 21.04.2016, https://www.nytimes.com/2016/04/22/us/politics/fbi-director-suggests-bill-for-iphone-hacking-was-1-3-million.html (Stand: 26.01.2018)

2 Der Kabinettbeschluss ist nicht amtlich veröffentlicht, aber im Wesentlichen wiedergegeben in Telepolis vom 02.06.1999, https://www.heise.de/tp/features/Er-hat-3440811.html (Stand: 26.01.2018)

3 Studie von MOZ, *Peter J. Meyers*, MOZ blog vom 05.07.2016, https://moz.com/blog/https-tops-30-how-google-is-winning-the-long-war (Stand: 26.01.2018)

4 Studie von BITKOM, https://www.bitkom.org/Presse/Presseinformation/Verschluesselung-von-E-Mails-kommt-nur-langsam-voran.html (Stand: 26.01.2018)

5 *Daniel Moore und Thomas Rid,* Cryptopolitik and the Darknet, Survival 57 (2016), iss. 1, p. 7–38

6 SPIEGEL online vom 17.08.2016, http://www.spiegel.de/panorama/justiz/amoklauf-in-muenchen-mutmasslicher-waffenverkaeufer-aus-dem-darknet-gefasst-a-1108006.html (Stand: 26.01.2018)

7 zum Beispiel die EU High Level Group of Scientific Advisors in einem Bericht aus dem März 2017 oder die Europäische IT-Sicherheitsbehörde ENISA in einer Positionierung aus dem Dezember 2016.

8 Gutes Papier dazu von *Rob Schwartz und Ari Knake,* Government's Role in Vulnerability Disclosure, Juni 2016, https://www.belfercenter.org/sites/default/files/legacy/files/Vulnerability%20Disclosure%20Web-Final4.pdf (Stand: 26.01.2018)

9 Vulnerabilities Equities Policies and Process, veröffentlicht vom National Security Council im Weißen Haus am 15. November 2017, https://www.whitehouse.gov/sites/whitehouse.gov/files/images/External%20-%20Unclassified%20VEP%20Charter%20FINAL.PDF (Stand: 26.01.2018)

10 z.B. STERN vom 12. Januar 2016, https://www.stern.de/panorama/gesellschaft/unfall-bei-iserlohn--eltern-erfuhren-auf-facebook-vom-tod-ihrer-soehne-6644058.html (Stand: 26.01.2018)

11 BILD vom 22.09.2012, http://www.bild.de/news/ausland/facebook-pannen/mutter-erfaehrt-vom-tod-ihrer-tochter-26323152.bild.html (Stand: 26.01.2018)

12 z.B. FR vom 20.05.2016, http://www.fr.de/kultur/netz-tv-kritik-medien/netz/livestream-einer-geburt-geburt-versehentlich-live-auf-facebook-uebertragen-a-352856 (Stand: 26.01.2018)

13 z.B. Die Presse vom 02.01.2017, https://diepresse.com/home/techscience/internet/5148174/Facebook-loescht-Bild-von-zu-nackter-Neptunstatue (Stand: 26.01.2018)

14 z.B. ZEIT vom 10.09.2016, http://www.zeit.de/digital/internet/2016-09/zensur-facebook-foto-napalm-vietnam-aftenposten (Stand: 26.01.2018)

15 Frankfurter Allgemeine Sonntagszeitung vom 28.09.2016

16 ausführlich *Gina Schad,* Digitale Verrohung, 2017

17 *George Carey-Simos,* WeRSM Blog vom 19.08.2015, http://wersm.com/how-much-data-is-generated-every-minute-on-social-media/ (Stand: 26.01.2018)

Kapitel 4   257

18 Der Standard vom 10. Oktober 2017, https://www.derstandard.de/story/2000065711823/attentat-von-las-vegas-youtube-sperrt-videos-ueber-waffenumbau (Stand: 26.01.2018)

19 Pressemitteilung BMJV vom 26.09.2016, https://www.bmjv.de/SharedDocs/Pressemitteilungen/DE/2016/09262016_Hasskriminalitaet.html (Stand: 26.01.2018)

20 *Stefan Krempl*, Heise-Newsticker, https://www.heise.de/newsticker/meldung/Netzwerkdurchsetzungsgesetz-und-Zensur-Das-Hauptproblem-bleibt-3757144.html (Stand: 26.01.2018)

21 vgl. zum Beispiel *Johannes Wendt*, Die ZEIT vom 13.04.2014, http://www.zeit.de/digital/datenschutz/2014-05/eugh-urteilt-ueber-recht-auf-vergessenwerden (Stand: 26.01.2018)

22 VerfassungsBlog vom 14.08.2014, http://verfassungsblog.de/ribverfg-masing-vorlaeufige-einschaetzung-der-google-entscheidung-des-eugh/ (Stand: 26.01.2018)

23 z.B. WIRED vom 31.05.2017, https://www.wired.de/collection/life/facebook-erbe-nachlass-account-privatssphaere-urteil-berlin-kammergericht (Stand: 26.01.2018)

24 SPIEGEL online vom 07.03.2007, http://www.spiegel.de/netzwelt/web/buch-digitalisierung-google-kooperiert-mit-bayerischer-staatsbibliothek-a-470325.html (Stand: 26.01.2018)

25 *Werner Pluta*, Golem vom 05.05.2017, https://www.golem.de/news/google-books-die-bibliotheken-leben-noch-1705-127647.html (Stand: 26.01.2018)

26 *Stephen Heyman*, New York Times vom 28.10.2015, https://www.nytimes.com/2015/10/29/arts/international/google-books-a-complex-and-controversial-experiment.html (Stand: 26.01.2018)

27 z.B. *Friedhelm Greis*,. Golem vom 19.04.2016, https://www.golem.de/news/digitalisierung-von-buechern-autoren-erleiden-kolossale-niederlage-gegen-google-1604-120405.html (Stand: 26.01.2018)

28 www.deutsche-digitale-bibliothek.de

29 Regierungsentwurf für 2018, Deutscher Bundestag, Drucksache 18/13000, Kap. 0452

30 Deutsche Nationalbibliothek, Strategische Prioritäten 2017– 2020, https://d-nb.info/1126594776/34 (Stand: 26.01.2018)

31 Zahlen des Unternehmens, https://www.paypal.com/de/webapps/mpp/features (Stand: 26.01.2018)

32 https://www.statista.com/statistics/218495/paypals-net-number-of-payments-per-quarter/ (Stand: 26.01.2018)

33 Presseerklärung der Stadt Kaiserslautern vom 07.10.2014, https://www.kaiserslautern.de/buerger_rathaus_politik/medienportal/pressemitteilungen/037095/index.html.de (Stand: 26.01.2018)

34 *Axel Kannenberg*, Heise-Newsticker vom 23.08.2017, https://www.heise.de/newsticker/meldung/Paydirekt-Datenschuetzer-pruefen-Komfortregistrierung-bei-den-Sparkassen-3810710.html (Stand: 26.01.2018)

35 z.B. *Leonard Goebel*, Süddeutsche Zeitung vom 17.09.2012, http://www.sueddeutsche.de/wirtschaft/online-kartendienst-google-maps-faehrt-jetzt-auch-bahn-1.1470592 (Stand: 26.01.2018)

36 *Lorenz Matzat*, netzpolitik.org vom 17.09.2012, https://netzpolitik.org/2012/verpasste-open-data-chance-deutsche-bahn-schenkt-einzig-google-seine-fahrplandaten (Stand: 26.01.2018)

37 eigene Auswertung aus https://maps.google.com/landing/transit/index.html (Stand: November 2017)

38 http://data.deutschebahn.com

39 Umfassende Informationen abrufbar bei www.delfi.de.

40 z.B. *Cara McGoogan*, The Telegraph vom 03.07.2017, http://www.telegraph.co.uk/technology/2017/07/03/googles-deepmind-nhs-misused-patient-data-trial-watchdog-says/ (Stand: 26.01.2018)

41 *Eike Kühl*, ZEIT vom 25.04.2017, http://www.zeit.de/digital/datenschutz/2017-04/elektronischer-personalausweis-eid-gesetz-biometrie-datenbank (Stand: 26.01.2018)

Kapitel 5

1 Zum Fall Stephanie gibt es eine Fülle von Presseberichten, recht ausführlich z. B. *Petra Hollweg et.al.*, FOCUS vom 20.02.2006, http://www.focus.de/politik/deutschland/fall-stephanie-handeln-sie-schnell_aid_216937.html (Stand: 26.01.2018)

2 Antwort der Bundesregierung auf eine Kleine Anfrage vom 11.09.2013, Deutscher Bundestag, Drucksache 17/14735, Anlage 1

3 § 10 Abs. 1 des Sächsischen Datenschutzgesetzes (SächsDSG) in Verbindung mit § 50 des Sächsischen Polizeigesetzes (SächsPolG)

4 *Frank Ebert und Lothar Seel*, Kommentar zum Thüringer Gesetz über die Aufgaben und Befugnisse der Polizei, 7. Auflage 2016, § 46, Rn. 5

5 *Petra Hollweg et.al.*, FOKUS vom 20.02.2006, http://www.focus.de/politik/deutschland/fall-stephanie-handeln-sie-schnell_aid_216937.html (Stand: 26.01.2018)

6 vergleiche den ausführlichen und sehr persönlichen Bericht des damaligen Sprechers der Dresdner Staatsanwaltschaft *Christian Avenarius*, https://christian-avenarius.spd.de/fileadmin/kandidaten/christian-avenarius/Stephanie_-_Endfassung_vom_10.10.2012.pdf (Stand: 26.01.2018)

7 § 12 der Sächsischen Meldeverordnung

8 Eine Darstellung des Ansatzes findet sich in einer Präsentation von mir auf der CeBIT am 19.03.2007, https://www.it-planungsrat.de/SharedDocs/Downloads/DE/Projekte/Meldewesen/Präsentation%20Meldewesen.pdf (Stand: 26.01.2018). Zur Kritik z. B. *Philip Banse*, Heise Newsticker vom 07.02.2009, https://www.heise.de/newsticker/meldung/Innenministerium-forciert-Plaene-fuer-zentrales-Melderegister-177226.html (Stand: 26.01.2018)

9 Bundesministerium des Innern, Betrifft: Personenkennzeichen. Meldewesen, Datenverarbeitung, Datenschutz. Bonn 1971

10 *Sven Mörs, Kirsten Paritong-Waldheim und Martin Schallbruch*, Das Meldewesen in beiden deutschen Staaten und die Neuordnung in Berlin. Forschungsberichte des Fachbereichs Informatik der TU Berlin, 1991-3.

11 Nationaler Normenkontrollrat: Mehr Leistung für Bürger und Unternehmen: Verwaltung digitalisieren. Register modernisieren. Oktober 2017. https://www.normenkontrollrat.bund.de/Webs/NKR/Content/DE/Download/2017-10-06_download_NKR%20Gutachten%202017.html?nn=1669400 (Stand: 26.01.2018)

12 SPIEGEL online vom 31.10.2015, http://www.spiegel.de/wirtschaft/soziales/nordrhein-westfalen-kauft-steuer-cd-fuer-fuenf-millionen-euro-a-1060391.html (Stand: 26.01.2018)

13 *Rüdiger Soldt*, FAZ vom 11.02.2015, http://www.faz.net/aktuell/gesellschaft/kriminalitaet/informationsflut-daten-laehmen-ermittler-13421133.html (Stand: 26.01.2018)

14 z.B. *Matthias Bäcker*, Der Umsturz kommt zu früh: Anmerkungen zur polizeilichen Informationsordnung nach dem neuen BKA-Gesetz, verfassungsblog.de vom 08.06.2017, http://verfassungsblog.de/der-umsturz-kommt-zu-frueh-anmerkungen-zur-polizeilichen-informationsordnung-nach-dem-neuen-bka-gesetz/ (Stand: 26.01.2018)

15 Rede von Bundeskanzler *Gerhard Schröder* zur Eröffnung der CeBIT 2001 am 21.03.2001 in Hannover, https://www.bundesregierung.de/Content/DE/Bulletin/2001_2007/2001/22-4_Schröder.html (Stand: 26.01.2018)

16 Rede von Bundeskanzlerin *Angela Merkel* zur Eröffnung der CeBIT 2007 am 19.03.2017 in Hannover, https://www.bundesregierung.de/Content/DE/Rede/2017/03/2017-03-19-rede-merkel-cebit.html (Stand: 26.01.2018)

17 Ausführliche Zahlen bei European Commission, European Digital Progress Report, https://ec.europa.eu/digital-single-market/en/scoreboard/germany (Stand: 26.01.2018)

18 Mario Martini, Transformation der Verwaltung durch Digitalisierung, DÖV 2017, 443f.

19 Abschlussbericht BundOnline 2005 vom 24.02.2006; der Bericht wurde zwar veröffentlicht, ist online aber nur noch bei einem privaten Anbieter verfügbar: http://ap-verlag.de/_temp/Download-Dateien/mit%205-6%202006/Bund%20Online%20-%20 Abschlussbericht.pdf (Stand: 26.01.2018)

20 BGBl. I S. 626

21 BGBl. I S. 2722

22 Konferenz der Regierungschefs von Bund und Ländern, Beschluss vom 22.06.2006, https://www.it-planungsrat.de/SharedDocs/Downloads/DE/Projekte/Aktionsplan%202006.html?nn=6848472 (Stand: 26.01.2018)

23 Rheinland-Pfalz, Haushaltsplan für das Haushaltsjahr 2016, Einzelplan 07, https://fm.rlp.de/fileadmin/fm/PDF-Datei/Finanzen/Landeshaushalt/Haushalt_2016/neue_EP_2016/EP_07.pdf (Stand: 26.01.2018)

24 In Ministerien schreiben Ministerinnen und Minister seit der preußischen Verwaltung mit grüner Farbe, Staatssekretärinnen und Staatssekretäre in rot und die Abteilungsleiter/innen mit blauem Stift. So kann man auf einen Blick sehen, wer in einer Entscheidungsvorlage eine Anmerkung gemacht, ein Wort unterstrichen oder ein »Nein« an den Rand gekritzelt hat.

25 § 3a VwVfG, vgl. *Bauer/Heckmann/Ruge/Schallbruch/Schulz*, Verwaltungsverfahrensgesetz, 2. Auflage 2014, Kommentierung zu § 3a.

26 Bundesdruckerei, Preisliste Trustcenter-Produkte, November 2017, https://www.bundesdruckerei.de/de/system/files/dokumente/pdf/Preisliste_Trustcenter_Produkte.pdf (Stand: 26.01.2018)

27 Die Bundesbeauftragte für den Datenschutz und die Informationsfreiheit, 26. Tätigkeitsbericht zum Datenschutz für die Jahre 2015 und 2016, S. 121 ff., https://www.bfdi.bund.de/SharedDocs/Publikationen/Taetigkeitsberichte/TB_BfDI/26TB_15_16.html (Stand: 26.01.2018)

28 SPIEGEL vom 12.02.2001, http://www.spiegel.de/wirtschaft/ibm-der-programmierte-massenmord-a-117132.html (Stand: 26.01.2018)

29 Deutsche Rentenversicherung Bund, 125 Jahre Deutsche Rentenversicherung, 2014, S. 48 bzw. S. 61

30 Porträt zum 90. Geburtstag von *Tilmann Baumgärtel* in der ZEIT vom 21.10.2013, http://www.zeit.de/digital/datenschutz/2013-10/horst-herold-bka-rasterfahndung (Stand: 26.01.2018), lesenswerter aktueller Bericht von *Heribert Prantl* in der Süddeutschen Zeitung vom 3. September 2017, http://www.sueddeutsche.de/politik/prantls-blick-der-letzte-gefangene-der-raf-ist-gefluechtet-1.3651463 (Stand: 26.01.2018)

31 Bericht der Bundesregierung über die Anwendung der elektronischen Datenverarbeitung in der Bundesverwaltung vom 07.10.1968, Deutscher Bundestag, Drucksache V/3355

32 Bundesrechnungshof, Bericht an den Haushaltsausschuss des Deutschen Bundestages nach § 88 Abs. 2 BHO »IT-Konsolidierung Bund«, https://www.bundesrechnungshof.de/de/veroeffentlichungen/beratungsberichte/langfassungen/langfassungen-2015/2015-bericht-it-konsolidierung-bund (Stand: 26.01.2018), S. 6

33 Bericht der Bundesregierung über die Anwendung der elektronischen Datenverarbeitung in der Bundesverwaltung vom 07.10.1968, Deutscher Bundestag, Drucksache V/3355, S. 2

34 alle Zahlen aus Fraunhofer FOKUS, Netzinfrastrukturen für die Gigabit-Gesellschaft, Studie für das Bundesministerium für Verkehr und Digitale Infrastruktur, Berlin 2016, S. 53 f.

35 *Matthias Huber und Hakan Tanriverdi*, Süddeutsche Zeitung vom 24.10.2013, http://www.sueddeutsche.de/digital/nsa-abhoeraffaere-merkels-handy-war-nicht-von-it-sicherheitsbehoerde-zugelassen-1.1802816 (Stand: 26.01.2018)

36 Pressemitteilung des BSI vom 20.03.2017, https://www.bsi.bund.de/DE/Presse/Pressemitteilungen/Presse2017/SecurePIM_20032017.html (Stand: 26.01.2018)

37 Näheres unter www.dvz-mv.de

38 Näheres unter www.dataport.de

39 Eine Übersicht erhält man am ehesten, wenn man sich die Mitgliederliste des entsprechenden Fachverbandes Vitako anschaut, https://www.vitako.de/SitePages/Mitglieder.aspx (Stand: 26.01.2018)

40 Konzept IT-Steuerung Bund, Kabinettbeschluss vom Dezember 2016, https://www.cio.bund.de/SharedDocs/Publikationen/DE/Bundesbeauftragter-fuer-Informationstechnik/konzept_it_steuerung_bund_download.pdf (Stand: 26.01.2018)

41 Grobkonzept IT-Konsolidierung Bund, Kabinettbeschluss vom 20.05.15, https://www.cio.bund.de/SharedDocs/Publikationen/DE/Innovative-Vorhaben/it_konsolidierung_bund_grobkonzept.pdf (Stand: 26.01.2018)

42 SPIEGEL vom 05.05.2000, http://www.spiegel.de/netzwelt/tech/i-love-you-virus-experten-geben-microsoft-die-schuld-a-75046.html (Stand: 26.01.2018)

43 Plenarprotokoll Deutscher Bundestag, 14. Wahlperiode, 102. Sitzung, Berlin, Donnerstag, den 11. Mai 2000, Debatte ab S. 9541D; Wortzitat BM Schily S. 9557C

44 Bundesministerium des Innern, Leitfaden für die Migration von Software, Version 3.0, April 2008, http://www.cio.bund.de/SharedDocs/Publikationen/DE/Architekturen-und-Standards/migrationsleitfaden_download.pdf (Stand: 26.01.2018)

45 Eine hervorragende Übersicht der zahlreichen Open-Source-Projekte von Behörden im In- und Ausland findet sich bei Wikipedia, https://de.wikipedia.org/wiki/Open-Source-Software_in_öffentlichen_Einrichtungen (Stand: 26.01.2018)

46 *Andreas Glas*, Süddeutsche Zeitung vom 16. August 2014, http://www.sueddeutsche.de/muenchen/muenchner-stadtverwaltung-von-microsoft-zu-linux-und-zurueck-1.2090611 (Stand: 26.01.2018)

47 Der Tagesspiegel vom 09.04.2017, S. S5

48 z.B. *Göttrik Wewer*, Darf der Staat Facebook und Twitter nutzen?, ZRP 2016, S. 23

49 *Martin Schallbruch*, IT-Sicherheitsrecht – Schutz kritischer Infrastrukturen und staatlicher IT-Systeme, CR 2017, 648 (649)

50 Quelle für alle Zahlen: juris-Datenbank des aktuellen Bundesrechts, Stand 29.11.2017

51 http://www.handelsblatt.com/unternehmen/it-medien/algorithmus-geaendert-bei-facebook-gehen-freunde-und-familie-jetzt-vor/13809352.html (Stand: 26.01.2018)

52 Zum Beispiel von der Europäischen IT-Sicherheitsbehörde ENISA, Privacy and Data Protection by Design, January 2015, https://www.enisa.europa.eu/publications/privacy-and-data-protection-by-design (Stand: 26.01.2018)

53 Näheres auf der Website der Bundesnetzagentur, https://www.bundesnetzagentur.de/DE/Sachgebiete/ElektrizitaetundGas/Unternehmen_Institutionen/Mess-undZaehlwesen/Mess-undZaehlwesen/Smart_Metering/Smart_Metering_node.html (Stand: 26.01.2018)

54 BGBl. I S. 3152; näheres unter https://www.bsi.bund.de/DE/Themen/DigitaleGesellschaft/Grundaufzeichnungen/grundaufzeichnungen_node.html (Stand: 26.01.2018)

55 Süddeutsche Zeitung vom 06.08.2017, http://www.sueddeutsche.de/wirtschaft/e-card-elektronische-gesundheitskarte-offenbar-vor-dem-aus-1.3617842 (Stand: 26.01.2018)

56 *Hauke Gerlof,* Ärzte-Zeitung vom 11.11.2017, https://www.aerztezeitung.de/praxis_wirtschaft/e-health/gesundheitskarte/article/947360/telematikinfrastruktur-gematik-gibt-gruenes-licht-praxen-koennen-loslegen.html (Stand: 26.01.2018)

57 Beispiel LANCOM 1781EF (CC) und ReinerSCT cyber Jack RFID standard

Kapitel 6

1 Cisco-Studie vom 12.06.2017, https://www.cisco.com/c/de_de/about/press/news-archive-2017/20170612.html (Stand: 26.01.2018)

2 *Kathrin Passig,* 50 Jahre Black Box, Merkur vom 23.11.2017, http://www.merkur-zeitschrift.de/2017/11/23/fuenfzig-jahre-black-box/ (Stand: 26.01.2018)

3 Vortrag *Marie Moe* https://www.youtube.com/watch?v=nOFHn5Y6gMc (Stand: 26.01.2018)

4 *Yvonne Hofstätter,* Das Ende der Demokratie: Wie künstliche Intelligenz die Politik übernimmt und uns entmündigt, Bertelsmann 2016, S. 390.

5 Urteil des Bundesverfassungsgerichts vom 2. März 2010, BVerfGE 125, 260–385

6 Urteil des EuGH vom 8. April 2014, NJW 2014, 2169–2173

7 Urteil des EuGH vom 21. Dezember 2016, NJW 2017, 717–724

8 OVG Münster vom 22.06.2017, K&R 2017, 597–604

9 Gute Darstellung in. *Bernhard Schlink,* Die Bewältigung der wissenschaftlichen und technischen Entwicklungen durch Verwaltungsrecht. 3. Bericht bei der Tagung der Deutschen Staatsrechtslehrer 1989, VVDStRL 48, S. 235 ff.

10 a.a.O. S. 260

11 *Thomas de Maizière,* Grundlagen für eine gemeinsame Netzpolitik der Zukunft. Rede am 22.06.2010 in Berlin, http://www.carta.info/29493/de-maizieres-redemanuskript-grundlagen-fuer-eine-gemeinsame-netzpolitik-der-zukunft/ (Stand: 26.01.2018)

12 Bundeskanzlerin *Merkel* in ihrer Rede auf dem Digitalgipfel 2017 am 13.06.2017 in Ludwigshafen, https://www.bundesregierung.de/Content/DE/Rede/2017/06/2017-06-13-rede-merkel-digitalgipfel-2017.html (Stand: 26.01.2018)

13 Alle Zahlen aus dem eGovernment-Monitor 2017, herausgegeben von fortiss und der Initiative D21 e.V., http://www.egovernment-monitor.de/die-studie/2017.html (Stand: 26.01.2018)

14 Bundesministerium für Wirtschaft und Energie, Weißbuch Digitale Plattformen vom 20.03.2017, https://www.bmwi.de/Redaktion/DE/Publikationen/Digitale-Welt/weissbuch-digitale-plattformen.html (Stand: 26.01.2018)

Kapitel 7

1 https://www.bundeshaushalt-info.de/fileadmin/de.bundeshaushalt/content_de/dokumente/2017/soll/Gesamt_Haushalt_2017_mit_HG.pdf (Stand: 26.01.2018)

2 zum Beispiel ein ganzer Sammelband *Mike Friedrichsen und Peter Bisa,* Digitale Souveränität, Vertrauen in der Netzwerkgesellschaft, Springer 2016.

3 *Frank Pasquale,* From Territorial to Functional Sovereignty: The Case of Amazon, Law and Political Economy Blog, 06.12.2017, https://lpeblog.org/2017/12/06/from-territorial-to-functional-sovereignty-the-case-of-amazon/

4 *Yvonne Hofstätter,* Das Ende der Demokratie: Wie künstliche Intelligenz die Politik übernimmt und uns entmündigt, Bertelsmann 2016, S. 100

5 Ausführlich zur Entstehungsgeschichte des BGB: *Thomas Darnstädt,* Von Bienenvölkern und Beschneidungen, SPIEGEL online vom 21.06.2013, http://www.spiegel.de/einestages/die-geschichte-des-bgb-a-951164.html (Stand: 26.01.2018)

6 Arbeitsgemeinschaft der Vermessungsverwaltungen der Länder der Bundesrepublik Deutschland (AdV), Die AdV – Bundesweit: Geodaten für Wirtschaft, Staat und Gesellschaft, 2017, http://www.adv-online.de/Veroeffentlichungen/Broschueren-und-Faltblaetter/Informationen-der-AdV/ (Stand: 26.01.2018)

7 *Martin Schallbruch,* Drei Vorschläge, um Bots zu kontrollieren, Süddeutsche Zeitung vom 04.04.2017, http://www.sueddeutsche.de/digital/aussenansicht-bots-brauchen-kontrolle-1.3450175 (Stand: 26.01.2018)

8 z.B. *Yvonne Hofstätter,* Das Ende der Demokratie: Wie künstliche Intelligenz die Politik übernimmt und uns entmündigt, Bertelsmann 2016: »Technologie kann nur mit Technologie gezähmt werden« (S. 434)

9 *Timo Rademacher,* Predictive Policing im deutschen Polizeirecht, AöR 142 (2017), S. 366 (377)

10 *Otto on Bismarck,* Gesammelte Werke (Friedrichsruher Ausgabe), 1924/1935, Band 9, S. 195/196

11 Ausführlich zu diesem Beispiel *Martin Schallbruch,* Wer sichert digitale Grundversorgung? Frankfurter Allgemeine Zeitung vom 13.09.2016, http://www.faz.net/aktuell/feuilleton/medien/whatsapp-wer-sichert-digitale-grundversorgung-14432403.html (Stand: 26.01.2018)

12 vgl. z.B. Computerwoche vom 31.08.2017, https://www.computerwoche.de/a/zwei-industrieallianzen-arbeiten-an-uebergreifenden-datenplattformen,3331489 (Stand: 26.01.2018)

13 *Jürgen Sturm/Martin Schallbruch,* Den Fortschritt digital steuern, Handelsblatt vom 02.10.2017, http://www.handelsblatt.com/my/meinung/gastbeitraege/gastbeitrag-zur-digitalpolitik-den-fortschritt-digital-steuern/20396176.html (Stand: 26.01.2018) (Paywall)

14 Beauftragter der Bundesregierung für Informationstechnik, Architekturrichtlinie für die IT des Bundes, Version 2017, https://www.cio.bund.de/SharedDocs/Publikationen/DE/Innovative-Vorhaben/IT-Konsolidierung/architekturrichtlinie_itbund.pdf (Stand: 26.01.2018)

SACHWORTVERZEICHNIS

A
Algorithmen 40
Apple 54
Attributionsproblem 75

B
Beamtenbesoldung 210
Big Data 42, 65, 139
Bitcoin 118
Blackbox 188
Blockchain 118
Botnetz 30, 73
Bremswirkung des Rechts 201
Buffer Overflow 69
Bundesamt für Sicherheit in der Informationstechnik 17, 74, 178
Bundeskriminalamt 10, 15, 20, 140, 158
Bundestrojaner 15
Bundesverfassungsgericht 18, 62, 129

C
Chaos Computer Club 14, 83
Cloud-Dienste 25, 32, 175, 243
Cyberangriff 28, 38, 69, 76, 172

D
Darknet 88
Daseinsvorsorge 204, 232
Datenschutz 39, 51, 182, 205, 230
Deutsche Bahn 119
Deutsche Digitale Bibliothek 112
Digitale Agenda 215
Digitale Gesamtarchitektur 239
Digitale Souveränität 223
Digitalisierung der Verwaltung 143
Digitalministerium 245

E
E-Government 142, 162

Sachwortverzeichnis

F
Facebook 96, 109, 176
Fahrplandaten 119
Föderalismus 145, 169, 241

G
Gesetzgebung 178, 185, 225
Gesundheitswesen 123, 183, 236
Google 54, 105, 119, 123
Google Books 110

H
Herzschrittmacher 75, 81

I
IT-Konsolidierung 165, 243
IT-Sicherheitsgesetz 180

K
Kinderpornografie 10
Konsolidierung der Informationstechnik 165, 243
Kryptodebatte 80, 85, 96
Künstliche Intelligenz 48

M
Maschinelles Lernen 48
Melderegister 134, 160, 242
Microsoft 169
Mitzeichnung 150
Musikindustrie 6, 9

N
Nachvollziehbarkeit 220
Napster 5
National Security Agency 57, 228
Netzpolitik 1, 21, 49
Netzsperren 10
Netzwerkdurchsetzungsgesetz 103, 205, 229
Nutzerkonto 26, 35

O
Online-Durchsuchung 14, 20, 92
Open Data 121
Open-Source-Software 173
Organisationsreform 242

P
Passwort 26, 36
Paypal 108, 115
Personalausweis 80, 83, 124
Personenkennzeichen 136
Piratenpartei 21
Plattform 97, 204, 217, 233
Polizei 128, 139, 196, 242

R
Ressorthoheit 146
Risikovermeidung 154
Rücksichtnahmegebot 226

Sachwortverzeichnis

S
Schwachstelle 16, 29, 68, 93, 163, 189
Souveränität 222
Staatsdiener 247
Staatsorganisation 238, 241
Stuxnet 69

T
Telemedienrecht 55, 101, 227

U
Urheberrecht 6

V
Verantwortungszuweisung 190, 195
Verbot mit Erlaubnisvorbehalt 200
Vernetztes und automatisiertes Fahren 123
Verschlüsselung 80, 87, 91
Versorgungsauftrag 112, 121, 207, 221, 234
Verwaltungsinformatik 156
Volkszählungsurteil 62
Vorratsdatenspeicherung 58, 197

W
WLAN 13, 25

Z
Zahlungsdienst 59, 116
Zentralstelle für Informationstechnik im Sicherheitsbereich 91
Zugangserschwerungsgesetz 11